本书获江汉大学学术著作出版资助

媒体融合背景下
对农电视媒体核心竞争力研究

陈小娟 著

Meiti Ronghe Beijingxia
Duinong Dianshi Meiti Hexin
Jingzhengli Yanjiu

中国社会科学出版社

图书在版编目（CIP）数据

媒体融合背景下对农电视媒体核心竞争力研究／陈小娟著．

—北京：中国社会科学出版社，2018.6

ISBN 978 - 7 - 5203 - 2494 - 6

Ⅰ.①媒…　Ⅱ.①陈…　Ⅲ.①农业—电视节目—研究—中国

Ⅳ.①G229.2

中国版本图书馆 CIP 数据核字（2018）第 097143 号

出　版　人	赵剑英
责任编辑	刘　艳
责任校对	陈　晨
责任印制	戴　宽

出　　　版	中国社会科学出版社
社　　　址	北京鼓楼西大街甲 158 号
邮　　　编	100720
网　　　址	http://www.csspw.cn
发　行　部	010 - 84083685
门　市　部	010 - 84029450
经　　　销	新华书店及其他书店

印　　　刷	北京明恒达印务有限公司
装　　　订	廊坊市广阳区广增装订厂
版　　　次	2018 年 6 月第 1 版
印　　　次	2018 年 6 月第 1 次印刷

开　　　本	710×1000　1/16
印　　　张	15.25
插　　　页	2
字　　　数	219 千字
定　　　价	69.00 元

目　　录

引　言

一　研究背景与研究意义

1. 问题的提出

从 2004 年到 2017 年，中央连续 14 年发布聚焦"三农"问题的中央一号文件，可见政府对农村改革的重视程度。中国的城市化进程正处于加速期，农村人口比重逐年下降，2017 年占总人口的比重已降到 50.32%，农村居民为 6.74 亿人，但由于人口基数大，按现有的速度，即使到 30 年以后，中国农村地区仍将有 3 亿多人口。我国农村也正在发生深刻巨变，一方面新农村建设、土地流转、农民工返乡、城乡一体化、新型经营主体蓬勃发展，深入推进农业供给侧结构性改革；另一方面农村社会结构错位、社会问题凸显，道德规范失序。不论是进入城市还是留在农村，农民经历的生活和心理震荡，今后 30 年都要比前 30 年更广泛更深刻。电视是中国农民的"第一媒介"，未来电视的发展必须充分考虑农民的需求和利益，但显然与中国社会整体转型相呼应的是，中国大众传媒的市场化改革一直指向城市中心化，以农民为主要受众的对农电视媒体始终无法摆脱电视传播领域中弱势群体的地位。

因此中国对农电视媒体的起源与发展可以基于以下几个层面来理解：

首先，目前我国正处在社会的转型期，随着经济总量的增加，社会利益分配格局的传统弊端日益显现，如果不能有效地加以解决，将潜藏着重大的社会冲突。畅达和有效的社会沟通机制的建立，是消除社会隔阂与社会偏见、解决社会冲突最重要的前提和基础。在这种机制中，任何对于其中重要社会成员利益诉求的忽略都将酿成重大的社会危机，而中国农民正是利益诉求长期以来被忽视的重要群体。随着中国一体化程度的加快，提高公共信息资源的社会共享程度，为农民的利益诉求构建宽容畅达的表达空间成为迫切的需要。2017 年 1 月国务院印发关于"十三五"推进基本公共服务均等化规划的通知，要求"采用地面无线、直播卫星和有线网络等方式，推动数字广播电视基本实现全覆盖、户户通。进一步改善农村电影放映条件。努力增加贴近基层群众需要的服务性广播电视栏目节目"。电视作为广大农民最熟悉、最喜闻乐见的大众传播手段，肩负着巨大的使命和任务。对农电视媒体作为面向农村、服务农民、表达农民利益诉求的公共平台，成为调和社会矛盾、平衡城乡落差的重要手段，实现基本公共服务均等化的具体载体和中国公共广播电视服务体系的重要组成部分。

其次，解决"三农"问题，实现国家和社会的科学发展是紧迫的时代命题。新中国 60 多年经济社会发展的实践表明，中国实现现代化的难点在农村，农业、农民和农村是我国现代化建设中的薄弱环节。党的十七大报告指出，统筹城乡发展，推进社会主义新农村建设，解决好农业、农村、农民问题，事关全面建设小康社会大局，必须始终作为全党工作的重中之重。党的十八大报告也明确指出，推动城乡发展一体化，解决好农业农村农民问题是全党工作的重中之重。党和国家对"三农"问题的高度重视，对农业传播提出了更高的要求，也为对农电视媒体的发展提供了良好的外部环境和宏观语境。在从城乡二元分割向城乡统筹、一体化发展转变的进程中，农民对国家的方针政策、经营观念和市场信息等生产生活的需求越来越多元，对农业电视节目的要求也越来越高。对农电视频道的大力发展，对提升对农传播的层次和水平，沟通上下内外，协调城乡，服务新农村建设，从而在促进"三农"问题的最终解决上发挥着重要作用。另外，作为"三农"场域与社会元场域交流和沟通的信息平台，对农电视频道也是国家和社会认识、评判和决策"三农"问题的重要依据，因此对农电视频道在改变"三农"场域资本占有和社会位置方面具有无法替代的工具意义。

再次，随着电视媒介竞争进入白热化阶段，城市受众市场已被日益瓜分完毕，并且呈现出分化和细化的趋势。在这种情况下，以前在城市市场中进行的电视争夺战正逐渐转向广大农村，越来越多的电视媒介将眼光投向农村这块发展的富矿，这个电视市场细分之后最大的一级市场，当然也是潜力最大的市场之一。许多广告商也看准了这一时机，加大对农村电视的投入和支持。在未来数十年中国城市化的进一步发展中，"三农"依然是中国社会最重要的社会问题之一，虽然传统电视一直受到新媒体的不断挑战，但依旧占据着重要地位。截至2017年6月，我国网民规模已达7.51亿，超过50%，但是还有近一半人口处于电视媒体时代，而农村受众正是这近半人口的重要组成部分。从城市与农村这两个纬度构建中国传媒业，特别是专业对农电视媒体的建构与发展，对中国电视传媒业本身的发展来说也是不可错失的机遇。

最后，当今时代，互联网正在媒体领域催发一场前所未有的变革，信息传播的主战场已由传统媒体扩展到新兴媒体。党的十八大以来，以习近平同志为核心的党中央作出推动传统媒体与新兴媒体融合发展的战略部署，要求推动媒体融合尽快由相"加"迈向相"融"，实现"融为一体，合而为一"。中国传媒环境的变革正在走向深入，受众的媒介消费向移动化和碎片化方向发展，新的媒体形式和商业模式不断涌现，众多传统媒体纷纷尝试"全媒体"转型和数字化营销，与新媒体在内容、渠道、平台、经营、管理等方面展开深度融合，同样身处于这个大背景下的对农电视媒体也需要积极开拓，在力保传统市场之外，向互联网、移动媒体市场进行多元化拓展，试图构建跨媒体、跨行业、跨市场的产业链系统。对农电视媒体的转型需要综合考虑其具有的政府喉舌、社会公器及盈利机构等多重身份，更显得举步维艰。

当前国内对农电视媒体主要包括13家对农电视频道，具体为中央电视台7套军事·农业频道1家中央级媒体，河北电视台农民频道、湖北垄上频道、吉林电视台乡村频道、山东电视台农科频道、浙江电视台公共·新闻频道、重庆电视台公共·农村频道、陕西农林卫视、河南电视台新农村频道8家省级媒体以及4家地市级媒体。对农电视专业频道作为农村广播电视内容服务的主要平台，获得了一定程度的发展，但是频道总量偏少却是不争的事实。在整体市场下滑的背景下，各卫视台及电视台核心频道的生存发展尚自顾不暇，对向来被边缘化的对农电视频道更缺少关照，这导致对农电视频道的发展普遍不尽如人意。最主要的问题在于竞争层次较低，核心竞争力缺乏。现有对农电视频道的综合实力和创新能力不足，缺乏把握与开发受众需求的知识能力，无法有效地开拓新市场，只好在单一竞争要素上做文章。由于缺乏强有力核心竞争力的支撑，大多数对农电视频道的内容定位不准确，服务性、实用性、指导性差，收视率不高，经营模式陈旧，收入结构单一，基本上依靠广告收入，资源补偿机制非常脆弱。

知识经济时代，电视等新闻传媒与核心竞争力有着某种内在的联系，一方面因为核心竞争力在当今所具有的普遍的指导意义，另一方面则缘于传媒固有的竞争属性凸显的结果。核心竞争力是对经济全球化时代企业竞争力之源的阐释，代表着企业存在的最高生命状态，当今所有的市场竞争行为大都可以纳入核心竞争力的范畴或以此作为重要的参照和借鉴。中国的电视媒介虽然不能完全和一般商业企业类比，但从市场角度来看也势必需要超越常规手段和常规竞争力的比拼而升级为持续竞争优势的较量。就当前我国对农电视频道的现实状况来看，其作为公共服务体系的一部分，有明确的公益性和宣传品属性，但同样不能摆脱商品属性和对经济利益的诉求。时代赋予对农电视频道的使命是多重的，即要具备大众型、信息型、服务型、经营型等多重功能。在知识经济和全球化的浪潮中，对农电视频道不但要参与竞争，而且要面对的已不是一般竞争力和传统的节目竞争、广告竞争等问题，而是核心竞争力问题。在中国解决"三农"问题和建设新农村的背景下，作为专门面向中国最广大的农民受众的专业化频道，对农电视频道核心竞争力的培育是决定其今后能否在激烈的竞争中得以生存，并实现可持续发展的重要因素，也是解决农村现实问题、服务新农村建设的迫切需要，具有政治、经济、文化、国家层面的多方面意义。

当前中国对农电视传播的研究与中国对农传播的现状相呼应，都存在明显的弱化状况，表现为研究的表面化和简单化，缺乏系统性、理论性和前瞻性。表层阐释问题较多，深层研究的成果较少。围绕对农电视频道所做的研究多集中在业界实践层面的总结，大部分研究缺乏比照视角，多是就事论事。学界对对农电视的研究基本上属于"事后研究"，难以给实际运作以及时、强有力的指导。究其原因，尽管这些年对农电视发展比较快，但是与娱乐电视、体育电视、法制电视等相比，发展还是很慢，仍然处于弱势地位，导致学界对农业电视的研究不够重视，而业界多忙于节目的生产和播出，也无暇顾及理论研究。

本论题为应用研究，力求在对国内对农电视媒体核心竞争力现状的分析基础上，深入探究制约对农电视媒体核心竞争力形成的主要原因，并运用企业核心竞争力的价值链建构原理，探寻对农电视媒体核心竞争力的建构对策，在此基础上，通过对具有典型性的湖北垄上频道的个案分析，为对农电视媒体培养核心竞争力提供现实参考。通过本研究为中国对农电视传播的发展总结经验，从而为解决"三农"问题和实现国家发展战略问题提供支持。

2. 研究的意义

中国作为农业大国的国情需要，特别是对农传播的生态环境和传统，决定了对农电视频道在中国电视传播中的特殊地位和作用，但就当前对农电视媒体的发展来看，普遍存在竞争层次较低，核心竞争力缺乏等问题。分析对农电视媒体核心竞争力的现状及制约其形成的主要原因，探讨对农电视媒体建构核心竞争力的对策，对有代表性和典型性的案例进行经验总结，对对农电视媒体的发展很有必要，也很有借鉴意义。

研究的理论意义：核心竞争力是企业持续竞争优势之源，它代表了企业的一种综合素质和整体能力。本文在深入分析对农电视媒体核心竞争力不高的表现及制约其形成的主要原因的基础上，运用企业核心竞争力的价值链建构原理，构建起对农电视媒体核心竞争力培育的价值链层状球体模型，探寻对农电视媒体建构核心竞争力的对策所在，具有一定的理论创新意义。

研究的实践意义：对农电视频道作为专门面向农村受众的大众媒介，其核心竞争力的培育对于推动新农村建设、实现社会公平和应对电视媒体的竞争加剧都有重要的现实意义，因此研究对农电视媒体核心竞争力的实践意义可以归纳为三点：一是解决对农电视频道在实践中的困惑，为其培养核心竞争力提供对策参考；二是为公共电视服务的实践提供借鉴；三是为专业化电视频道的改革发展提供新的思路和视角。

二　国内外相关研究概述

对农电视媒体的核心竞争力研究是一个对于特定条件下现实问题的理论研究。对这个课题进行文献检索的总体思路，第一，关于核心竞争力及传媒核心竞争力理论的研究概述；第二，关于频道专业化的研究概述；第三，关于农业传播发展的研究；第四，关于对农电视发展的研究。这是对本论题进行文献检索的总体思路。

1. 国外研究现状

（1）国外关于核心竞争力的研究概况

核心竞争力理论是在经济学的经济增长理论和战略管理的企业竞争理论基础上形成的。劳动分工理论是 1776 年亚当·斯密在《国富论》中提出的，这一般被看作企业核心竞争力理论的起源。之后，核心竞争力理论经历了从企业外生成长理论向内生成长理论的发展，前者主要着眼于从企业发展的外部因素探讨企业发展的本源，后者则关注企业内部，探询企业保持可持续竞争优势的内在深层原因。企业内生成长理论还进一步演化为资源学派和能力学派两个相互独立又互为补充的学派。随着竞争环境的日益复杂，在单纯地强调内部或外部因素影响企业竞争力都不能很好解答现实问题的情况下，学者们开始注意到内外部因素对企业竞争力的综合影响，导致混生企业竞争力理论的出现。

在20世纪的最后十年，现代企业制度在全球普遍适用，但即便是内外部环境非常趋同的同行企业，也会表现出企业竞争力上的明显差异，究竟是什么最终影响着企业的持续竞争力，人们在探求的过程中提出了核心竞争力理论，认为使企业保持持续竞争优势的关键因素在于企业的核心竞争力，即企业拥有的能够比竞争者更卓有成效地从事生产经营活动和解决各种难题的能力，那些最基本的、能使企业保持长期竞争优势，获得稳定超额利润和可持续发展的能力。企业这些核心能力的培养和各种能力的综合运用是企业取得和维持竞争优势的决定因素，所以以培育和提升企业核心竞争力为主题的企业经营战略理论迅速发展。企业核心竞争力理论是企业竞争力理论进入创新发展阶段对企业竞争力源泉问题探讨的必然结果。它的研究突破了传统企业理论的局限，引起了学界和业界的广泛关注，成为90年代很有影响的企业理论流派。此后，围绕核心竞争力的研究在很长时间成为关注的热点，学者们从不同的视角对其进行探讨，产生了各有侧重的概念和内涵解释，形成了不同的核心竞争力流派，主要有以下几种：

第一，基于整合观的核心竞争力研究。代表人物是普拉哈拉德和哈默尔，他们对核心竞争力进行了全面系统的论证。1990年，伦敦商学院教授哈默尔和美国密歇根大学商学院教授普拉哈拉德在《哈佛商业评论》上发表名为"企业核心竞争力"的文章，首次提出了"核心竞争力"一词，学界普遍认为这标志着核心竞争力理论的正式提出。他们将"核心竞争力"明确定义为"能使企业为顾客带来特别利益，使企业获取超额利润的一类独特的技能和技术，是企业获取或配置人力资源、核心技术、声誉，形成并能保持竞争优势的能力"。核心竞争力是"组织中的积累性学识，特别是如何协调不同的生产技能和有

机结合多种技术流派的学识"。① 核心竞争力是企业增强竞争力、获取
竞争优势的关键,根据获取方式的不同,可以分为核心产品、核心技
术、核心业务和核心运营能力四大类别。② 同时他们还指出,核心竞
争力不是属于某个人或战略单元独有的,而是整个组织共同拥有的,
核心竞争力也不是单个的技能,而是技术、技能和资源的集合体,是
"学识、协调和结合",这其中"协调"和"整合"是以"学识"即
知识的拥有程度或能力为前提的,"协调"和"整合"本身也不是技
能或技术的简单堆砌,而是有机的协调和整合,需要管理的介入和各
种要素的融合。③ "核心竞争力是多种技术(硬件与软件)、集体学习
(多层次、多功能)和共享能力(跨业务与地理位置)三类要素的组
合,具有这三类要素相乘的功能。"④ 普拉哈拉德把战略研究、知识管
理、组织原理和创新机制融为一体,自成一家。

1994 年哈默尔发表了《核心竞争力的概念》一文,其中归纳了核
心竞争力的三种类型:与市场进入相关的核心竞争力、与整合相关的
核心竞争力以及与功能相关的核心竞争力。他认为这些类型的核心竞
争力的共有特点包括:独特、难以模仿、不易取代;能促使企业最终
产品形成长久的用户价值;能让企业具备长期的竞争优势。2001 年麦
肯锡公司在《麦肯锡高层管理论丛》中作了新的定义:核心竞争力是
组织或团队中根深蒂固的、相互弥补的一系列技能和知识的组合,借
助核心竞争力,能够按照一流水准实现多项核心流程。

第二,基于知识观的核心竞争力研究。代表人物是巴顿(Leonard

---

① C. K. Prahalad & G. Hamel, "The Core Competence of the Corporation", *Harvard Business Review*, May-June 1990, pp. 79 – 91.

② C. K. Prahalad & G. Hamel, "The Core Competence of the Corporation", *Harvard Business Review*, May-June 1990, pp. 79 – 91.

③ 杨璐晟:《国有企业核心竞争力培育策略研究》,硕士学位论文,吉林大学,2004 年,第 35 页。

④ C. K. Prahalad, "Managing Discontinuities: The Emerging Challenges", *Research Technology Management*, Vol. 41, No. 3, 1998, pp. 13 – 16.

Barton)①，他认为企业核心竞争力是指具有企业特性的、不易交易并能为企业带来竞争优势的企业专有的知识信息，企业所拥有的提供竞争优势的知识体系。它包括四个维度：①组织成员所掌握的技巧和知识基础，包括企业的专有知识和员工的学习能力；②组织的技术系统，即组织成员知识的系统合成；③组织的管理系统，组织的管理制度影响着创造知识、学习知识的途径和热情，可能构成核心竞争力的一部分；④组织的价值观系统，组织成员共有的价值观和行为规范。这四个维度之间存在较强的相互作用，随时间积累而不易为其他企业模仿，从而构成企业的竞争优势。这里所指的知识既包括狭义的企业专有的知识，也包括企业员工所掌握的技能、技术以及企业内部管理制度和价值观，是一个"泛知识"概念，由此学习能力成为构建核心竞争力的核心，而建立学习型组织则是提高企业核心竞争力的重要途径。巴顿强调价值观在核心竞争力中的作用，在他的研究中，价值观贯穿并深深影响着前三个知识体系维度，价值观系统的继承性和独特性与核心竞争力的继承性和独特性息息相关，正因为如此，核心竞争力才不易被模仿和超越。

第三，基于资源与能力的核心竞争力研究。沃纳菲特是资源学派的代表人物，他强调资源与能力对企业获取高额利润回报率和持续市场竞争优势的作用，而企业在获取和配置资源与能力的"异质性"决定了其获得高额经济回报率的可能。这些长期的、能获取高于正常利润回报的特性是企业在"有缺陷"和"不完全"的要素市场中获取并开发战略性资产的能力所决定的。因为企业在选择和积累资源上的决策是以在有限的信息、认识偏见等条件下最经济性的合理配置这些资源为特征的，所以，不同企业之间在获取这些战略性资源时在决策和过程上的"异质性"构成了企业的核心能力。基于这种观点，资源成为保证企业获取超额利润的最基本条件。从资源的类型看，构成核心

---

① Leonard Barton, "Core Capabilities and Core Rigidities: A Paradox in Managing New Product Development", *Strategic Management Journal*, Vol. 13, Summer, 1992, pp. 111 – 125.

能力的资源具有稀缺性、独一无二性、持续性、专用性、不可模仿性、非交易性、无形性、非替代性等特征，企业只有拥有了这种资源，才能在同行业中拥有独特的地位。在资源差异能够产生收益差异的假定下，关注企业内部资源的整合，认为企业的内部有形资源、无形资源是企业获得持续竞争优势及成功的关键因素，企业竞争力就是那些特殊的资源。

第四，基于技术和创新观的企业核心竞争力研究。哈默尔和普拉哈拉德虽然致力于对企业核心竞争力基于整合观的研究，但同样认同技术和产品的创新。他们在《企业核心竞争力》一文中指出企业核心竞争力的积累过程伴随在企业的核心产品和核心技术中，他们认为产品与技术平台是需要通过长时期的学习和积累才能建立的，核心竞争力是企业以往的投资和学习行为所积累的具有企业特定性的专长。这其中作为组织的群体性学习过程涉及三个层面，包括企业中不同生产技巧的协调、企业不同技术的整合和组织中价值观的传递。通过学习和核心竞争力的积累，企业就可能尽早发现产品和市场机会。梅约和厄特巴克也是基于技术和创新观研究的典型代表，他们认为企业核心竞争力包括企业的研究开发能力、生产制造能力和市场营销能力，核心竞争力在很大程度上就是在产品创新的基础上，把产品推向市场的能力，这种能力可以分解为产品技术能力、对用户需求理解能力、分销渠道能力以及制造能力等几个维度。梅约和厄特巴克发现了企业核心竞争力和市场绩效之间的因果关系，并发现企业所面临的市场竞争状况对其因果关系能够产生影响。

关于核心竞争力的研究一直没有形成完整的理论框架，但是学者们对核心竞争力作为竞争优势本源特征的认识已经逐渐趋于一致。值得注意的是，西方视野的现代传媒就是企业，所以西方学者很少专门讨论传媒竞争力。

（2）国外关于频道专业化研究概况

电视频道专业化在美国和欧洲一些国家经过几十年的发展运作已经取得了相当的成功。从传播学角度看，涉及频道专业化的理论主要有社会分化论和非群体化理论等。社会分化论以社会学为基础，注重各社会群体的特性差异对受众成员的媒介信息接受行为的影响，认为受众倾向于选择与自己态度、观点、兴趣相一致的媒介。非群体化理论则认为受众被不断分化为越来越小的收视群，传播者需要针对受众的需求来实施特定的传播策略。从经济学角度看，消费心理学"分众化"消费理念、市场营销学的"市场细分理论"都与电视频道专业化有着密切联系。"分众化"消费理念认为人们的消费结构随着时代的变化已经由单一的、大批量的大众消费转变为多样化的、个性化的分众消费。市场细分理论的实质是，根据构成总体市场的不同消费者的需求差异性，将消费者分为若干个群体，并采取相应的市场营销战略，从而提高竞争力。

对农电视频道从理论上说属于公共电视频道的范畴，因此这一部分的概述还涉及关于国外公共电视的研究概述。对于公共电视的学术研究由欧美学者们首开先河。20 世纪 60 年代，德国学者哈贝马斯在其著作《公共领域的结构转型》中提出了"公共领域"的概念，首次阐释了大众传播媒介和公共领域的关系。在各国公共电视实践过程中，世界上第一个公共广播电视 BBC 由于其卓著的成就和广泛的影响，成为许多学者研究的对象。学者们或从新媒体技术和卫星电视角度，或从传媒经济和媒介经营管理方面，或从社会功能的角度对 BBC 及公共电视进行了评价。进入 21 世纪后，随着数字技术的发展，电视界竞争日趋激烈，公共电视受到了商业电视的剧烈冲击，学者们多从与商业电视比较研究中探讨公共电视的发展对策。例如 Kung-shank leman 的《Inside the BBC and CNN：Managing Media Organizations》，提出了新时期 BBC 与 CNN 等公共电视机构管理体制改革的设想，S. Shrikhande 的《Competitive Strategies in the Internationalization of Television：CNN and BBC World in Asia》提出了在全球竞争中公共电视的应对之策，Kops 与 Manfred 合著的《公共广播电视及其经济来源分析》则探析了商业化背景下公共电视赖以生存的经济来源等。20 世纪 90 年代末，国外关于公共电视研究的译著开始进入中国。2000 年 3 月，华夏出版社出版美国作者 Lou Outstanding·Fiddler 撰写的《媒介形态变化》一书，同年 5 月，中国东北财经大学出版社也出版了 Shirley·Bell Lucky 的著作《媒介与冲击》。这些论述与著作比较系统地介绍了国外公共电视发展的背景、起源及类型。

（3）国外关于农业传播研究概况

20 世纪 50 年代，在第二次世界大战以后大规模的西方国家发展与现代化实践中，传播学者、社会学者及农业发展研究学者对大众传播与国家发展的关系进行了大量研究，形成发展传播学。这是一种关于新闻传播如何促进第三世界国家全面发展和现代化过程的理论。它的主要内容是在宏观层面探讨大众传播媒介如何为国家与社会发展服务，新闻传媒在社会与国家进步中的角色与作用等一系列问题。而农业传播，即如何将新的技术、新的产品、新的思想及其价值观念普及到农村社会中去，也成为政府与社会相关组织在特定时期的关注点。

新闻传播与国家发展理论是一个世界性的理论范畴，从产生到现在，出现了很多不同的学术流派，主要有现代化学派、信息学派和实证学派。现代化学派以丹尼尔·勒纳及其现代化理论为代表，主要观点认为国家的现代化必然伴随着农村的城镇化、教育和大众传媒的普及、公众社会参与性的加强。勒纳特别强调传播形态对社会经济发展的作用和传媒对人的现代化的作用。[①] 信息学派以韦尔伯·施拉姆为代表。他在《传播媒介与社会发展》一书中指出充分的信息流通，特别是大众传播媒介的适当使用，可以对国民社会经济发展做出重大的贡献。他认为，大众传播媒介可以在推广农业新技术、普及卫生知识等方面发挥直接的作用。实证学派以埃弗雷特·M. 罗杰斯为代表。他在《创新的扩散》一书中详细论述了"创新扩散模式"，被奉为新闻传播与国家发展理论的经典之作，认为传播是社会变革的基本要素，传播渠道对创新扩散的作用很大，并把大众传媒比喻成一种"神奇的

---

① 张国良：《新闻媒介与社会》，上海人民出版社 2001 年版，第 305 页。

转换器"。①

关于国外对农电视的研究，由于现代西方发达国家几乎没有施行过严格的户籍管理制度等偏向城市的政策，并且较早通过各类开发项目等手段，如美国的西部大开发、日本的造乡运动等，适当解决了区域、城乡发展不均衡等矛盾，因而这些国家都没有出现明显的城乡分割对立、二元社会经济矛盾等现象，也没有出现类似的"三农"问题，相应也造成了西方国家的电视大众媒体少有专门针对"三农"的传播产品，其传播学界当然也很少有相关的系统性论述。当前关于国外对农电视的研究主要局限在对美国、日本等少数国家的对农传播体系的介绍上，也有少数研究者对印度、巴基斯坦、尼泊尔等发展中国家的对农传播现状和特点进行了分析，但大都是概况式的介绍，进行深入研究的非常少。

美国对农电视概况：美国的农业电视制作播出由电视台网完成，实行商业电视体制。节目制作以自制新闻为主、购买节目为辅。美国的农业信息服务网络应用技术应用非常广泛。农业电视台根据受众调研决定电视节目定位，常常利用互联网站开展观众民意调查等活动，令频道品牌形象深入人心。几乎每一个农业电视网、电视台、电视节目制作和发行公司甚至电视节目本身都有自己的网站，通过网站以流媒体形式播出节目。农场主通过信息网络，可以随时查询农业生产、销售、农业技术等各种所需要的信息。

日本对农电视概况：日本的广播电视事业属于公共广播电视与商业广播电视两大系统并存的体制。日本广播协会（NHK）是日本唯一的公共广播电视机构，NHK 没有专门的农业频道，但是经常播放一些农业专题节目。靠广告收入支持的日本商业电视台也播出与农业有关的节目。日本设有专门的农业电视台，如日本农林水产台（Green Channel）播出的内容有农业新闻、农业政策、各地食材、特产介绍、

---

① ［美］埃弗雷特·M. 罗杰斯：《创新的扩散》，辛欣译，中央编译出版社 2002 年版，第6 页。

畜牧养殖、环保等。日本普遍采用以有线电视利用为中心的地域农业信息系统，也就是以有线电视为主，以计算机和多功能传真等作为补充，向农户传递农业信息。

发展中国家对农电视概况：由于经济水平的巨大差异，发展中国家在开展对农广播电视节目方面表现出两种不同的方式。一些欠发达国家尤其是部分非洲国家主要是由国际组织或发达国家等外部力量进行推动。一些经济实力相对较强的发展中国家则主要是由本国的农业部门进行推动。从整个世界来看，发展中国家的对农节目无论在数量上还是在质量上都与发达国家存在着较大的差距，尤其是马里、几内亚等一些非洲国家只有一两档对农节目，而刚果、苏丹等国家几乎很难听到或看到对农节目。从发展中国家内部来看，也普遍存在数量少和质量低的现象，相对来说，印度、巴基斯坦、尼泊尔等国的对农节目具有本国的特色。[①]

2. 国内研究现状

（1）国内关于核心竞争力的研究概况

20 世纪 80 年代以前，国内业界和学界对新闻传媒的研究主要集中在关于宣传报道上，80 年代后人们开始探讨传媒变革及其经营管理，90 年代以来，相关研究随着核心竞争力理论的引进和传媒经济学在国内的兴起而迅速发展。由于有意借鉴"注意力经济"与"核心竞争力"等概念来解释我国新闻传媒业的改革和拓进，进入 21 世纪后国内学者对新闻传媒影响力经济与核心竞争力的研究掀起热潮。综观国内学者对"核心竞争力"的研究，主要集中在五大领域。一是关于核心竞争力理论形成与发展过程的研究；二是关于核心竞争力的内涵、本质及特征研究；三是关于核心竞争力体系与结构的研究；四是关于核心竞争力识别与评价的研究；五是关于核心竞争力构建策略研究。研究的重点集中在核心竞争力理论、核心竞争力评价和核心竞争力提

---

① 项仲平、杜海琼：《发展中国家对农广播电视节目概况与探究》，《中国广播电视学刊》2010 年第 2 期。

升策略研究几个方面。

关于传媒核心竞争力的研究呈现按对象细分化的趋势，有站在整个传媒产业高度来论述分析的，如喻国明在 2000 年前后开始探讨我国传媒变革及市场竞争的一系列问题，对新闻传媒的影响力和竞争力等进行了多方面分析。主要著作有《解释传媒变局：来自中国传媒业第一现场的报告》（南方日报出版社 2002 年版）、《传媒影响力：传媒产业本质与竞争优势》（南方日报出版社 2003 年版）、《传媒竞争力：产业价值链案例与模式》（张小争编著，华夏出版社 2004 年版）等。蔡骐、蔡雯的《媒介竞争与媒介文化》（复旦大学出版社 2007 年版）、丁和根的《传媒竞争力——中国媒体发展核心方略》（复旦大学出版社 2005 年版）、吴飞主编的《传媒竞争力》（中国传媒大学出版社 2005 年版）等，这些著作分别从不同的角度探讨传媒核心竞争力的建构方略。陆小华在其《整合传媒：传媒竞争趋势与对策》（中信出版社 2002 年版）、《再造传媒：传统媒体系统整合方略》（中信出版社 2003 年版）、《激活传媒：传媒竞争力发掘与执行策略》（中信出版社 2004 年版）等系列著作中也传达了对中国传媒竞争力的形势、对策和方法的深入思考。

针对报业核心竞争力的研究，如刘年辉的《报业核心竞争力：理论与案例》（中国广播电视出版社 2006 年版）、钟虎妹的《我国报业组织核心竞争力研究——基于"格式塔"竞争的视角》（人民出版社 2008 年版）等。针对广电媒体核心竞争力的研究主要见于一些学刊，如南晓明的《提高电视媒体核心竞争力的有效途径》（《中国广播电视学刊》2002 年第 11 期）、薛文池的《电视媒体核心竞争力的建立》（《当代电视》2005 年第 1 期）等。关于网络等新媒体的研究论文有喻国明的《网络媒体的核心竞争力何在》（《通讯世界》2006 年第 5 期）、艾岚和赵双阁的《论网络媒体核心竞争力的培育》（《经济与管理》2005 年第 4 期）等。

（2）国内关于电视频道专业化的研究概况

除了少量的专著，国内关于电视频道专业化的研究多出现在各类电视专业期刊和新闻传播期刊中，这些研究客观地描述了频道专业化在我国电视业的进程，并努力提出学理上的思辨，以期对电视媒体的发展实践起到指导作用。在20世纪90年代，关于频道专业化的早期研究主要围绕引入欧美电视业"频道专业化、节目对象化"的运作理念，探讨中国电视频道专业化经营的趋势，认为实行频道专业化经营是电视技术发展的必然要求，适应受众市场不断分化演变的必然结果和电视产业市场竞争的必然选择。① 伴随着专业化频道的运行，各种问题暴露出来，最为明显的是专业化频道不专和各电视台专业频道"同质同构"的现象，以及经营困难、体制局限等问题。针对这些问题，学者纷纷撰文探寻其深层原因并寻求解决途径。孙玉胜指出制约专业频道发展的症结在于单一依靠广告的大众化盈利模式，提出了"付费系统决定电视频道专业化进程"的观点，将频道专业化的研究由纯业务操作层面引向了更为深入的市场运营模式层面。此后这一观点得到了理论界同仁的普遍认可，并掀起了电视频道专业化研究的高潮。但此后研究多是对其观点的全盘接收和或直接或变相的引用。当然也有质疑的探讨研究，袁莉认为，单一的盈利模式是不合理，但"广告收入占有如此巨大的份额，决定了这种状况短时间内不会有太大改变，新的更有效的盈利模式的建立健全也需要相当长一段时间"。② 罗霆也认为在中国电视市场"条块分割"的现状之下，即使建立起付费与广告并举的双重盈利模式，其实现盈利的可能性也微乎其微。③ 但是此后类似关于频道专业化的讨论和争鸣却很少再见。

（3）国内关于公共电视的研究概况

20世纪末中国学者在研究中外广播电视的著作中，开始涉及公共电视问题，如1992年出版的《世界广播电视：变革和发展》等，以郭镇之为代表的学者也多次撰文，研究欧美公共电视体制，对今天学

---

① 陆营：《试论电视频道专业化经营》，《电视研究》1999年第9期。

② 袁莉：《单一广告盈利模式阻碍频道专业化发展吗？——兼谈电视广告盈利模式存在的必然性》，《现代传播》2002年第5期。

③ 罗霆：《从美国有线电视业看专业频道的运营》，《现代传播》2002年第5期。

者研究公共电视有积极的参考价值。[①] 进入 21 世纪后，随着中国公共电视频道的推广和实践，越来越多的国内学者开始关注公共电视的研究，如胡正荣、陆地、李良荣、李继东等，这些著作大部分以高校教材的形式编著，将世界公共电视发展模式、理论、实践等逐步介绍到国内。近年来，伴随着中国公共频道的开播和实践，思考中国公共频道发展的学术论文也为数不少，主要着眼于对西方公共电视理论和实践的介绍、新形势下世界公共电视的转型和改革，以及针对中国公共频道发展情况进行研究。有些学者就公共电视的含义和社会意义进行了探讨，对公共频道的发展提出相关策略。学界普遍认为，在中国，冠以"公共"名称的电视频道其实与国外公共电视的含义并不相同。中国设立省级公共频道的初衷是为了解决电视台数量过多的问题、促进县级电视台转变职能的举措。也就是说省级公共频道的"公共"强调的是公共频道对于特定电视机构的"共有""共用"，并非着眼于"公共领域"和"公共利益"，因此省级公共频道的"公共"是"广播电视系统内部的公共"，而非普通意义上的"公众的公共"。中国的公共频道是中国特色社会主义市场经济体制下电视改革的产物，与西方的公共电视有本质区别。

（4）国内对农电视传播研究概况

农业传播在国内的研究来自社会学者、农业信息传播研究者以及大众传播研究者等，这些学者从信息科学、农业科技传播、大众媒介与农村发展以及从农村的传播沟通与推广模式的角度等进行研究，虽然这些研究内容并不能很系统化、理论化地构成一门学科，但是其研究意义与方法都具有很重要的学科建设和社会实践的意义。和本文相关的部分研究内容主要有关于大众媒介与农村发展的研究。这一领域的研究主要涉及关于国内农村新闻传播现状的研究，关于媒介与农民关系的研究，媒介传播与农业政策执行的关系研究，农村贫困与大众

[①] 郭镇之：《美国公共广播电视的起源》，《新闻与传播研究》1997 年第 4 期；郭镇之：《欧洲公共广播电视的历史遗产与当代解释》，《国际新闻界》1998 第 Z1 期；郭镇之：《90 年代后期欧洲公共广播业的发展》，《国际新闻界》1999 年第 2 期。

传播在农村的模式研究等内容。这些研究说明中国传播学关注社会系统，并力图做出个性化解释的努力。但其形式大都以教材为主，没有形成专业性的论著；或者是提出了基本的学术命题，却没有形成严格意义上的学术论题和学术规范。主要的研究成果包括：王德海、周圣坤主编的《传播与沟通》，王德海主编的《发展传播学》，赵晓春主编的《农业传播学》，谢咏才、李红艳主编的《中国乡村传播学》等。

学者们在对国内农业传播研究的论著中或多或少地涉及对农电视传播，但大多是表面化的总结，缺乏专门性和深入性的研究。与此同时，关于国内对农电视研究的论文增长迅速。根据笔者对中国期刊网15种新闻传播类学术期刊的检索，2000年前，对对农电视进行相关探讨的文章共有11篇，2000年至2010年共有125篇，2011年至2017年10月共129篇。另有相当数量的硕士论文对对农电视领域进行了研究，但其中关于对农电视频道的研究仅有两篇①。

关于对农电视的研究主要包括：关于对农电视总体状况的研究，研究者对农村受众在大众传播中所处的弱势地位表现出极大的忧虑，指出我国大众传媒（主要是电视）对农报道极度匮乏，与我国现有农业人口的基本国情极不相称。研究者从服务"三农"和新农村建设的角度指出对农电视发展壮大的必要性和紧迫性。② 有的学者从媒体生存外部环境或媒介心理的角度分析对农电视存在的问题及原因，还有研究者站在电视传播体制性缺陷的高度来分析最广大的"大众"反而成为"失语者"的根源，认为中国大众传媒"以传统体制赋予的巨大资源优势，极力追逐经济利益的最大化"③，而忽略了自身应承担的其他社会责任。关于对农电视节目内容生产的研究则包括对电视节目对农宣传理念的变化、对农电视的发展策略、自身的特点和规律等进行

---

① 李熠：《试论当前对农专业频道的问题与发展对策研究》，硕士学位论文，郑州大学，2010年；宁威：《国内农业电视频道研究》，硕士学位论文，西北大学，2008年。

② 陈崇山：《谁为农民说话？——农村受众地位分析》，《现代传播》2003年第3期；李烨：《试论中国农业电视节目的现状与发展》，《现代传播》2007年第2期。

③ 黄鸣刚、边吟：《农村电视节目缺失现象的思考》，《电视研究》2004年第8期。

探讨。这些研究侧重点不同，具有一定的建设性和参考价值，但同时具有分散性的特点。关于对农电视的受众研究，这类文章立足于某地区实际，以对农电视节目的实证调查为基础，通过分析农村受众的基本电视收视习惯，收视偏好和需求等方面得出建设性结论，具有一定的启示作用。[①] 关于对农电视频道的研究，这部分研究主要集中在对其必要性、可行性及存在的问题等进行研究。研究者认为当前对农电视频道在运营过程中主要存在体制机制不顺、广告经营困难、节目来源不足、复合型人才奇缺以及覆盖错位等问题。研究者进一步指出，需要通过政府给予补贴、实行无偿覆盖政策等措施，促进对农电视频道的发展。[②]

3. 研究中存在的不足

从上述资料的情况来看，国内目前与对农电视频道相关的研究存在以下问题：（1）关于对农电视研究的数量并不少，但主要集中在关于对农电视节目的分析，关于对农电视频道的研究非常缺乏；而且现有的研究均显得表面化和简单化，缺乏系统性、理论性和前瞻性。表层阐释问题较多，深层研究的成果较少。话题雷同，低层次重复研究多，在实践上有的人提出了问题却没有阐述解决途径，在理论设计和创新上更没有取得实质性突破。而且大部分研究缺乏比照视角，多是就事论事，鲜见关于国外对农电视的介绍，更缺少从观念层次和运作机制层面的比照研究。学界对对农电视的研究基本上属于"事后研究"，难以给实际运作以及时的、强有力的指导。究其原因，尽管这些年农业电视发展比较快，但是与娱乐电视、体育电视、法制电视等相比，发展还是很慢，仍然处于弱势地位，导致学界对农业电视的研究不够重视，而业界多忙于节目的生产和播出，也无暇顾及理论研究。

（2）关于传媒核心竞争力研究的不足之处：首先，国内学者关于传媒核心竞争力的研究大多直接借鉴西方理论界关于"企业核心竞争

---

① 王玲宁、张国良：《我国农村受众媒介接触行为调查分析》，《新闻记者》2003 年第 11 期；方晓红：《经济信息在苏南农村的传播现状抽查研究》，《新闻与传播研究》2002 年第 4 期。

② 杨明品、王雷：《对农电视专业频道建设的问题和对策》，《新闻战线》2007 年第 5 期。

力"的解释，再结合传媒的性质和背景进行嫁接移植而来，难以准确和全面把握传媒业竞争的特点；其次，研究视野不够开阔，中国传媒业的事业性特点使学界的研究厚此薄彼，特别是对其产业性竞争方面的研究成果相对欠缺；最后，研究思路不清晰，学界对核心竞争力的概念、理论和分析方法还存在一定分歧，对核心竞争力构成要素的分析也不够明确，研究成果难以与实践对接。

（3）研究方法的单一性。现有的研究基本上都是定性、概念化的研究。关于定量的研究，尤其是规模较大的调查研究虽然不少，据不完全统计，近五年来，已公开发表的以问卷调查为主要数据搜集方法的农村大众传播研究项目已超过十余项，但大部分是关于农村受众的研究，而且这些以实证调研、问卷调查为基础的研究，具有较强针对性，在结论、对策的普遍适用性方面存在一定的局限，难以得出对我国农村受众的整体性认识，部分研究的科学性、准确性及研究的规范性也难以保证。

（4）在研究的角度上，从政治、文化角度为切入点探讨得多，从经济角度切入探讨得较少。涉及微观研究比较多，如电视编导、制作、电视栏目设置、电视技术等。来自一线媒体，对对农电视节目的运营、栏目设置和频道发展做出评价和经验性总结得比较多，缺乏从感性到理性的上升。对农电视频道的发展涵盖了电视频道内部及外部的融资、运作、流通等各个流程，也融合了社会学、传播学、媒介经济学、市场营销学等各个学科的原理，但目前还缺乏对其多角度观照的研究。目前的对农电视研究缺乏理论深度，不能从不同的学科角度透视电视发展现状并进行市场化的客观评价，研究的缺位与肤浅正是实践中对农电视发展滞后的现实体现。

三　主要概念解析

1. 对农电视频道

目前国内关于农民、农业、农村的电视频道叫法很不统一，比如"农业频道""农村频道""乡村频道""农民频道"或是"农科频道"

等，在本文中一律称为对农电视频道。对农电视频道是由国家广电部门批准设立，为发展现代农业，建设社会主义新农村，引导农民致富奔小康为宗旨而进行传播的电视频道。对农电视频道以农民为主要目标观众，包括从事和关心农村建设与发展的各类群体，如广大的普通农民、农技人员、外出务工人员、乡镇企业人员、县乡农业职能部门的干部、村组干部及其他关注"三农"问题的各行业、各阶层人士等。

对农电视频道是中国广播电视公共服务体系的一个组成部分。广播电视公共服务一般被分为基本公共服务和准公共服务两大类。基本公共服务是指完全免费供给，观众不用交费或只缴纳一定的成本费，节目中无商业广告，除满足公共利益外，服务提供者无其他利益诉求。基本公共服务是基础，因为它不受商业利益干扰，能够切实保障服务的均衡性，特别是满足低收入群体的信息、文化需求，并能够发挥好先进文化建设的引领作用。准公共服务是指通过政策法规约束，促使服务提供者能够部分满足公共利益需求，如通过政府定价限定有线收视费标准，通过法规限定广告播出时长和时段等，是公共利益和商业利益的兼顾。准公共服务是基本公共服务的有效补充，用以弥补基本公共服务总量上的不足。但由于其实施主体还要实现商业利益，在节目内容安排上多"只关注公共领域里某些特定的部分"，目标受众"更倾向于那些更有钱、更会花销的人群"[1]，这是准公共服务的先天不足。在当前由于受管理体制的制约，我国广播电视公共服务基本依靠准公共服务，基本公共服务体系尚待建立。[2]

对农电视频道是一种特殊的文化公共物品，它在传播"三农"、服务"三农"、为农民的利益诉求提供平台等方面发挥着多种作用，在对三农场域的影响方面有着其他媒体不可替代的效用。就中国的公

---

[1]　［美］大卫·克罗图等：《运营媒体——在商业媒体与公共利益之间》，董关鹏等译，清华大学出版社2007年版，第25页。

[2]　袁正领、魏蕾：《对广播电视公共服务几个基本问题的思考》，《现代传播》2009年第1期。

共服务体系建设来说，对农电视传播无疑具有最强的公共性，理应向公共电视的建设方向发展和努力，但就现实情况来看，现有的对农电视频道和中国大多数电视媒介一样，都是属于郭镇之所说的"国营的商业电视媒介"，实行的既不是纯粹的商业电视运行机制，也不是公共电视运行机制，而是一种准公益性机制，也就是说对农电视频道是一种公益性很高的准公共服务，这意味着它有两个层面的内涵，首先，它是事业，是一种被需要的公共物品，财政可以给予适当补助；其次，它又有"经营性"，意味着要考虑效益和成本，面临着生存与发展的问题，当前最重要的是能够在社会效益与经济效益的冲突中找到平衡点，为频道的效益最大化开辟理想的出路。当然，就公共服务本身来说，也不是不计成本的服务，广播电视公共服务体系的建立和运行同样要实行科学投资、成本核算和绩效管理，这样在有限的资金投入水平下，可以让更多的人享受到更好的公共服务。①

因此，本文对对农电视频道核心竞争力的研究是基于现有的对农电视频道生存现状和生存困境展开的，作为公共性很高的准公益性媒体，当前对农电视频道面临的主要问题是在公益性基础之上如何通过核心竞争力的构建在激烈的市场竞争中求得生存和发展壮大的问题。

2. 对农电视频道核心竞争力

关于电视媒体核心竞争力的界定，我国学界和业界有多种说法，但基本上趋向于将其看作电视传媒组织的一种综合性的整体能力，是电视传媒所独有的，在经营和发展中胜过竞争对手的核心资源和能力的总和。拥有核心资源是获取竞争优势的基础，核心能力则是对核心资源内在运用的过程，资源和能力紧密相关。传媒核心竞争力具有综合的特征，单个要素和能力不能构成核心竞争力，核心竞争力也不属于单个个体或部门，其载体是整个传媒机构整体；传媒核心竞争力是传媒机构在过去的成长历程中，经过长期缓慢和独特的累积过程产生

---

① 王承英、陈章楷：《如何建立农村广播电视公共服务体系》，《中国广播电视学刊》2006年第2期。

的，不能通过市场交换轻易获得；传媒核心竞争力是"协调"和"有机结合"的，而不是某种可分散的要素、资源或者技能。

作为大众传播的社会职能部门，电视媒体以其突出的国家意志性、信息性、舆论导向性和专业职能化，成为促进社会充分互动的权威组织，并因此具有传播机制所赋予和保护的对事件的发生及影响提供解释和论述、并形成或塑造公共意见等的种种权力，这些权力作用体现为媒介的社会功能和效果，也就是传媒对个人和社会所能产生的影响与控制。因此，表面上看，电视媒体提供的是信息产品，其真正的产品其实是影响力，正如丹尼斯·麦奎尔所说，"有足够的证据和实验能够证明大众媒介不管是对个人、组织、政府还是社会文化都有着相当重要的影响和塑造"[①]。这种影响力不单单作用于社会认知和社会舆论，也体现在对社会价值和社会秩序长期而隐性的建构或消解中。

电视媒体产品所具备的商品和宣传品的双重属性使其成为商品的过程不是一次交换就能完成的，而需要"影响力"的中间交换，这就形成了"影响力经济"。具体说来就是媒体把新闻传播作为公共服务提供给大众，满足其使用价值需求并在多次互动中获取传播能力及社会影响力，再将这种影响力以广告服务的形式转化为商品出售给广告主，通过这种广告交换实现新闻传播过程中的价值补偿和资本增值。人们对新闻传媒的评判总是以其信息服务、环境监督、社会协调等功能发挥为准则，这些功能发挥对人们现实认知和实践的帮助越大，人们的媒介注意、接触及行为持续才会越来越持久，媒介影响力才会越有交换价值，这种影响力正是新闻传媒行使社会功能带来经济效益和产生影响力叠加的真正原因。电视传媒的影响力是在信息传递的前提下形成的，因而传媒影响力就打上了属于自己的那种"渠道烙印"[②]，即既包含传媒自身载体的物质手段、技术途径、资源条件，也包括传媒通过对资讯的选择、解读而对人们社会认知、判断及行为的能动影

---

① Graber Doris ed.，*Media Power in Politics*：Washington，D C：Congressional Quarterly Press，2006，p. 135.

② 喻国明：《传媒影响力》，南方日报出版社 2003 年版，第 4 页。

响。新闻传播影响力一般包括受众、内容、规模、效果和时间五个构成要素。[①] 新闻媒介影响力的评判在于媒介在公众中形成的公信力、知名度和美誉度，它存在于公众的日常认同和选择指向中，其形成的标志是媒介品牌的树立。

和其他电视传媒一样，对农电视频道也处于"影响力经济"的生产和交换关系中，即将有用信息传递给农村目标受众，受众在获得有用信息的同时产生"观念认同"，对农电视频道的影响力就在这种有用信息的提供和"观念认同"获得的交互作用中逐渐生成，再通过将影响力转让给客户获得广告收入。对农电视频道的核心竞争力就是建立在这种影响力基础之上的竞争力，是比其他媒介组织更能持续有效地进行影响力生产和市场交换的知识能力体系。对农电视频道的核心竞争力就是以农民利益诉求为核心、通过整合各种资源和能力形成的比其他媒介组织更能保持独特竞争优势并持续有效地进行对农村社会影响力生产和市场交换的整体能力。

对于对农电视频道核心竞争力的理解至少包含以下几方面的含义：首先，对农电视频道核心竞争力建立在传媒竞争的基础之上，是与其他传媒竞争主体相互比较的产物，这种竞争既有与其他同类型频道的竞争，也有与其他专业化和综合类频道之间的竞争。其次，对农电视频道核心竞争力是传媒自身利益与受众价值需求的有机统一，只有生产出对农民观众有价值的产品并受到欢迎，才能在与对手的竞争中取胜。最后，对农电视频道核心竞争力具有持续性和非偶然性，是一种长期存在的持续产生作用的决定因素，但并不是频道生产与经营成败的唯一决定因素。[②]

对农电视频道核心竞争力具有市场性与非市场性，即它是具有产业性与意识形态双重属性的典型媒介。对农电视频道核心竞争力的形成依赖于环境、资源、能力等方面因素的共同作用，其中只有通过市

---

① 喻国明：《传媒影响力》，南方日报出版社2003年版，第7页。

② 丁和根：《传媒竞争力——中国媒体发展核心方略》，复旦大学出版社2005年版，第36页。

场手段获得的要素对其核心竞争力的形成起决定性作用，也只有市场才能驱动各种有效要素为总体竞争战略服务，经受市场的检验并最终转化为实际竞争力。对农电视频道核心竞争力的非市场性表现在它无须通过市场途径就可以获得形成核心竞争力的某些要素，如行政干预、地方保护和意识形态约束等。对农电视频道核心竞争力的这两种属性并不完全对立。当前对农电视频道的主要矛盾是如何提高市场性竞争力的问题，以及找到一条使两种竞争力分别发挥主导作用并能相互促进的有效途径。

对农电视频道核心竞争力还具有系统性和非系统性。对农电视频道核心竞争力的系统性包括其拥有能转化为竞争力的多种要素，要素之间相互作用与依存，其核心竞争力系统不但与内部事物保持紧密联系，也同外部环境发生联系，处于永恒的动态变化之中，并根据变化随时进行调整。对农电视频道核心竞争力的非系统性表现为某些对核心竞争力有影响的因素只是暂时性发挥作用，或者表面上起到积极作用，但长远来看对媒体却是有害的。因此，对农电视频道应该尽量减少非系统竞争力在整体竞争力中的影响，不断增强系统竞争力的地位和作用。

传媒核心竞争力具有价值性、独特性、动态性和延展性等基本特征，对农电视频道核心竞争力也具备这些基本特征，但由于其自身的特点而有着具体的内涵和外延。作为对农电视频道长期竞争优势基础的核心竞争力应该具有以下几方面的特征。

价值性：价值性是对农电视频道核心竞争力最基本的特征。对农电视频道核心竞争力的价值性包括两个方面，既包括这种核心竞争力能够促进频道在降低成本、提高效率等方面都胜过竞争对手，为频道带来长期的经济效益和社会效益，使频道保持持续的竞争优势；也包括核心竞争力必须能够为对农电视频道的利益相关者有效地创造价值，其利益相关者主要是指农民受众，即向农民受众提供优于竞争对手且不易被竞争对手所模仿的，并为农民受众所看重的"消费者剩余"价值的能力。对农电视频道核心竞争力的受众价值性除了体现为农民受众所看重的核心价值外，还包括频道对受众价值的维护和增值，包括价值保障、价值提升、价值创新三个方面。价值保障即保证价值有效和稳定的传递，在传递过程中，既要不断降低成本，又要保证频道价值和受众看重的可接受的价值不受影响；价值增值则意味着对对农电视频道的竞争优势和受众服务进行持续不断的改进，以提高其价值含量；价值创新要求对农电视频道运用其核心竞争力不断研制、开发新的媒介产品，满足受众不断出现的新需求，提供他们需要的新服务。

独特性：对农电视频道的核心竞争力是这类频道所特有的，难以被其他频道或媒体所拥有的资源和能力。核心竞争力是对农电视频道在长期的经营和发展过程中，以特定的方式，沿着特定的发展轨迹逐步累积起来的。它不仅和对农电视频道产生的特殊背景、特殊的受众、独特的产品特性高度相关，还与频道的市场营销、机构组织管理与媒介文化等很多方面有密切的联系，是这类频道在不断地学习、创造和市场竞争中的磨炼培育而成的。这种累积深深植根于频道发展史，具有时间依赖性和路径依赖性。因此，对农电视频道的核心竞争力既有人才、技术和设备等硬性特性，也有文化、意识、管理艺术和诀窍等无形资产，通常在频道内多种职能之间的合作中产生，可以被感知却难以进行市场交易。这种累积过程的特性也导致其核心竞争力难以被模仿，有时候可能表面上似乎可以模仿和学习，但是模仿和学习的成本很高。另外，对农电视频道作为对"三农"传播的特殊阵地，可以获得某些特殊的社会资源，如中央政策、节目资源、网络覆盖等优势，这些都是其他频道难以复制的。对农电视频道核心竞争力一旦形成，就会成为其进行差异化竞争的有效来源。对农电视频道核心竞争力的独特性决定了对农电视频道和其他不同媒介机构的效率差别、利润差别与发展潜力差别。

延展性：对农电视频道的核心竞争力不但能够使其在频道竞争领域中保持竞争优势，也能通过"核心能力—核心产品—其他产品和服务"的延展过程，将它的作用进行更大范围、立体式的拓展，并延伸到相关的新领域和产业。对农电视频道的核心竞争力之所以被称为竞争力中的"核心"，是因为这类频道能够将它的关键技术或产品转移、应用于开发新的产品，并且还能将这种核心技能成功转至其他新业务，最终实现频道的多元化发展战略。对农电视频道核心竞争力主要以频道内容的制作、开发和利用为核心，由这些核心产品衍生出多个产业链，可以是跨媒体链条的建构，也可以是跨行业、跨地区产业链条的建构。核心竞争力可以为对农电视频道提供通向多个市场的潜在通道，通过对核心竞争力的共享，降低经营成本，支撑多项产品，实现频道经营的范围经济。通过核心竞争力延展，使对农电视频道在一个层次或一个领域的竞争优势转化到另一个层次或另一个领域。核心竞争力决定了对农电视频道的规模和边界，也决定了其多元化战略的深度和广度。

　　动态性：对农电视频道的核心竞争力需要频道通过长期的实践和发展才能累积形成，因此在一定时期和环境下，具有相对稳定性，其生命周期也远远超过一般媒介产品的生命周期。但是核心竞争力不是一成不变的，伴随着频道所处阶段、频道资源、管理模式等内部变量和产业环境等外部变量的变动而进行着动态调整。当竞争对手、产业环境等外部环境发生变化或管理不善时，频道原有的核心竞争力可能丧失了竞争优势，不再适应其发展。如果沉迷于对已有核心竞争力的过度迷恋，而不能随着环境和形势的变化不断创新，核心竞争力就会变成"核心刚度"，随着时间的推移和竞争对手竞争力的增强，该频道的领先优势就会逐步丧失。这时候就面临着提升和维护的问题，需要对其进行持续不断的创新、培育和发展，根据产业的发展方向、频道自身资源状况以及管理的更新趋势等综合因素，对频道的核心竞争力重新定位，适时改善，以保持与竞争对手的差异和优势，始终使自己处于市场竞争的最前沿。从本质上来说，核心竞争力本身应当具有能够促使其走向自我否定的力量，在否定之否定的过程中进行创新得到发展。因此，对农电视频道的核心竞争力也会有一定的生命周期，经历发展、成熟和衰落，然后再更新和发展的过程。假如核心竞争力没有得到适时的更新，一旦演变为核心刚度，就可能成为频道前进的障碍和负担。

整合性：对农电视频道的核心竞争力是各种知识、资源和能力构成的有机整体，也是频道不同竞争力的集合，这些要素需要相互配合才能形成一个有机的能力体系，在向农民受众提供服务或产品的过程中显现出自身的优越性。这一过程不但是对农电视频道自身学习实践的过程，也是频道内部资源进行整合优化的过程。因此，核心竞争力不仅与频道的技术因素有关，而且与频道的管理、组织结构、企业文化以及社会环境等密切相关。整合性使对农电视频道核心竞争力具有"普通模糊"的特性，即复杂性和不易识别等特点。在某些情况下，整合性可以使一些原本十分平常的技术组成一种超强的核心能力，也决定了对农电视频道核心竞争力可能和特殊的个人有关，但不会因某个人的离开而失去。

3. 价值链分析法

美国哈佛大学商学院教授迈克尔·波特 1985 年在其名著《竞争优势》中首次提到竞争优势与价值链概念。他认为竞争优势来源于企业为客户创造的超过其成本的价值。也就是说，当一个企业在为客户提供产品或者服务的同时，能够获得低于竞争对手的成本，或者为客户提供其他附加值，那么这个企业就可以在市场上获得相对于竞争对手的竞争优势。竞争优势包括成本领先和标歧立异两种表现形式。成本领先意味着企业成本要低于市场平均水平，而标歧立异则意味着企业的产品或服务具有某种独特性。① 也就是说，企业的竞争优势来源于企业在设计、生产、营销、交货等过程及辅助过程中所进行的许多相互分离的活动，每一种都可能对企业的相对成本和标歧立异有所贡献。但是如何将这些活动进行有机整合，并将整合的结果体现在市场竞争中，最终获得竞争优势，为此迈克尔·波特提出了价值链理论。

迈克尔·波特提出的"价值链分析法"是把企业内外价值增加的活动分为基本活动和支持性活动，基本活动涉及企业生产、销售、进

---

① ［美］迈克尔·波特：《竞争优势》，陈小悦译，华夏出版社 2005 年版，第 3 页。

料后勤、发货后勤、售后服务，支持性活动涉及人事、财务、计划、研究与开发、采购等，基本活动和支持性活动构成了企业的价值链。不同的企业参与的价值活动中，并不是每个环节都创造价值，实际上只有某些特定的价值活动才真正创造价值，这些真正创造价值的经营活动，就是价值链上的"战略环节"。企业要保持的竞争优势，实际上就是企业在价值链某些特定战略环节上的优势。

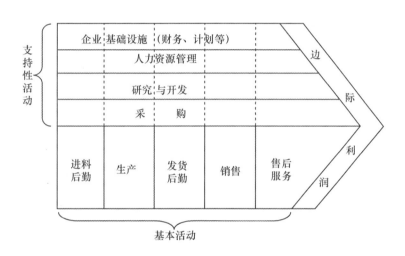

　　价值链包括价值活动和利润。价值活动是企业所从事的物质上和技术上的界限分明的各项活动，这些活动是企业创造对买方有价值的产品的基石。利润是总价值与从事各种价值活动的总成本之差。价值活动分为两大类：基本活动和支持性活动。基本活动是涉及产品的物质创造及其销售、转移买方和售后服务的各种活动。支持性活动是辅助基本活动，并通过提供采购投入、技术、人力资源以及各种公司范围的职能支持基本活动。运用价值链的分析方法来确定核心竞争力，就是要求企业密切关注组织的资源状态，要求企业特别关注和培养价值链的关键环节，以形成和巩固企业在行业内的竞争优势，获得核心竞争力。

　　4. 媒介生态理论

　　"媒介生态"这一概念最早由加拿大传播学者的主要代表人物马

歇尔·麦克卢汉在20世纪60年代提出，后由美国纽约大学的尼尔·M.波兹曼在讲授媒介研究课程时正式采用。目前对"媒介生态"较为普遍的认知是，"媒介生态是指在一定社会环境中媒介各构成要素之间、媒介之间、媒介与其外部社会环境之间相互关联制约而形成的一种互动结构"①。这种互动结构包含如政治文化氛围、经济发展水平等诸多因素。媒介生态学研究的主要问题是媒介及环境之间的互动关系。媒介作为社会的有机组成部分，作为一种社会子系统，它并不是孤立存在的，它的产生和发展与其他子系统（诸如政治、经济、文化等）存在着密切的关系。这种关系的总和即是媒介的生态环境。围绕媒介这一中心，媒介生存的外部环境包括政治环境、经济环境、文化环境、技术环境四个方面，媒介生存的内部环境包括传媒产业内部的竞争环境与合作环境、传者、信息、媒介、受众等诸多因素。媒介与各种生态因素之间保持着一种循环互动的关系，从而完成物质交换和能量流动。从社会系统论来看，如果离开与其他社会系统的互动，不可能对媒介有完整而透彻的理解。②

四　研究思路与研究方法

本文研究思路：首先对当前我国对农电视媒体的发展历程和现状进行分析，继而结合传媒核心竞争力分析框架对当前对农电视频道核心竞争力的现状进行深入研究，接下来从媒介与环境动态平衡系统的几种主要联系中分析制约对农电视频道核心竞争力形成的主要原因，同时分析当前对农电视频道培育核心竞争力的现实意义，继而提出构建对农电视频道核心竞争力的对策，包括外部环境的优化策略、内部借鉴价值链分析法构建了对农电视频道核心竞争力培育的价值链层状球体模型以及品牌塑造、市场营销、产业链建构、战略管理等具体对策，最后对湖北垄上频道核心竞争力培育的个案进行分析。

---

① 邵培仁：《论媒介生态的五大观念》，《新闻大学》2001年冬季号。
② 李良荣：《新闻学导论》，高等教育出版社1999年版，第210页。

本研究涉及内容广泛，涉及传播学、广播电视学、社会学、媒介经济学、市场营销学等学科领域，本着理论和实践相结合，定量分析和定性分析相结合的原则，使用的研究方法主要有文献分析法、实地调查法、个案研究法、比较研究法等。

1. 文献分析法：当前国内学界对对农电视节目和频道所给予的关注不多，但是无论学界还是业界都有一定数量关于对农电视节目和频道的论文发表，并且具有一定的参考价值，这为本文的写作提供了一定的基础。在本研究中，笔者主要通过广泛涉猎国内外媒介理论界和业界的相关研究成果，通过文献查询，进行整理、归纳和分析，同时结合对各对农电视频道网站资料的分析和归纳，使本文的研究既系统深入，又生动具体。

2. 实地调查法：在进行本论题研究的同时，笔者参与了荆州电视台委托武汉大学新闻与传播学院所做《频道与渠道——城市电视台深度介入新农村建设的服务模式研究》的课题，多次赴荆州电视台及湖北垄上频道实地调查，对垄上频道的现状，内部机制与运作流程等内容进行了具体调研，和该台相关人员进行了深入访谈，对湖北垄上频道的媒体定位、报道理念、创新历程、发展态势以及传播效果与社会影响，进行综合分析与研究。

3. 比较研究法：本研究大量运用了比较分析法，通过比较揭示事物的本质、特性和规律。比如本文在对对农电视频道核心竞争力的现状进行分析时，注意将现有的几个对农电视频道进行比较研究。通过比较分析，寻找问题的症结与对策，力争在充分了解我国对农电视频道发展的历史与现实背景的基础上，诠释我国对农电视频道核心竞争力的现状及制约其形成的原因，探讨对农电视频道构建核心竞争力的可能路径。

4. 个案研究法：个案研究法是认定研究对象中的某一特定对象，加以调查分析，弄清其特点及其形成过程的一种研究方法。在论题的论述过程中，本文以湖北垄上频道为例进行个案研究，从点到面地进行论证，使论证更有说服力、更具形象性。

第 一 章

我国对农电视媒体及其核心
竞争力的现状分析

中国是个农业大国，只有实现农村的现代化才能真正实现中国的现代化。党中央把"三农"问题作为重中之重的工作，对农宣传成为中国传媒高度重视的领域。对农电视频道是农业传播的重要载体，对普及现代农业生产、生活观念和各类农业信息，推进当代农村社会面貌改观，满足农民农业信息与文化娱乐需求方面优势突出，为其他大众媒体不可替代。我国对农电视频道对建设社会主义新型农村，发展现代农业，引导广大农民致富奔小康发挥着巨大作用，影响力越来越大，承担的社会责任也越来越重。

一直以来，对农电视传播无论在节目的数量、质量和影响力上，都属于"弱势群体"，具体表现为在数量上总体不足、节目时间短；在播出时间上被边缘化、播出次数少；质量上存在各种缺陷，包括内容单调、枯燥、艺术性差，以及由于地域性和时令性强导致节目对农民生产、销售的针对性和可操作性不够，实用性差等问题。关于对农电视栏目和节目缺失的原因，一般认为来源于农村节目创收能力弱难以吸引广告主，农村节目科技含量高难以寓教于乐，以及技术覆盖上的原因、农村受众的实际收视情况等。

随着农业生产模式的不断变化、农村文化生活的逐渐丰富，农民对农业生产和农村文化的信息需求越来越强烈，农民对电视节目这种"文化产品"的需求也发生了变化，如更具有延续性和体系。延续性是指这种服务是一种长期性的行为；体系是指对这种服务的种类、环节、标准等方面都有着特定的要求，这种延续性和体系导致对农电视产品需要以频道的形式来实现。各级电视台要建立起服务新农村建设的"服务体系"，需要全面整合、打造各种类型的对农服务节目和手段，建立对农服务的专门频道。建立专业的对农电视频道，除了可以激活巨大的农村市场资源，壮大媒体自身的发展外，也是符合中央"三农"政策，更好地为新农村建设服务的一项举措。

第一节　对农电视媒体的产生和现状

一　对农电视频道的产生

对农电视频道起源于对农电视节目。我国对农电视节目起步很早，但发展趋缓。1983 年 3 月至 4 月，第十一次全国广播电视工作会议提出"四级办电视"的方针之后，中央电视台推出了《农业科技知识》栏目，这是中国电视史上第一个对农电视栏目。此后，各地方电视台纷纷模仿开办对农电视栏目，如安徽电视台 1984 年开办的《致富之路》栏目，广东电视台 1987 年创办的《摇钱树》等，中央电视台 1993 年还在《经济半小时》中开办了《金土地》子栏目。这些栏目在当时产生了一定的影响，有的栏目一直保持到现在。这一时期对农电视服务的内容主要是集中于种植业，通过传达党和政府的农业政策法规，普及农业科学技术知识，节目以政治宣传为主要目的，形式也相对简单，大多是新闻播报。

表 1-1　　　　　　对农电视节目发展概况（1976—1991 年）①

时间（年）	电视台	台节目名称
70 年代末	黑龙江电视台	农业知识
	吉林电视台	农村科技
1979	湖南电视台	农业知识讲座
1982	四川电视台	农村俱乐部
1984	安徽电视台	致富之路
1985	辽宁电视台	致富之路
1986	贵州电视台	致富之路
1986	湖北电视台	农村新貌
1987	中央电视台	农业教育与科技
1987	广东电视台	摇钱树
1987	内蒙古电视台	牧民之友

　　20 世纪 90 年代中期，以央视七套农业·少儿·军事频道的开播为起点，中国对农电视节目迎来了发展的一个高潮。吉林电视台的《农村俱乐部》、山东电视台的《乡村季风》、北京电视台的《京郊大地》，湖南电视台的《乡村发现》、辽宁电视台的《黑土地》、天津电视台的《世纪风》、山西电视台的《黄土地》以及湖北荆州电视台的《垄上行》等对农电视节目如雨后春笋般出现。这些栏目和节目在一定程度上体现了对农传播的服务性和知识性等特性，能够立足农业、贴近农民，通过深入浅出、通俗易懂的表现形式，传达对农民有用的信息，起到了一定的积极作用。

---

　　①　刘晓梅：《对农节目的市场分析及开发策略研究》，硕士学位论文，山东大学，2008 年，第 11 页。

表 1 - 2　　　　　对农电视节目发展概况 (1992—2002 年)①

时间（年）	电视台	台节目名称
1995	山西电视台	黄土地
1995	湖南电视台	乡村发现
1995	北京电视台	京郊大地
1996	央视二套	金土地
1997	山东电视台	乡村季风
1999	云南电视台	红土地
1999	新疆电视台	农牧天地
2000	天津电视台	世纪风
2002	湖北荆州电视台	垄上行

　　党的十六大之后，随着党中央对"三农"问题的高度重视，对农电视节目的发展成为解决"三农"问题的一项重要举措。在《国家"十一五"时期文化发展规划纲要》中，更明确要求地级、县级电视台要把面向基层、服务"三农"作为主要任务。在这种状况下，对农电视的发展越来越受到重视，开始出现专门的省级电视台对农电视频道，比如吉林电视台乡村频道、山东电视台农科频道。21 世纪的头一个十年是我国省级电视台对农栏目开启专业化频道之路最为集中的时期。2005 年 10 月，党的十六届五中全会提出了建设社会主义新农村的重大历史任务，在这一大背景下，河北电视台农民频道、河南电视台新农村频道、陕西电视台农林科技卫视等也应运而生。值得注意的是，当时开办的对农电视频道的吉林、山东、河北、河南等省份都是我国重要的农业大省，无论是农村人口、农村面积还是农产品产量在我国都名列前茅。比如河北是农业大省，拥有位居全国第四的耕地面积；粮食生产在全国占有举足轻重的地位，作为全国三大小麦集中产区之一，全省大部分地区都有小麦种植；作为我国传统棉区和重要的

①　刘晓梅：《对农节目的市场分析及开发策略研究》，硕士学位论文，山东大学，2008 年，第 12 页。

纺织工业基地，河北省常年棉花种植面积 60 万公顷左右，占全国植棉面积的 12%；经济作物还有花生、麻类和糖用甜菜等；河北省也是我国果品的主要产区，果品总产量占全国第二位；农业是河北省最为重要的主导产业，也是北京、天津两大直辖市最为可靠的后勤补给库；河北省广阔的农村区域和基数庞大的农民人口为河北电视台农民频道的发展奠定了坚实的基础。[①] 此后大多数开办的对农电视频道的省级电视台都"出身"于农业大省，其发展壮大也得益于这些极为现实的客观条件和迫切需要。

另外，为承担农村公务服务职能，2002 年全国各省、市先后开办了电视"公共频道"，不过大多由于生存压力和利益驱使，只是虚有"公共"之名，而无"公共"之实，并未真正承担起对"三农"服务的重任，但部分电视台在"公共频道"的基础上成立了对农电视频道，比如浙江电视台公共·新农村频道，重庆电视台公共·农村频道。其他还有如天津电视台公共频道、福建电视台公共频道等也都定位于服务新农村发展，搭建起沟通城乡、服务"三农"的媒体平台，但后者因其尚未以对农电视频道命名，未被列入研究之列。2008 年开办的陕西电视台农林科技频道是国内第一家专业从事农林科技推广的卫星电视频道。2012 年 8 月开播的湖北广播电视台垄上频道是经国家广电总局批准的湖北省内唯一对农传播与服务综合频道，它是在地市级电视台对农电视频道湖北荆州电视台垄上频道的基础上改建而来。还有少量的市县台也开办了对农电视频道，比如由于推广荆州电视台垄上频道的品牌，湖北省大部分地市州都开办了以"垄上"命名的对农电视栏目，荆门电视台等少数地市台还开办了新农村频道。山东临沂电视台成立农村科普频道，后因节目资源缺乏而撤销，四川乐山电视台成立了公共·新农村频道、湖南益阳电视台成立了乡村频道等。这些市县级对农电视频道并未获得行政审批，因而准确数据难以统计，但

---

① 冯帆：《新时期涉农电视节目的发展研究》，硕士学位论文，广西师范学院，2016 年，第 11 页。

是据初步估算数量并不太多。

目前国内对农电视媒体包括 13 家对农电视频道，主要为中央电视台 7 套军事·农业频道 1 家中央级媒体，河北电视台农民频道、湖北垄上频道、吉林电视台乡村频道、山东电视台农科频道、浙江电视台公共·新闻频道、重庆电视台公共·农村频道、陕西农林卫视、河南电视台新农村频道 8 家省级媒体以及 4 家地市级媒体。

表 1 - 3　　　　截至 2017 年我国对农电视频道播出状况①

频道名称	开播时间	名牌栏目
中央电视台军事·农业频道	1995 年 12 月	《乡村大世界》《致富经》《乡土》
吉林电视台乡村频道	2001 年 7 月	《乡村四季》《12316 新闻眼》
山东电视台农科频道	2002 年 4 月	《说事拉理》《快乐生活一点通》
河北电视台农民频道	2005 年 5 月	《三农最前线》《非常帮助》《农博士》
浙江电视台公共·新闻频道	2016 年 3 月 18 日原浙江电视台公共·新农村频道（2006 年 1 月开播）更名为公共·新闻频道	《新闻大直播》《新山海经》
河南电视台新农村频道	2006 年 6 月	《9 号直播间》《新农村服务社》
重庆电视台公共·农村频道	2007 年 8 月	《天天农视通》《巴渝视窗》
陕西农林卫视	2008 年 3 月	《科技大篷车》《村里村外》
湖北电视台垄上频道	2012 年 5 月	《垄上行》《垄上故事会》

---

①　冯帆：《新时期涉农电视节目的发展研究》，硕士学位论文，广西师范学院，2016 年，第 10 页。

　　从中国对农电视传播 30 多年的发展历程可以发现，中国对农电视节目不断发展，在节目内容、节目形态、表现方式和节目功能等方面都有了很大变化。节目形态从单一单调到丰富多样，表现方式从严肃播报到现场展示，节目内容由政策宣传到资讯服务和提供娱乐，节目定位由"泛"农民群体到农村受众的细分，中国对农电视节目的发展呈现蓬勃的态势。对农电视频道的发展虽然还没有掀起热潮，但是也获得了一定的发展。

二　对农电视频道的发展现状

1. 中央电视台军事、农业频道

　　1995 年 11 月 30 日，中央电视台七套军事·农业频道 CCTV - 7 正式播出，开启了我国对农电视宣传的新起点。这是以播出军事、农业节目为主的专业频道，也是中国电视唯一全国性公共服务平台，由中华人民共和国农业部与中央电视台主办，中国农业电影电视中心承办。

　　21 年来，CCTV - 7 的农业节目从无到有、由小到大，如今已经发展到 13 档栏目、每天播出 8 小时、覆盖观众人口 12.75 亿的规模。这 13 个对农电视栏目包括《乡约》《致富经》《每日农经》《乡村大世界》《聚焦三农》等。在 2007 年中央台农业频道播出的所有类型节目当中（除广告），专题类节目以超过 70% 的播出和收视比重成为主要的节目类型。在 2007 年 CCTV - 7 所有常规栏目前十位排名中，《乡约》《致富经》《每日农经》等五个农业类栏目榜上有名。[①] 2007 年，中央台农业频道在城域和乡域所有频道份额竞争的排名中均位列第 18 名。2009 年 5 月在中央电视台 278 个上网栏目访问量排行榜中，农业节目栏目（如《致富经》《每日农经》《科技苑》《聚焦三农》《农广

---

　　①　王云：《中央电视台农业频道的收视情况和栏目特点》，《市场观察》2008 年第 5 期。

天地》《乡村大世界》《乡约》等）大都排在前 80 名。① 从某种程度上可以认为，中央台农业频道在频道的专业化定位上还是比较准确的。2009 年，广播电视"村村通"工程取得突破性进展，中央广播电视节目无线覆盖工程目标基本实现，无线覆盖体系初步建成，中央电视台第七套节目的无线覆盖人口超过 9 亿人，在可实现全国覆盖的 60 多个频道中位居第二，这样的覆盖力度使更多的农业节目走近农村观众。

21 年来，CCTV - 7 的农业节目始终围绕党和国家"三农"工作大局，以"服务三农、沟通城乡"为宗旨，以推广农业实用技术，普及农业科学知识，繁荣农村经济和农村文化为主旋律，全面展示我国农村改革发展的巨大成就，热情讴歌农民的火热生活和伟大创造，构建起类别多样的电视群，形成了常规节目、特色节目和大型节目共同成长繁荣的良好局面。多年来，他们不断创新节目形态，其收视率、引导力、影响力逐年提升，被业界誉为"七套现象"。作为全国农业节目体系中的"领头羊"，CCTV - 7 正在大力推动农业电视与新媒体的融合，致力于打造中国"三农"领域的第一视听平台。

2. 吉林电视台乡村频道

吉林电视台乡村频道 2001 年 7 月 1 日正式开播，是省级电视频道中开办的第一个对农专业化频道。自开播以来，吉视乡村频道先后创办了多档内容丰富的自办栏目，如《乡村四季》《全景三农》《二人转总动员》《乡村戏苑》《乡村聚焦》和《乡村大戏台》等栏目，形成了比较稳定的收视群。

2009 年，吉视乡村频道对频道定位进行了全新设定，突出对以农民为主的民生问题的关注，同时立足于对东北地区乡村文化的挖掘、整理和展示，将以播出东北二人转为主的戏曲类栏目《乡村戏苑》进行整合播出，衍生出《二人转大观园》节目和《转迷乐翻天》节目，

---

① 谭世平：《媒介融合环境下对农电视节目的营销模式》，《新闻爱好者》2010 年第 4 期。

收视率大幅提升。2009 年,乡村频道与社会影视公司合作,拍摄农村题材电视栏目剧《乐呵屯里的乐呵事》,除了在吉林电视台播出,还面向全国发行。①

《乡村四季 12316》是吉林电视台乡村频道第一档也是主打的对农直播节目,其前身是吉林电视台金牌对农栏目《乡村四季》,2001 年开播,和山东台《乡村季风》、辽宁台《黑土地》、湖南台《乡村发现》等对农栏目同期发展、并驾齐驱。2006 年联手"吉林省 12316 新农村热线"平台,直至 2011 年正式改版为《乡村四季 12316》并通过光纤连线进行主副演播室并机直播。《乡村四季 12316》紧密围绕频道"引领城乡幸福生活"的理念,恪守"服务三农、沟通城乡"的节目定位,以推介致富经验、传播农业科技、倡导健康生活、服务城乡观众。节目内容涵盖农业项目推介、农业科技介绍、农家新鲜事、政策法规贯彻落实等有关农业生产生活的各个方面。

《乡村四季 12316》每周播出七期直播节目,目前栏目在省网收视表现良好,收视淡季市场份额也能达到 5 个点左右,收视率在 0.5 左右,收视高峰月份如 11 月到第二年的 4 月,最高收视份额超过 10 个点,收视率也能达到 1 个多点;市网收视也在逐步提升,按照频道部署和节目定位,节目中逐渐融入城市元素,把节目和人们的生活联系得更加紧密,下一步将重点开发市民、农民共同关注的项目或产业,预期省网、市网双丰收。12316 新农村热线是由吉林省农委、省联通公司、吉林电视台(乡村频道)等单位联合开发的语音咨询平台,平台设在联通公司,配置十几名专门接线话务员和 200 多名省直涉农专家,每年接听 100 多万个观众电话。栏目在农民群众当中享有较高的呼声,被省农委高度评价为"解读政策的百事通;田园牧场的守护神;农产品出售的主心骨;农民致富的助推器;生产生活的减压阀;农村维稳的灭火器"。在热线的带动和联动下,栏目产生了良好的社

---

① 杨光、王伟力、郑树柏:《吉林电视台乡村频道品牌提升策略分析》,《北方传媒研究》2009 年第 3 期。

会效益和经济效益。

3. 山东电视台农村科普频道

山东电视台农村科普频道于 2002 年 4 月 20 日开播，目前已成为山东省内具有较大市场影响力和观众美誉度的地面电视频道。频道的设立得益于当年的国务院副总理李岚清的提议，并得到山东省分管农业领导的支持。农科频道实行全天 24 小时有线、无线信号混合播出，节目覆盖山东全境。

目前在播的对农栏目大多以农民观众当中知名度颇高的"乡村季风"品牌统领。《乡村季风》曾经是历届中国新闻名专栏中唯一的对农电视栏目，在山东农村家喻户晓，通过山东卫视常年播出，在全国也形成了很高的品牌知名度，是中国最具影响力的对农电视栏目之一，也是省级电视台广告收入最高的对农电视栏目。拳头栏目《农资超市》设置有《农科示范田》《农科院校直通车》《果蔬保姆在行动》《农资打假》等子栏目，"为买农资出谋划策，为卖农资牵线搭桥"，具有很强的针对性和服务性。其他节目如《热线村村通》《农资超市》等也是贴近农村，服务民生；《快乐生活一点通》《活到九十九》《旅游365》等生活类栏目则服务大众，更具有普适性。山东电视台农科频道在"三农"宣传领域具有强大的节目资源整合能力。"山东粮王大赛""农民春晚""农产品挑战吉尼斯"等大型主题活动和农民演艺剧团的组建，体现了频道的影响力和权威性。

4. 河北电视台农民频道

河北电视台农民频道于 2005 年 5 月 1 日正式开播，是全国第三个省级对农专业频道，也是对农电视频道中的后起之秀。农民频道实行有线无线双重覆盖，省内覆盖面积达到 74.1%，有效收视人群占全省总人口的 80% 以上。该频道节目设置紧紧围绕频道定位，突出服务、公益、娱乐特色，体现出较强的原创色彩。其中六档主打栏目《三农最前线》《致富情报站》《非常帮助》《村里这点事》《农科大讲堂》《律师会客厅》，涵盖了致富资讯、娱乐、普及法律知识等类别。频道还打造了一批在河北农村享有较高知名度的主持人如欣娜、方雪，外景记者苏老三、大宽等。《大地欢歌——河北省群众歌手擂台赛》《河北省十大热心肠人物评选》《又是一年春将至——涉农厅局长访谈》《优质农产品挑战吉尼斯大赛》四大年度活动也成为家喻户晓的品牌活动，参与者达十几万人，社会影响力很大。

近年来河北电视台农民频道被评为河北省最受观众喜爱的电视频道，频道收视份额自 2008 年 10 月以来已跃居河北电视台第一，频道广告创收也以每年翻番的速度增长。到目前频道共获得省级以上奖项 23 个，其中国家级奖项 15 个。2008 年，在业界具有极高权威性的"TV 地标"评比中，农民频道从全国近千个频道中脱颖而出，被评为"全国最具影响力专业特色频道"；获得全国电视民生类节目推荐表彰"电视民生省级频道 10 强"；获得"2012—2013 中国品牌媒体百强——省级地面频道品牌 10 强"；被河北省广告业协会评为"河北省最具广告成长力媒体"。另外《三农最前线》连续三年在国家级评奖中获得栏目类一等奖，《非常帮助》栏目荣获全国电视民生类节目推荐表彰电视民生栏目市场价值十强，《农博士在行动》栏目获得第五届新农村电视艺术节年度"优秀对农电视栏目"一等奖，《村里这点事》获得第五届新农村电视艺术节年度"优秀对农电视作品"一等奖、河北广播影视节目奖一等奖等。目前，农民频道已成为全国省级对农专业频道的排头兵，综合实力排名第一。

5. 浙江电视台公共·新闻频道（原浙江电视台公共·新农村频道）

浙江电视台公共·新农村频道于 2006 年 1 月 16 日正式开播，2007 年 9 月浙江电视台公共·新农村频道与浙江教育科技频道整合。两个频道对外的形象诉求既体现为"新青年、新起点、新传媒"的一致性，又错位发展、差异化竞争。教育科技频道以"新青年"位，主攻全国城市市场的中高档品牌，公共·新农村定位于"新起点"，主打中低档市场，主副品牌实行优势互相推进。[①] 2016 年 3 月 18 日公

---

① 夏陈安：《整合互动　品牌共赢》，《中国广播电视学刊》2008 年第 8 期。

共·新农村频道更名为浙江电视台公共·新闻频道。转型后的频道立足浙江、覆盖全省、面向全国、沟通世界，节目聚焦社会热点、关注民生民意，倾力打造一个以新闻直播常态化、新闻资讯实时化为优势，以融媒体报道互动化、新闻评论权威化为特色的全省电视新闻大平台。

频道开设了时政、民生、财经等多档内容丰富、形态多样的新闻节目，包括浙江省直播时间最长的新闻栏目《新闻大直播》、新闻调查栏目《深度报道》以及本土娱乐节目《嘎是嘎非》。同时，虽然更名为浙江电视台公共·新闻频道，但仍然保留了新农村频道时期开办的《新山海经》《流动大舞台》《翠花牵线》等优秀对农节目及"金牛奖评选""创富大赛""新农村冲击播"等对农品牌活动。频道勇于创新，探索"听农民说话、为农民说话、说农民的话"的节目形态。在栏目设置和内容上力求"适销对路"，在节目的形式、传播方式等方面注重运用广播现场报道、电视同期声，尽可能让农民愿意接受、乐于接受。此外，与受众深度互动、与各地农产品"节"结合的户外直播活动等也办得热火朝天，涌现出一批内容生动、形式活泼、特色鲜明、深受喜爱的品牌栏目、品牌活动。[①]

6. 河南电视台新农村频道

河南电视台新农村频道于 2006 年 6 月 9 日正式开播，以服务"三农"，关注农村、关心农业、关爱农民、关怀农村工作者为主要任务，为农业、农村、农民以及农村工作者提供时政、市场、科技资讯以及文化娱乐、影视戏曲、法制等宣传服务。在此之前，作为农业大省、农业人口占总人口 70% 以上的河南甚至没有专业的对农电视栏目。新农村频道的发展受到省级领导高度重视，覆盖方面重点支持，2007 年全省 18 地市县级以上地区达到双线全部覆盖。新农村频道 24 小时播出，主要节目有《9 号直播间》《新农村服务社》《乡音剧场》《明星有戏》《群影汇》《第 9 放映室》《午夜影吧》《莲花英雄汇》《经典少

---

① 林勇毅、郑宇、徐卫华：《拓展传播新阵地　服务"三农"新需求》，《中国广播电视学刊》2016 年第 6 期。

年》等。10 多年来，新农村频道按照"新起来、靓起来、响起来"的基本发展思路，恪守"第九频道，第一责任"理念，始终关注新农业、新农民和新农村，致力于打造权威实用的大农业媒体平台。

7. 重庆电视台公共·农村频道

2007 年 6 月，国务院批准重庆市成为全国统筹城乡综合配套改革实验区；同年 8 月，经国家广电总局批准，重庆电视台公共频道调整原有定位，增强对农业、农村、农民的服务功能，促进新农村建设，推进城乡统筹发展，改呼号为重庆电视台"公共·农村"频道。改呼号后开播的"公共·农村"频道突出专业频道的编播特色，秉承用传媒沟通城乡、整合城乡资源的宗旨，推出以《巴渝新农村》为核心的一系列栏目，包括《天地农事》《致富金桥》《三农热线》《魅力乡村》《城乡连线》等，该栏目后更名为《全景三农》。2009 年年初重庆电视台公共·农村频道进行改版，由重庆音像出版社与各区县电视台实行股份合作的方式联合打造，即实行开放办台，汇集各区县电视台有利资源，争取各区县政府大力支持，充分反映区县政治、经济和社会生活情况，打造为"三农"服务的电视频道。目前主要栏目有《重庆新视界》《天天农事通》及《巴渝风》等。不过从内容看，目前"公共·农村"频道走的仍然是"新闻＋影视＋地方文化"的路子，虽然开辟专栏以更加关注农村、农民、农业问题和弱势群体，但播出最多的还是影视剧等娱乐节目，并插播大量商业广告。

8. 陕西电视台农林科技卫视

陕西电视台农林科技频道于 2008 年 3 月 31 日开播，2010 年 1 月 1 日更名为"农林卫视"，这是全国首家对农电视卫星频道。频道的成立得益于陕西电视台与地处陕西的中国农科城——杨凌雄厚的农业科技资源的联手。有"中国农业硅谷"之称的杨凌有集教学研于一体的高等院校，有跨越全国 16 个省市区的 140 多个示范推广基地，70 多个农林水牧学科及 5000 多名农业科技人员。陕西电视台充分利用这些农业科技资源，打造农村科技卫视频道，覆盖西北、华北 10 个省（市、区）的城镇和农村地区。

陕西农林科技卫视一度开设有十档栏目，其中包括：三档农林科技推广专栏，分别为《天天农高会》《科技大篷车》和《阳光大地》；一档劳动技能培训专栏《农民讲习所》；一档致富类栏目《致富故事会》；两档农村社会类栏目《村里村外》《当代农民工》；一档农村普法类栏目《天天看法》；一档地方戏曲类节目《忙罢戏楼》；一档栏目剧《邻里乡亲》，涉及农民生产生活、创业致富、社会发展、文化娱乐等许多方面。目前主要栏目包括《农村大市场》《农科苑》和《天天农高会》等栏目。不足之处是栏目虽多，但同质化现象严重，质量普遍不高。

9. 湖北省荆州电视台垄上频道

湖北省荆州电视台垄上频道于 2009 年 1 月 8 日正式开播，是在经过 7 年运行的品牌栏目《垄上行》的基础上扩展而来的。垄上频道开办的《垄上行》《有么子说么子》《垄上故事会》《垄上气象站》等日播节目及策划组织的《春秋垄上行》《垄上创富英雄》等活动深受农民受众的喜爱。2012 年 8 月 28 日，湖北广播电视台垄上频道在原荆州电视台垄上频道的基础上开播，作为国家广电总局批准的湖北省内唯一对农传播与服务综合频道，采取"制播分离"的市场化运作模式，由湖北长江垄上传媒（集团）有限公司运营。垄上频道节目信号通过有线数字、无线数字、无线模拟、直播卫星等多通路无缝隙覆盖湖北省全境，总收视人口达 4000 万人，是湖北省拥有最广泛收视人群的对农服务频道。成立湖北电视台垄上频道是湖北省适应新形势、新需求，直接服务"三农"的重大举措。垄上频道自办栏目现有《垄上行》《和事佬》《蓝领福利社》《喜子来了》《寻医问药》《游戏大咖对对碰》等。作为一个综合性的"三农"专业频道，已经实现了专业节目大众化传播，因此垄上频道在城市观众中也拥有相当大的影响力。

从 1996 年第一个国家级对农电视频道央视七套军事·农业频道的开播，到 2012 年又一个省级对农电视频道垄上频道的诞生，在十多年的时间里，对农电视频道在数量上以相当缓慢的速度增长。总体而言，除央视 7 套的辐射范围涵盖全国各地，其余 8 个地方性省级对农电视频道的地理格局呈现出"东中高西低"及"北高南低"特征。从东西向度上看，7家对农电视频道全部集中在东中部地区，经济相对落后的西部地区仅有重庆电视台公共·农村频道1家对农专业频道；从南北向度上看，作为传统意义上"政治文化中心"的北方地区，专业对农电视频道占据地方性对农频道总数的3/4，被誉为"经济中心"的南方地区却仅占1/4。这种现象一方面折射出区域经济发展水平对对农电视频道建设的主导作用，另一方面也显现出中央政策辐射距离是影响对农电视频道布局的重要因素。这些频道虽然在传输覆盖、内容生产、频道经营等方面有着各自不同的倾向与特色，但是作为同样面向广大农村和农民的频道，还是呈现出许多相同的特点。首先，对农电视频道的传输覆盖得到稳步推进。各个电视台一般都建立了无线覆盖与有线传输的体系，不断扩大农村受众的收视范围。其次，产生了一批有影响力的栏目和节目。比如央视7套的《致富经》、山东电视台农科频道的《山村季风》、湖北电视台垄上频道的《垄上行》等栏目。这些栏目面向从事农业生产的人员，提供他们所需要的种植、养殖的新技术以及农业生产的先进理念等，产生了较好的社会效果，引起较大的反响。最后，节目创作质量不断提高，表现在语言上注重通俗易懂，内容注重深入浅出，强调了本土化、乡土味、服务性、贴近性以及娱乐性，受到了农民的欢迎。

三　媒介融合背景下对农电视频道的探索与实践

省级对农电视频道在过去10多年中相继开播，基本完成了规模的扩张、收入的增长和综合实力的增强。如河北电视台农民频道于2005年开播，从初创时期的7名员工发展至今拥有225名员工，频道省网收视份额由开播之初不足1%到2014年的8.23%，2017年收视达到率、观众忠实度均位居全省第一；广告收入由开播之初的500万元到2014年的2.16亿元，被评为全国最具影响力专业特色频道、最具专业创新力地面频道、中国十大影响力省级地面电视频道、中国品牌媒体百强——地面电视频道10强，综合实力在全国对农电视频道中连续六年排名第一。^① 吉林电视台乡村频道"情系民生、根植沃土",以传播现代农业科技资讯、关注乡村百姓生活动态、弘扬地域文化为宗旨,全方位、多角度服务"三农",长期在吉林省网所有频道收视排名中名列第二名,成长为特色鲜明、影响力强、极具成长空间的品牌对农电视专业频道。河南电视台新农村频道恪守"沟通城乡,第一责任"的频道理念,通过整合资源,力图构建沟通城乡,权威实用的大农业媒体平台,为城乡观众提供时政、市场、科技资讯及文化娱乐、影视、法制等宣传服务。^② 湖北垄上频道虽然2012年5月才成立,但是它建立在全国第一个地市级对农频道荆州电视台垄上频道的基础之上,其品牌栏目《垄上行》经过十年的打磨,在区域产生了相当大的影响。依托《垄上行》品牌栏目及依托其强大影响力创建的垄上频道,从一诞生就有良好的受众基础、内容生产基础、客户资源优势以及经营经验优势等。垄上频道创办后,依然坚持大打《垄上行》牌,不断扩大"垄上"品牌的影响力和辐射力,使竞争优势得以持续保持。2014年垄上传媒集团线上广告经营收入超过6500万元,线下产业经营由2013年的4亿元翻倍增长为2014年的8亿元。^③

除此以外,部分对农电视节目充分认识到对农电视传播身处的困境与危机,开始探索对农电视传播理念、受众定位、传播策略等层面的新转向,即由最初的对农民居高临下教育式"俯视传播"到现在的促膝谈心建议式"平视传播",将电视媒介还原成为农所用的有益"日常生活用具",而非只是"现代化、城镇化"等外部力量为农民安排的"工具理性用具"^④,将内容的选择权"还"给农民。其次,目标受众由单一的农民观众转变为对"三农"内容感兴趣的城乡观众,部

---

① 《对农频道不好做? 河北农民频道广告收入过2亿!》,https://www.jzwcom.com/jzw/01/9800.html,2015年4月27日。

② 张磊:《用"互联网思维"运营农村频道》,《现代视听》2014年第8期。

③ 陈接峰、许凌虹:《地面频道转型:在服务"三农"中获得价值提升》,《电视研究》2015年第2期。

④ 杨泽喜:《建构工具理性与价值理性契合的公共文化服务评估体系》,《中国地质大学学报》(社会科学版)2012年第2期。

分节目针对中央一号文件提出的要着力解决"新生代农民工"市民化、城市化问题,将受众定位投向 20 世纪 80 年代出生的新生代农民工,如河南电视台新农村频道开办《打工直通车》栏目、湖北垄上频道开办《打工服务社》栏目,山东电视台农科频道则在老牌栏目《乡村季风》中开办周日特别节目"打工在线"。最后,传播内容跳出传统"农经节目"窠臼,由"对农致富信息"过渡到"涉农人物品格",传播形式则由先前侧重"对农信息罗列"到目前的侧重"涉农精彩叙事",关注点由"物"向"人"转变,栏目定位由包罗万象的"对农杂货铺"向展现新型农民故事呈现人性光辉的"涉农主题店"转变。①

随着互联网和通信技术的飞速发展,媒介环境发生巨变,媒体逻辑需要重建。当以微博、微信等为代表的人际交往和信息资讯移动客户端成为信息传播的新载体,传统媒体都在以不同方式与新兴媒体的展开融合,其模式主要有以下几种:第一,网站+微信+电视捆绑式平行发展,即全平台的内容共享和广告投入,电视上播出的节目和广告,均可以移植到网站投放,形成捆绑式营销,从而起到节目"增值""扩音"的作用。第二,网站、微信与电视分离的宣传与活动创收,微信平台作为全新的媒体形态被打造,但仍然是电视延伸服务,目的是促进电视台的线下经营。② 对农电视媒体的融合发展之路呈现以下特征。

1. 快捷多元的线上传播渠道探索

新媒体技术的迅猛发展,改变着对农传播体系,各种科普网站、致富信息网及农业网站以及势头正猛的移动新媒体正在逐步深入农村,动摇着传统对农电视媒体的地位。根据中国互联网信息中心发布的数据,截至 2016 年年末,中国网民中农村网民占比 26.9%,规模为1.91 亿,这意味着不到 4 个农村居民中就有 1 个网民。农村互联网的

---

① 薛涛:《由"对农"到"涉农":农业电视节目新转向》,《当代传播》2015 年第 1 期。
② 刘延平:《简论地方电视台媒体融合策略》,《当代电视》2017 年第 5 期。

普及打破了长期以来农村信息闭塞、城乡信息不对称的局面。[①] 建立新型的与新媒体融合的对农传播模式，搭建起以互联网信息数据库为基础、手机为客户终端的新媒体交互平台，也成为当下对农电视频道努力的方向。

对农电视频道官方网站设置。对农电视频道基本都建立了自己的官方网站，这些网站与对农频道相互借势，进行台网合作，有效整合了媒体资源，扩大了对农电视频道的品牌影响力。中国农业电影电视中心暨 CCTV - 7 农业节目于 2013 年 11 月 6 日从央视官网剥离出来，打造了一个新的影视互动全媒体平台"农视网"。首先，作为 CCTV - 7 农业节目新的官方网站，"农视网"不仅整合了 CCTV - 7 的农业节目资源，还网罗了其他媒体的"三农"热点、技术服务、信息资讯，构建了一个内容丰富、检索便捷的发布平台。以 CCTV - 7《致富经》栏目为例，每期节目介绍的致富人物信息都会在网站导航部分滚动播放，增加观众的观看兴趣；为弥补节目侧重致富理念宣传导致农资信息缺乏的缺陷，官网将整合同类节目资讯作为重要内容打造；往期视频在官网与电视播放同步等，这些设置使《致富经》官网点击率持续走高，对提升整个栏目收视率也起到了重要作用。[②] 其次，农视网打造了一个互动性更强的沟通平台。和原来央视 CCTV - 7 官网的设计相比，农视网更注重与用户的互动，专门设置由一系列平台构建的"互动专区"，包括"今日话题""随手拍""热门活动""新闻爆料"等常设的互动入口，另外还陆续推出"今日微话题""有奖收视""精彩留言""农视观察征稿"等活动和话题，不断激发观众的参与热情。最后，以用户需求为出发点，推动 CCTV - 7 和新兴媒体在内容、渠道和平台等方面的深度融合。"农视网"的官方微博每天发布的内容既包括媒体本身报道的新闻事件及涉农报道，还包括全国各地的热点新

---

① 高尚全：《互联网推动农村巨变》，人民网（http://opinion.people.com.cn/n/2015/0720/c1003 - 27327479.html），2015 年 7 月 20 日。

② 李维：《从〈致富经〉看涉农栏目在新媒体环境下的传播策略》，《新闻世界》2015 年第 2 期。

闻转发评论；农视网的微信公众号除了推送当天的节目介绍，还定期设置各种相关活动让观众通过微信参与；用户还可以通过下载农视网的手机 APP 移动客户端浏览网页、点播视频。通过这些新媒体手段，用户可以直接参与到节目的制作中，提供线索、展开讨论或参加活动，有效实现了台网互动和线下拓展，使对农频道形成一个"三农"领域专业、实用又权威的视听互动平台。①

　　冀广天润公司的农民网 2009 年 5 月 1 日正式上线，作为河北电视台农民频道的官方网站，日点击量保持在 300 万人次以上。"农民网"以河北农民频道内容为基础，设有新闻、新农民合作社、农民频道、宽频、论坛和开心麦田六大板块。这里既有及时全面的农业要闻、合作项目、致富信息，又有多功能的时尚网上店铺供用户主开通，还可以加入合作群组，与天南地北的网友畅聊合作话题，在线购买便宜可靠的农资产品，是农业生产互动平台，也是河北电视台农民频道的延伸。河南电视台新农村频道，即第 9 频道的官方网站 2015 年 6 月 18 日正式上线，包括《新闻开汇》《村长开汇》《播报河南》《12316—9号直播间》《致富招招鲜》《就业与保障》等河南电视台第 9 频道所有的自办栏目都可以在网站上点播观看。山东电视台农科频道网站及手机报，也承担着农科频道整体的网络宣传、离播宣传、观众互动任务。进入网站，可以查阅农科频道每日播出的最新节目，参与农科频道各栏目举办的大型活动，浏览农科频道部分栏目播出的最新资讯，还可在"乡村社区"发表对频道及各栏目的意见。农林卫视则与中国农林卫视网进行有效整合，一手强化内容的深度和精度，一手强化产业的高度和广度，在实现海量信息总汇、打造网上知名论坛基础上建立农科专家博客群、推出视频搜索引擎等增值业务。对农电视频道的网站使农民的信息获取更便利，使对农电视节目实现再定位和时空的大延伸，同时搭建起农民交流的公共领域，成为满足农民利益诉求的

---

① 方勇涛：《电视对农节目与新媒体的融合——农视网对电视对农节目的借鉴意义》，《视听纵横》2015 年第 3 期。

平台。①

对农电视频道官方微博设置。"微博营销"虽然正在呈现疲软态势，但仍然是新媒体时代必备的传播策略。对农电视频道的"微博营销"主要包括两类，第一类是将微博作为重要的信息来源平台，通过其获取线索来源，第二类是通过微博发布信息，进行议程设置，提高媒体关注度，扩大媒体知名度和影响力。吉林电视台乡村频道官方微博于 2011 年开通，粉丝一度达到 33300 多人。乡村频道微博还充分发挥频道特色，让粉丝了解乡村频道的新闻、动态及节目内容并参与热点话题的讨论。主要从四个方面开展宣传：第一，做现场报道，乡村频道各栏目组编导、记者、摄像在下乡采访、拍摄短剧、演播室录制时，将所见、所闻、所采、所感编辑成微博，在微博上做现场报道。第二，做话题讨论，各档剧场及节目借助剧情内容、事件、新闻话题等刺激用户和粉丝的情感、使得用户与关系链上的好友通过转发、点评、私信等方式互动并展开讨论。如剧场和《家长里短》栏目主要根据播出的剧目及情节设计讨论话题，《广角民生》栏目则针对每期调解事件设计讨论话题或针对新闻价值趋向展开评论。第三，节目微直播，也就是在节目播出的同时，适时地发送的关于节目进展内容及下节看点介绍。第四，节目动态、节目预告及频道动态的宣传。河北电视台农民频道的各档节目都已推出热线、短信、微博等多种节目参与方式，如《三农最前线》栏目中"村里村外随手拍"板块，就是鼓励观众通过手机或相机把身边的新鲜事拍下来，再通过微博发给节目组。② 河南电视台新农村频道官博从 2010 年 5 月 21 日开通后，对栏目内容生产带来很大影响，目前频道已经成立了河南电视媒体群的第一个新媒体部室，各栏目都相继建立自己的微博及微信公众号，频道官网和网络电商也都是在升级改版，2015 年新农村频道的新媒体运营格局正在逐步完善。③ 各

① 杨磊、杨璐：《新媒体环境下河北农民频道的发展策略》，《新闻知识》2015 年第 4 期。

② 马凯：《浅析河北农民频道节目现状及内容建设措施》，《今传媒》2013 年第 8 期。

③ 张磊：《用"互联网思维"运营农村频道》，《现代视听》2014 年第 8 期。

对农电视栏目的微博也一度风生水起。CCTV - 7《致富经》栏目的微博致力于展示图文并重的节目预告，设置各种话题的讨论和互动让用户感受节目理念，目前粉丝已有 24 万人。[①]

对农电视媒体微信公众号打造。目前微信已成长为国内最大的超级 APP，移动互联网进入微信时代后，微信公众号越来越为传统媒体所倚重，成为其开拓和抢占新媒体市场的重要平台。对农电视频道的微信公众号打造也呈现活跃的态势，很多频道不但有频道公众号，下属栏目也催生出各具特色的微信公众平台。

第一，对农电视媒体利用微信公众号扩大影响力，助力节目推广，参与节目互动，提高收视率，拓展受众群。微信被用于对农电视媒体的内容生产中，其精准营销的特性打破了传统的"闭门造车"现象，方便快捷和免费的即时交流弥补了单向传播反馈途径不足的缺陷；相对于传统的热线电话、短信与微博，微信对内容生产能发挥更大的功能，热线电话只能做一对一的交流，限制了节目容量，短信仅限于文字表达，而且需要及时回应，微信的语音功能使观众的语音留言经过选择可以成为节目内容，在有限的节目时间内实现密集的信息交换。如浙江电视台公共新农村频道晚间档新闻栏目《新闻大直播》，其微信粉丝全天候通过微信的语音功能爆料新闻线索，从交通事故、车祸等突发事件到各种日常纠纷包罗万象，通过审核被采用的线索立即进入正在直播的节目，为节目注入最及时生动的讯息。其另一档服务类节目《房产装修我来说》的官方微信公共账号开播后不久已经有 1 万多粉丝，节目中观众咨询专家解答这一板块是借助微信平台完成的，这个平台有效规避了热线电话打不通等尴尬，随时的互动交流，让观众产生很强的参与感，有效满足用户的需求，另外还设有专人回答粉丝提问，建立用户黏度，构建粉丝信任。

第二，有的微信公众号成为与对农电视母媒体有重要关联的独

①　李维：《从〈致富经〉看涉农栏目在新媒体环境下的传播策略》，《新闻世界》2015 年第 2 期。

立平台。如湖北垄上频道的"打工服务社"微信公众号，最初是为服务于同名电视栏目而创办的，现在它开拓出双轨并行、互为依托、贯通发展的新模式，发展为一个融合了同名电视栏目，整合了湖北人力资源和社会保障部门、司法部门、总工会、用工企业、垄上中国网、移动手机等相关部门和媒体的打工超级信息服务平台。"打工服务社"微信公众号2013年开始创办，从一开始它就将眼光对准新生代农民工。新生代农民工对手机的占有率高达98.9%，而且36%日均手机上网时间超过5小时[1]，手机网络不但是新生代农民工最重要的娱乐消遣载体，修复和改善情绪的"减压阀"，更是获取外界信息的最重要途径。他们找准了做农民工的职业介绍这个突破口，将微信公众号作为服务新生代农民工的重点社交渠道进行打造，搭建起新生代农民工和企业之间的信息对接平台，一定程度上解决了农民工信息不对称、就业渠道窄等问题。《打工服务社》微信公众号对于新生代农民工更深刻的意义则在于，对其的有效利用，可以开阔视野，获得新知，促进自身发展，培养人的现代意识，对新生代农民工的城市融入产生特殊的渗透力和影响力。[2] 2014年12月29日举行的湖北广播电视台2014首届"长江杯"媒体融合产品创新大赛决赛，"打工服务社"凭借828.6万元的投资估值位列32个产品之首，夺得新产品类一等奖。2014年年底，"打工服务社"公众号从1000多个公众号中脱颖而出，获得腾讯大楚网评选的"十大生活类微信号"称号。

2. 对农电视频道的网络直播运作

《中国新媒体发展报告（2017）》（新媒体蓝皮书）指出，至2016年12月，直播用户达3.44亿人，占网民总体的47.1%，其中月活跃

---

① 《调查称中国蓝领了解外界信息首选手机上网》，中国新闻网（http://tech.qq.com/a/20120516/000387.htm），2012年5月16日。

② 杨英新：《城市融入之推手：新生代农民工的网络媒介素养》，《中国劳动关系学院学报》2012年第2期。

用户高达 1 亿人。网络直播迎来爆发式增长。① 当前国内网络直播大致有两大模式，一是娱乐直播，包括电竞游戏直播、网红直播、秀场直播等；二是新闻直播，主要针对重大新闻事件和政务类、资讯类报道等。②

和传统直播的 PGC（专业生产内容）不同，网络直播以 UGC（用户生产内容）或 PGC + UGC 的形式，让"人人都能直播"成为可能。网络直播比传统直播的优势更为明显，它生成的不仅有内容，还有服务产品和关系产品。在这种大潮下，传统媒体纷纷参与试水，但为避免重蹈之前做 APP 和公众号的覆辙，传统媒体需要解决至少以下问题：首先是平台问题，即在哪里直播，是对接互联网平台借势起飞，还是自力更生；其次是如何让流量变现，从直播中衍生出盈利模式；再次是监管部门的政策变化问题。与电商、游戏等模式相比，新闻直播因为缺乏构建消费场景的能力而难以变现，但它还是可以通过关系转换把用户导流到其他服务产品中，实现间接变现。③

对农电视媒体也在适应多种传播形式并存的竞争业态，积极进行"电视 + 网络直播"传播模式的探索。2017 年，浙江电视台公共·新闻频道《翠花牵线》栏目陆续进行了"翠花年货节""景宁畲乡风情旅游文化节""花开的生活——虹越超级盆花节"等多次网络直播，取得了较好的经济社会效益。据了解，仅"翠花年货节"当天就有 10 多万名观众参与互动，并曾创首个淘宝网络直播的最高人气纪录。④ 湖北垄上频道推出"丰收大湖北——湖北 2017 年秋收网络大直播"活动，计划从 2017 年 8 月中旬正式启动，一直持续到年底，共举办 100 场网络直播。活动围绕湖北省农、林、牧、副、渔等农业种养殖领域，聚焦"丰收"关键词，以网红主播 + 网络直播 + 电视报道的形

① 周茂川：《网络直播，传统媒体的"逆袭之战"》，《传媒观察》2017 年第 8 期。
② 陈仲侨：《主流媒体如何分享网络直播蛋糕》，《中国报业》2017 年第 3 期。
③ 谭天：《网络直播：主流媒体该怎么打好这一仗》，《人民论坛》2017 年第 1 期。
④ 陈毓：《对农电视节目融媒体运作初探》，《视听纵横》2017 年第 4 期。

式，生动呈现湖北省当年度农业丰收景象，截至 2017 年 9 月 15 日，丰收大湖北网络直播已经完成 30 多场，掌上垄上行、长江云、斗鱼直播多平台累积观看人数超 2000 多万人次①，"直播 + 农业 + 电商"的创新模式初见成效。

分析对农电视媒体试水网络直播的成功原因有以下几点：第一，传统媒体与网络媒体嫁接，大小屏互相推介、融通互用。《翠花牵线》栏目是联合《小强热线》微信公众号、新蓝网——中国蓝新闻客户端、淘宝直播及网易同步直播，湖北垄上频道则是邀请长江云、斗鱼直播共同策划运作，由掌上垄上行全方位对每一场直播活动进行呈现；浙江新闻频道主持人和淘宝直播主持人、人气网红等同台直播，湖北垄上频道主持人则有斗鱼网红主播"远洋君"等助阵。第二，借力开展直播，整合传播见成效。垄上频道的百场直播期间，前期活动会在掌上垄上行平台进行预告；活动期间掌上垄上行全程直播，掌上垄上行首页焦点图、信息流以及长江云首页、斗鱼首页显著位置推荐；直播结束后在掌上垄上行直播板块丰收大湖北系列里面还有回放展示。同时《垄上行》栏目，垄上频道官方微信矩阵等平台也会对直播进行预告、追踪、回顾。一场直播、多个平台、多个角度，通过看电视、玩微信，刷手机客户端等多种方式观看。第三，注重节目的观赏性和趣味性。主持人与观众互动形式丰富多彩，既有直播社区开展的抽奖、投票、弹幕、置顶等互动，也有在直播画面中以添加链接的方式方便观众购买。丰收大湖北系列的第 23 场直播期间，观众累计观看量达513.29 万人，由于直播开通了"边看边买"电商功能，创下了在短短20 分钟内成交额达 5000 多元的纪录。第四，寻找合作，主动出击。网络直播对对农电视媒体来说是新趋势，也是新挑战，需要整合各方资源，精心策划。对农电视频道也一如既往地寻求当地政府的大力支持，号召当地企业的热情参与，鼓励知名企业家的鼎力相助，共同唱

---

① 《100 场 TV + 网络直播，垄上频道带你看大湖北丰收盛景！》，http://www.965333.cc/html/news/jituandongtai/2017/0915/1937.html，2017 年 9 月 15 日。

好这出"电视＋互联网"的大戏。

　　3. 全面立体的线下活动营销

　　活动营销是通过精心策划具有鲜明的主题，能够引起轰动效应的，具有强烈新闻价值的单一或者系列性组合的营销活动，以达到更有效的品牌传播和销售促进。对农电视频道通过活动营销可以有效实现市场的细分和异质经营，从而带来受众的同质化聚集，更有效地锁定具有潜在经济价值的目标受众，这是建立在关系营销、数据营销和品牌营销基础之上的一种产品销售方式。媒体的各种主题活动本身也是企业进行营销与行业竞争的重要渠道，可以帮助企业迅速占领市场份额，是企业和媒体基于成本和收益核算基础上适度市场细分所锁定的受众群的合理经营。① 因此大部分对农电视频道都凭借与受众的贴近性和公信力，策划各种大型活动，并综合利用网络、微博、微信及户外媒体、平面媒体、客户产品的销售终端，进行有条理有步骤地整合营销。② 利用新媒体实现活动营销的常态化成为当前对农电视频道运营的一大特点。

　　浙江电视台公共·新闻频道在实践中探索出对农传播"活动化呈现"的成功路径，频道举办的浙江农民创富大赛、"浙江魅力新农村"推选活动等大型电视公益活动，已经形成"节目活动化、活动节目化"的立体传播模式，具体有以下特点：第一，活动主题与当下政府中心工作与农民生产生活的现实需求相结合，利用媒体的影响力寻求各方支持，与职能部门、企事业单位和其他媒体紧密协作，整合各类社会资源，引领全社会广泛参与。第二，将各种新媒体手段引入活动流程，从前期多媒体宣传报道造势，到活动过程中海选投票、大众评审、对决等环节的微博、微信工具参与，公共·新闻频道不断与时俱进，打造立体式传播磁场，尽力扩大活动影响力。2014 年举办的"新农村建设带头人金牛奖"评选活动和以往不同的是，在联合浙江电台

---

　　① 王琳、罗忆：《中国电视活动营销的经济学分析》，载郑保卫《媒介产业：全球化·多样性·认同》，中国传媒大学出版社 2007 年版，第 293 页。

　　② 罗大成：《河北农民频道：地面频道广告营销 135 法则》，《广告人》2010 年第 4 期。

新闻频道、省市县报纸等传统媒体和新闻网站，对省内各地推荐的100位新农村建设带头人进行协同报道的基础上，公共·新闻频道还运用旗下的"武林巷"网站等多媒体资源，《新青年创造》杂志、公交路牌广告、广场活动推广等共同参与活动品牌推广；不仅通过手机短信、声讯电话等形式吸引观众参与，还开通网络投票、微博留言、微信参与等渠道，鼓励观众以多种方式参与活动，使当年的观众参与率达到历年最高。①

河南电视台新农村频道大型活动的新媒体运营则包括新媒体公益募捐、微电影大赛等尝试。2014年河南电视台新农村频道开始利用新媒体发起公益捐赠活动，首次活动是利用众筹网平台和"支付宝 E 公益平台"做智能手机微信便捷捐赠，所得款项用于援建贫困山区小学。此次活动迅速引起广泛关注，第一笔大额善款几天之内到账，与此同时，频道开始引入公募机构河南省宋庆龄基金会，与支付宝和基金会签订三方合作协议，使活动从尝试向系统的整合运作转化。之后，频道于2014年6月30日正式推出新媒体微公益捐赠项目——"让爱绽放，捐建校舍"，在支付宝官方的强力推荐下，仅仅一个月时间就吸引了全国各地2万名网友参与，募集到公益资金25万元。到目前为止，河南电视台新农村频道微公益品牌营销运作良好。② 自从2011年新农村频道在河南媒体圈率先开展微电影创作以来，他们又相继作为主办方之一参与了"中国国际微电影大赛"活动，承办了主题为"喜迎十八大、微影添红彩"的河南省首届微电影大赛，引起了全省100多微电影制作单位和高校的热烈响应，共收到200多件参评作品。③ 新农村频道举办的"村官论坛""河南十大三农新闻人物评选活动"等品牌活动也在新媒体的助推下进一步扩大了影响力和美誉度，其省网覆盖了省内108个县，市网收视一直稳居河南所有落地频道前十名。河南电视台新农村频道还联合全省100个县级台，共同建立新农村 e

①　黄毅：《对农电视活动化立体传播模式探索》，《中国广播电视学刊》2011年第8期。

②　张磊：《用"互联网思维"运营农村频道》，《现代视听》2014年第8期。

③　同上。

联社 O2O 电子商务平台，试图打造中国农村电商第一品牌。他们已经把销售网点铺设到每个村镇，建构起了独有的智能终端，可以为农民提供销售便利、购买便利和城乡一体化的便民服务，还可以实现小额取现、信用贷款等金融服务。①

河北电视台农民频道每个周末都会由不同栏目派出各自团队深入到市、县乃至村镇，展开各种形式的线下活动。这些活动一方面是节目内容的重要组成部分；另一方面也是企业进行营销的重要帮手。各栏目都与广告赞助商有深度合作，在现场节目组做节目、广告商做销售，互相合作，配合默契，直接带动了商品的销量，提升了广告转化率，《非常帮助》栏目的赞助商雅迪电动车一年的冠名费高达 1300 万元，可以说媒体和商家在注意力资源的争夺上达到共赢。山东电视台农科频道大型活动的策划组织继续常态化，连续多年至今举办的活动包括：山东粮王大赛、金满田杯山东粮王大赛、中国寿光菜博会、芭田杯优质农产品挑战吉尼斯大赛、新朝阳杯建设新农村致富金点子大赛元和绿宝杯山东苹果王大赛以及海状元杯山东规模种植状元大赛等，这些活动无一例外地实现了新媒体的搭载，最大化地营造节目立体式的传播磁场。

湖北电视台垄上频道《打工服务社》栏目则是采取台网联动开展活动，不仅可以提高网络受众参与的积极性，还能有效延长活动的传播周期，降低传播成本，提高整体传播力。② 栏目主办的"求职帮帮团"活动就是通过在同名栏目和微信公众号上登出企业招聘信息，农民工通过电话、留言等方式报名，每天 12：00 在武昌火车站集结，由企业派出大巴，栏目主持人、记者带队，将报名的农民工统一送到企业面试，合格的立刻上岗，目的地主要在武汉本市，也扩展到东莞、深圳等地。从找工作到上岗，求职帮帮团为农民工提供的是"一站式"解决的服务。当农民工在工作中遇到困难，微信号也会通过栏目

---

① 徐劲慧：《打造贴近时代的对农电视节目》，《记者摇篮》2017 年第 1 期。
② 宁丽波：《台网融合时代的电视媒体转型》，《传媒》2015 年第 3 期。

的报道、公众号的推送全力帮助他们解决问题。该活动举办一年半时间里，已经成功开展 150 多场，帮助 4000 名农民工找到工作，呼叫中心 965333 全年接到超过 20 万个求职电话。垄上频道还牵头举办了宝马、奔驰送老乡回家等活动，即春节用宝马、奔驰等轿车将报名的老乡送到家门口，该活动通过节目和微信号一并推广，就产生很大反响，微信号每天都更新活动细则，让活动更加真实可信。2014 年春节共 1 万多名湖北农民工报名，车友会 7 万多名志愿者参与。栏目和公众号共同举办的活动还包括最佳雇主评选、十佳中介评选、优秀农民工评选等活动。公众号的每日精心打理，为活动提供了保障，而活动本身不但树立了行业影响，也推动着公众号的传播。

4. 跨界整合，构建产业集成平台

作为公共服务体系建设的重要组成部分，对农电视媒体一直背负着社会宣传和产业特征的双重属性，扮演着宣传主体和市场主体的双重角色。就当前对农电视频道的现实状况来看，其从诞生到发展从来都没有摆脱过商品属性和对经济利益的诉求，一直面临着覆盖范围有限导致受众规模受限，内容定位集中导致多样性缺失，受众对象缺乏消费能力导致生存空间局限等困境。当市场和受众的双重驱动迫使传统媒体向媒介融合不断嬗变时，对农电视媒体也在这种大势下被裹挟前行。新技术的出现为跨界提供了便利，给融合带来了途径，为克服单一收入结构的弊端，消除效率低下等现象，跨界思维成为媒体发展必须具备的思维模式。对农电视统媒体也顺应潮流，努力寻找和开发与现有产品具有"战略匹配关系"的新产品，力图形成跨媒体、跨行业、跨市场的开放式价值链系统，重塑发展模式。[1] 当前对农电视频道的跨界发展模式为基于媒体影响力，但不局限于媒体领域，也不仅仅附着于农业产业，而是围绕农业、农村、农民做文章，不断进入关联产业。[2]

---

① 娄晓静：《互联网思维下电视媒体发展策略浅析》，《现代视听》2015 年第 2 期。
② 《中国优秀原创电视栏目宝典》，中国市场出版社 2008 年版，第 67 页。

第一，向农业领域的跨界整合。湖北电视台垄上频道向农业领域的跨界整合是通过"频道 + 渠道""线上"与"线下"的打通运作实现的，也就是"线上"利用频道打造一系列品牌节目，"线下"整合大"三农"（农村、农民、农业）和小"三农"（农药、化肥、种子）的渠道，构建农资销售、农产品销售、农业信息咨询服务、农村金融保险等多项业务。目前在"线上"打造了《垄上行》《三农湖北》《打工》《垄上气象站》《村委会值班室》等一批颇有影响力的对农服务栏目，在"线下"则进行品牌经营和产业，目前拥有"垄上行新公社""垄上行新农会"和垄上优选名特优农产品交易平台等多个实体。垄上行新公社成立于 2009 年，是依靠长期服务"三农"在农域市场的公信力，通过引进社会资本打造的集生产、流通、销售于一体的农资连锁服务体系，目前在湖北省拥有 700 多家农资直营超市和连锁店。它们还通过统一测土培肥、统一供种、统一防治和管理、统一组织收购等产前、产中和产后一条龙服务，推动农业生产方式的革新。"垄上行新农会"则致力于建构农民信息数据库，利用数据库开展点对点的精准营销，惠农团购营销等对农服务，培育开发农村移动互联网应用等，目前发展农民会员已超过 30 万人。垄上频道在"三农"领域的跨界探索，将传统的电视频道转化为产业集成平台。

第二，向电子商务领域的跨界整合。伴随现代农业的快速发展和互联网等新媒体的崛起，农药、化肥、种子等农资产品的销售业态发生了重大变化，农产品的营销也进入"电子商务时代"。钱江晚报2014 年成立"钱报有礼"电子商务平台，其中商品有一半是农产品，这个平台以农产品销售闻名的"窝里快购"电子商务网站为基础，为解决其早期发展过快存在移动支付和后台大数据等遗留问题而创办。像钱江晚报这样敏锐地发现"电子商务"的趋势并着力构建农产品电子商务平台的现象并不鲜见，浙江省农业厅将 2015 年农产品网上销售目标定为 400 亿元以上，阿里巴巴启动"千县万村"计划，计划在未来 3—5 年内投入 100 亿元，建立 1000 个县级运营中心和 10 万个村级服务站，将电商生态系统拓展到农村市场。京东计划在长三角、珠三角、环渤海布局 10 万个村级配送站，并提供低息贷款等金融服务。

我国涉农电商发展迅速，目前虽然占比较低，但成长性很快。据中国电子商务研究中心（100EC. CN）监测数据显示，2014 年，中国农村电商销售额已超过 1400 亿元人民币，仅在淘宝、天猫平台注册的农村网店数就超过 160 万个。① 作为最早尝试"TV + 产业"的河南媒体，河南电视台新农村频道近年来推出"9 号"系列产业，积极与社会资本结合进行其他行业产业的拓展。2015 年，他们携手英国道尔顿公司，共同销售英国皇家道尔顿家用净水器，推广学校、医院等企事业单位智能饮水工程，取得不错的业绩。部分对农电视频道和栏目也在积极运作，利用观众和粉丝进行延伸拓展。浙江电视台公共·新闻频道的《翠花牵线》节目经过多年在农村市场的深耕细作，打造出编导"翠花"的品牌形象，成为深受信赖的特色农产品宣传平台，栏目也开办了微信和微店，构建起相对成熟的电商品牌。但令人遗憾的是，大多数对农电视频道在这样的互联网业态下，并没有很好地抓住机遇，节目和频道的运作仅止于提供资讯和宣传，并没有顺势而为与电商接轨，"人与信息"的关系还没能在电子商务的大背景下转化为"人与商品"的关系。②

第三，向人力资源产业的跨界整合。中国城镇化进程近年来不断加快，党的十八届三中全会以后"三权分立"政策又加快了土地流转和集中，这些都促使越来越多的农民工涌入城市，截至 2016 年年底，全国农民工总量达到 28171 万人，其中新生代农民工占农民工总量 49.7%。③ 2010 年中央一号文件指出，要着力解决"新生代农民工"市民化、城市化问题。湖北电视台垄上频道"打工服务社"栏目正是找准了这个需求，他们推出同名微信公众号，将对农传播和服务的主

---

① 《2014 年中国农村电商销售额超 1400 亿》，浙江都市网（http：//news. zj. com/detail/2015/07/01/1580706. html），2015 年 7 月 1 日。

② 楼菊英：《农业电视节目的多元化发展》，《视听纵横》2015 年第 4 期。

③ 《我国农民工总量增至 28171 万人》，中国政府网（http：//www. gov. cn/shuju/2017 - 04/28/content_ 5189629. htm），2017 年 4 月 28 日。

体转向为进城的新生代农民工求职提供帮助，并由此展开媒体和人力资源产业的跨界整合。截至 2015 年 6 月，打工服务社微信公众号在短短不到两年的时间内已拥有 3 万多粉丝，与遍布全省的 88 个经济企业开发区进行合作，成为武汉本土前三甲的人力资源公司。"打工服务社"微信公众号不仅经营传统的代招、劳务派遣、劳务外包等基础业务，还从事基于农民工用户规模化后的增值服务，比如培训、创业、政府购买服务、金融服务等，即达成公众号与人力资源产业的双向互动，利用品牌、客户系统、导流、关联来建构经济效益与社会效益的双赢模式。公众号的内容，来自产业的服务过程和服务效果，以及服务中的典型案例。两者相互补充、发酵，共同推动公众号与产业的及时互动和良性发展。

移动互联网正在加速重构媒体行业产业结构，传统媒体和新媒体的融合发展成为新时期新型主流媒体和现代传播体系建设的必由之路，新媒体在市场竞争中表现出越来越强劲的势头，但新媒体在相当长时间内还不可能完全取代传统媒体的作用和价值，特别是对农电视媒体这样特殊的专业化媒体。有调查显示，对农电视媒体的主要受众群体年龄在 50 岁及以上，这个年龄段的农民对于互联网新媒体的使用意愿非常低，主要原因在于受教育水平较低阻碍了这部分受众使用新媒体的能力，与城市的手机用户相比，农村的中老年人大多喜欢使用"老人机"，手机对他们而言更多地意味着接打电话、听音乐的浓缩版"大哥大"，而不是联通外界的智能终端。中国互联网络信息中心报告显示，当前农村非网民中有 38.8% 的人是由于不懂网络而不能上网，3.5% 的人是由于当地没有网络接入条件，这些都限制了农村地区上网的实现。[①]在新媒体发展缓慢的农村，农民仍然是电视媒体这种较为直观的收视形式最忠实的观众，他们是对农电视媒体最稳固的受众群体，也是驱动对农电视未来发展的根本动

---

① 黄磊：《"网上村村通"需从教会农民手机上网开始》，人民网（http://opinion.people.com.cn/n/2015/1106/c159301 - 27785125.html），2015 年 11 月 6 日。

力。① 当然，农村经济发展、农业现代化以及农民增收，都离不开移动互联网的支撑，因此以信息化促进农村经济发展，实现"网上村村通"，也是迫在眉睫的。对农电视媒体需要抢抓机遇，在与新媒体的融合发展中不断创新，打造自己的核心竞争力，推动对农媒体形态的自我进化与升级 ②。

第二节　对农电视频道核心竞争力的现状分析

核心竞争力的识别和评价比较困难，目前还没有完全能对其进行精确判别和度量的专门方法和标准。尽管如此，在企业实践和理念研究中，人们还是总结、探讨了识别或评价核心竞争力的一定原则、方法和途径，并体现出不同的角度和标准。从方法论的角度来看，核心竞争力的多种识别方法可以分为五种途径，即结果分析法、因素分析法、标杆测定法、内涵解析法和历史分析法。这几种识别方法既有定量也有定性的，结果分析法、因素分析法、标杆测定法基本上运用的是定量分析，内涵分析法则以定性分析为主。对农电视频道核心竞争力的识别与判断是综合性很强的复杂行为，这不仅因为对农电视频道核心竞争力具有政治和经济的双重复杂性，也因为在不同的运行环境和发展阶段对对农电视频道核心竞争力的识别与考量标准会不同。

传媒核心竞争力在传媒竞争力的层次中是相对于表层竞争力而言的，传媒核心竞争力处于由中心向周围辐射的状态，对一个媒体的资源配置和能力整合起决定性作用，并且最终决定一个媒体的经济效益。根据传媒核心竞争力的内涵及特点，有学者设计出传媒核心竞争力的分布图。

---

① 张春湘：《地方对农电视节目的发展策略探析》，《视听》2017 年第 5 期。
② 程明、战令琦：《传统媒体的"解构"与新媒体的"解读"》，《今传媒》2017 年第2 期。

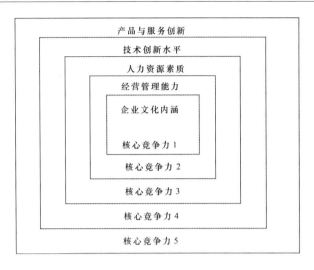

传媒核心竞争力分布图

资料来源：丁和根：《中国传媒制度绩效研究》，南方日报出版社 2007 年版，第 95 页。

在传媒核心竞争力的组成中，传媒企业文化包含传媒的核心价值观、经营管理理念、行为规范和价值标准等，对传媒的所有活动均产生重要影响，处于核心竞争力分布的中心位置。经营管理能力处在次中心，它决定一个媒体核心竞争力发挥作用的范围，并且决定资源积累和配置的功效，它既是传媒企业文化和核心价值观的实践环节，又是资源配置和能力整合的运作环节。人力资源的业务知识和技能反映媒体经营者和员工所具有的各种业务知识的积累程度，对操作技能的掌握程度等，核心竞争力需要通过经营者和员工的业务实践才能落到实处。技术创新水平在媒体开创新的业务和开发新的产品方面起辅助作用，具有非能动性，处于较边缘地带。产品与服务是媒介生产经营的终端，核心竞争力最终在它们身上体现出来，因而处于最边缘位置。由于媒介产品主要不是一种物质而是一种精神产品，它具有非固定性和非标准性，因而核心竞争力在它身上的体现既是最直观的，又具有较大的不确定性。在实践中，传媒核心竞争力的分布总是不均衡的，它可能在有些领域表现得更强些，而在另一些领域则表现得稍弱些，这种不平衡是相对的。总之，媒体应该在内部寻找相对优势，这样才能扬长避短，使自己的核心竞争力在市场上充分表现出来。为此，传媒核心竞争力的分析框架可以表述如表1-4：

表1-4　　　　　　　　传媒核心竞争力分析框架表

	一级评价指标	二级评价指标	指标性质
传媒核心竞争力指数	企业文化内涵	核心价值观	核心
		经营管理理念	核心
	经营管理能力	资金利税率	核心
		产值利润率	参考
		成本利税率	参考
		人均 GDP	核心
	人力资源素质	业务素质	核心
		道德素质	参考
	技术创新水平	新技术研发费用	参考
		新技术研制效率	参考
		新技术创利能力	核心
	产品和服务质量	产品质量	核心
		服务质量	参考

资料来源：丁和根：《中国传媒制度绩效研究》，南方日报出版社2007年版，第96页。

本文分析对农电视频道核心竞争力的现状时，主要借鉴传媒核心竞争力指数进行分析。经初步调查现有的对农电视频道普遍沿袭传统的生产制作流程，缺乏对新技术新产品的研发与投入，也缺乏规模生产，更谈不上新技术、新工艺的创新，因而对对农电视频道核心竞争力的分析主要从企业文化内涵、经营管理能力、人力资源素质和节目产品四个方面展开。由于条件所限，不可能对现有对农电视频道上述所有指标进行数据采集和研究，而且由于对农电视频道传媒及其产品作为精神文化产品的特殊性，主要采用内涵解析法进行评价。经过分析，对农电视频道核心竞争力主要呈现出以下特点。

一　企业文化内涵有待深化

在此企业文化专指狭义的精神文化层次，包括核心价值观、经营管理理念、职业道德、行为准则等因素。由于传媒企业的特点，主要选择核心价值观和经营管理理念两个主要指标作为评价核心竞争力的依据。传媒核心价值观是其在长期的经营管理过程中，为追求愿景、实现使命而提炼出来并努力践行的一种精神元素。经营管理理念是核心价值观的具体化，它包括对传媒愿景和使命的体认，对社会与市场竞争环境的认识以及对自身所拥有的资源和能力的认识。

对对农电视频道来说，其核心价值观应该是多样的，但必定离不开"农"这个字，对这一点几乎每个对农电视频道都是确信无疑的，单从对农电视频道的呼号都带有"农"字就可见一斑。每个台在宣传频道定位时也都和"三农"紧密相连，如河北电视台农民频道定位为"以服务农业、农村、农民为宗旨，以提高农民科学文化素质、促进农业生产发展、繁荣农村经济、推动农村社会全面进步为己任"，山东电视台农科频道"以服务城乡、服务大众、倾听乡音、感受生活为宗旨，突出三农，关注生活，着力体现社会责任"。河南电视台新农村频道的理念是服务"三农"，铸造品牌，以人为本，务实创新，发展愿景是整合资源，沟通城乡，构建权威实用的大农业媒体平台。可以说每一个对农电视频道在表面对价值观的认定上都没有偏离其核心要义，都秉持着和服务农民的价值追求相吻合的定位。但对核心价值观的评价还要看其价值观是否与其一贯的经营管理行为相吻合，在此我们无法量化其具体行为，只能通过能体现其核心价值观的对农电视节目来略知一二。通过分析当前对农电视频道的节目表现，发现其与大多数对农电视频道的核心价值追求还是有一定距离的。

第一，农民主体性的缺失。从某种意义上说，受众是赋予媒介品牌对应意义的主体。只有针对对应的受众，媒介品牌的核心价值才能得到清晰的界定。因为不同的受众具有不同的特性，这些专属特性将决定这个受众群体的接触选择。① 对农电视频道的受众主体是农民，但在对农电视节目中却存在明显的农民主体性缺失的现象。

在当前的对农电视节目中，普通农民被重视和被尊重的程度还不够，农民的话语权、表达权、参与权都没有得到充分体现。主要表现为：对农电视节目中具有普适性的节目比较多，很多更具有符合城市观众口味、适合城市观众经济能力，满足城市观众需求的倾向；对农电视节目有嫌贫爱富之嫌，对党员干部、富裕农户、村里能人等报道更多，对普通农民的采访太少；对农民的采访往往具有形式上的意义，对具体问题的解决难以起到重要作用；反映农民心声和"三农"问题症结的节目太少；另外对农节目中农民的人格没有得到充分的尊重，农民的能力被轻视等现象也时常有所流露。

在对农电视节目中，关于农民主体性的缺失还表现在对农民形象的塑造不够全面深入，呈现出典型的模式化，包括叙事的模式类型化、语言的图谱化以及意义的平面化等现象。在各种对农电视报道中，出现了大量反映当代农民利用高新技术、创造新经验，从而致富增收的典型，但是却很少深入发掘在此过程中观念变革起到的作用。观念是一个群体区别于其他群体最重要的特征，农民的进步与否关键取决于观念的变革，最终也必将反映到观念上来。但是，一些关于农民利用高新技术致富的报道中，更多地体现了技术或者政策等的作用与价值，却很少深入挖掘关于人的因素，因而很难从这些节目中洞察现代农民的心态和时代精神的走向，更多时候农民成为一个混沌模糊的符号。②

对农民工主体呈现的不足和浅表化。农民工是中国农民重要的组成部分，也是中国农民群体中率先发生巨变、并能促进农民群体观念变革的阶层。但是关于这个群体的报道却被有意无意地忽视。当前除了山东电视台农科频道创办了《乡村季风·打工在线》栏目，以关注农民工的生存状态，为他们"提供一个讲述自己打工故事和倾诉自己

---

① 陈兵：《媒介品牌论》，中国传媒大学出版社 2008 年版，第 132 页。
② 方晓红：《农村传播学研究方法初探》，人民出版社 2008 年版，第 235 页。

内心世界的平台，同时为农民工提供法律咨询和招工信息等服务"外，其他对农电视频道很少见关于农民工的专门栏目，关于农民工的报道多散见于其他综合性新闻类栏目中。农民工进入城市，意味着大量人口从乡村向城市迁移，从落后地区向富裕地区迁移，从少数民族向以汉族为主体的城市地区迁移，在这种巨大的变迁中，无论他们个人还是家庭，无论是生活状态还是生存环境等都面临着很多问题，比如劳动安全问题、社会保障问题、健康问题、子女抚养问题乃至夫妻长期分居问题等，但是这其中的大多数问题，都没能在对农电视频道的节目中得到呈现。相反，关于农民工的报道却往往出现在不太严肃的社会新闻里，成为媒介猎奇的对象，媒介对他们作为"卖点"的传播效果的关心远甚于对他们的生存状态和命运的关注。对农电视频道的节目中关于农民工的报道呈现出模式化的报道趋向，不但影响了报道的深度和力度，对媒介公信力和影响力带来负面效应，也使"三农"问题的丰富性、复杂性和严肃性等特征被简单化、变形或者遗忘。

第二，信息服务功能发挥不够。有资料显示，当前农民选择电视媒体的目的主要是娱乐，电视媒介目前在农村更多的是一种娱乐工具，没有充分发挥传递信息的首要功能。娱乐固然是一个电视作为媒体的一个重要功能，但"媒介首先是传播载体，其主要功能是传递或传承信息，它借助一系列有意义的符号，通过编码、解码的过程，使各种信息传达至受众"[①]。更新农民的思想和新农村建设更需要科技文化致富信息，这也正是我国加大农村广播电视公共事业发展的目的所在。随着农村经济快速发展，我国政治民主化程度的提高以及农村正在发生的巨大变革，农民对信息的需求达到了前所未有的高度。

根据谭英等人对中国农村受众电视收视状况进行调查显示，无论是中西部经济欠发达地区，还是苏南等经济较发达地区，这些地区的

---

① ［美］赛佛尔，［美］坦卡德：《传播理论：起源、方法与应用》，郭镇之译，华夏出版社 2006 年版，第 273 页。

农户最需要的信息种类集中表现为四大类信息：政策、法律、法规等宏观类信息；新技术、新品种等实际操作类信息；农产品价格、销路、供求等市场类信息；科学文化常识、教育、卫生、健康等科技知识类信息。随着农民受众的分化，对信息类节目又有不同的具体需求，比如乡镇企业管理者和农村知识群体等偏向于观看"三农热点新闻节目"和"市场信息服务节目"；农村个体劳动者偏向于观看"技术指导类节目"和"就业培训指导类节目"；个体工商户群体偏向于观看社教节目；等等。① 但是当前对农电视频道在满足农村受众的信息服务需求方面普遍不足，对农电视节目播出量太少，信息服务类节目就更少。吉林电视台乡村频道主打对农栏目主要有 5 个，但信息服务类节目仅有 1 个，娱乐类节目占了 3 个。根据河南电视台新农村频道所做的调查，认为该频道信息服务类节目播出太少的农民受众占调查总人数的 77%，这说明现有对农电视频道信息服务功能还没有得到很好发挥。

在农民所需的信息服务中，"发家致富类""农业科技类"等信息成为农民需要的首选信息。荆州电视台垄上频道进行的 2009 年春季收视调查显示，当地农民受众在面对"您最希望荆州电视台为您做哪些事"的 13 个选项中，选择"寻找致富项目"这一项的比例高达 42%，排第二、第三位的则为"带专家解决问题"和"介绍荆州外的新鲜事"，分别占 29.1% 和 26.6%。无独有偶，在河南电视台新农村频道对农村受众所做的受众调查中，关于"你期望看到的节目"这一问题的选择，最多的是"发家致富类"的节目，占到总数的 25%；排在第二、第三位的是"农业科技类""有关城市生活"，分别占到总数的 23% 和 19%，这与垄上频道得出的结论相当趋同。这一方面说明提供有效的致富信息是农村受众最需要的信息服务，同时也说明对农电视频道提供的致富信息相对不足。在已有信息服务类节目中，其指导性、

____

① 项仲平、杜海琼：《论对农电视节目存在的问题与创新对策》，《中国广播电视学刊》2009 年第 10 期。

针对性和实用性与农村的实际需求也还有一定的差距。由于存在着产销不对路、有效信息不多以及某些地区农业规模化、集约化生产方式尚未形成等农业自身面临的问题等原因，① 对于对农电视节目中推介的服务类信息与技术，农民仍然持观望和保守态度，他们获取信息的渠道往往更倾向于农技人员、亲戚朋友等人际传播方式。

第三，农民利益表达的渠道功能发挥不够。媒介作用于社会的各种功能表现为三个层次，即反映、渗透和建构。媒介首先应担负起信息传递的基本功能，及时反映社会的变动；然后拓展其影响力，渗透到社会的各个领域；最后参与到社会系统的运行中，对社会信息环境起到建构与支配作用。在这里，媒介对社会的反映是基础，"建构"则是媒介"化"过程的最高层次，是反映和渗透的积淀。② 对农电视频道不但要满足农民受众基本的娱乐、信息需求，做"上情下达"的宣传者，还要"提供独特的价值判断，提供一种有影响力的解读、解惑和一种控制对策的帮助"③，成为农民利益表达的渠道。但是，在社会动员、"兼职教师"、农民利益表达的渠道功能上，对农电视频道目前显然都还处在很低的水平。

以舆论监督类节目和新闻类栏目为例，对农电视频道的栏目设置普遍存在着舆论监督类节目和新闻类栏目缺乏的现象，对"三农"问题"隔靴搔痒"和"肤浅"的报道比较普遍。中央电视台七套节目有六个有关"三农"的节目：从《致富经》《科技苑》到《今日农村》《乡村大世界》等，栏目内容涉及农业政策法规、农村改革和农业经营的方方面面，但多是上情下达，对于农村改革中出现的情况和问题，如村官腐败、村村通、教育乱收费、基层民主建设等问题基本没有涉猎。当前省级对农电视频道除了陕西农林卫视《热线村村通》栏目明确表示舆论监督是其重要组成部分，其他对农电视频道的舆论监督都

① 方晓红：《大众传媒与农村》，中华书局 2002 年版，第 85 页。
② 童兵主编：《科学发展观与媒介化社会构建》，复旦大学出版社 2010 年版，第 38 页。
③ 喻国明、张小争：《传媒竞争力——产业价值链案例与模式》，华夏出版社 2005 年版，第 6 页。

隐含在关于民生新闻的报道中，即使有也较少触及深层次矛盾。总的来说，当前对农电视节目过多注重"三农"报道的正向传播功能，忽视其舆论监督功能，过多聚集于一些简单资讯的传达，较少关注建设农村社会中面临的现实难题和深层次的问题。具体来说就是政策宣传多，排忧解难少；上情下达多，下情上传少；凯歌唱得多，鼓与呼太少等现象。一些重要的农村社会问题往往被压制，有时演化成悲剧时才可能被媒体关注。

对农电视频道在深度报道上也比较缺乏，现有的对农电视频道基本上没有设置深度报道栏目，表层报道比较多，就事论事多，很少深入表面现象揭露当代农业生产中存在的弊端，总结农民在遭遇市场时的普遍经验和教训，因而也就很难从观念传播上对农民产生真正的影响。"所谓深度报道就是围绕社会发展的现实问题，把新闻事件呈现在一种可以表现真正意义的脉络中。"[1] 深度报道要求超越简单的事实表象，为受众提供关于事实的认知及其背后的深层原因。但是，对农电视节目深度报道不但需要深入基层进行艰苦的采访，而且在采访过程中会遇到许多实际困难，比如有关部门的阻挠等。另外，对农电视频道的记者在深入基层的过程中往往疲于奔波，忙于应付，缺乏从容思考、纵横比较和冷静处理的时间，从而导致新闻报道立意浅、深度差。对农电视新闻工作者的素质也制约了事件的深度报道，因为缺乏对农村复杂问题及其背景调查的能力，缺乏对新闻题材从感性到理性上升的锻炼，使报道普遍呈现短、平、快、浅的趋势。比如在面对一些"三农"危机事件时，大多呈现简单化和片面化趋向，很少深入采访，展开调查，探寻偶然事件背后的必然因素，更不用说根据国际国内经济形势或农业发展形势，对可能出现的问题进行超前预测和提醒。[2]

对农电视频道不仅仅是政策讨论和信息传播的平台，更应该在农

---

① ［美］新闻自由委员会：《一个自由而负责的新闻界》，展江等译，中国人民大学出版社2004年版，第37页。

② 马梅：《中国农业电视传播发展研究》，中国电影出版社2010年版，第96页。

民权益受到侵害时给予关注，体现其作为社会公器的功能。否则，不但低估了农民受众的知情能力和理解能力，使新闻的客观真实性受到质疑，也使媒体的公信力难以建立。垄上频道是江汉平原有相当影响力的对农电视频道，在该频道 2009 年春季收视调查中，关于"遇到急需要解决的问题，您会给《垄上行》打电话、发短信吗"，回答"没想过"的农民受众比例达到 63.3%，这一方面与农民本身的媒介素养有关，另一方面也在一定程度上说明垄上频道实施舆论监督、构建农民利益表达渠道的功能还有提升的空间。

有学者研究认为，主流媒体的境界与追求是深刻关注和记录社会上正在发生和形成的历史，以"俯仰天地的境界、悲天悯人的情怀、大彻大悟的智慧"① 面对社会发展进程；主流媒体的基本风格就是理性的观察、建设性的出发点，其负有正确传播社会价值的责任，最大的"卖点"就是公信力；主流价值的内容诉求就是深层关怀和价值判断，需要对推动社会发展变化最为深刻的原动性因素给予足够的关注，为人们提供有影响力的解读、解惑和控制对策的帮助。② 目前的对农电视频道对这种境界与追求显然还远远不够，以节目表现来评价其核心价值观也许并不科学，但还是可以从某种程度上说明当前对农电视频道的核心价值观尚不成熟、企业文化内涵还有待深化。

二　盈利模式单一

经营管理能力是联结传媒的企业精神与市场效益的中枢，它既是传媒核心价值观和经营理念等无形力量在实践中的体现，又是将人力资源、技术、产品及服务等有形要素有机结合起来而直接面向市场竞争的运作环节。能力本身是无形的，难以直接测量，因而只能通过其运作的显示性结果作为衡量的指标。通过分析部分频道收入表现可以

---

① 喻国明、张小争：《传媒竞争力——产业价值链案例与模式》，华夏出版社 2005 年版，第 9 页。

② 喻国明、张小争：《传媒竞争力——产业价值链案例与模式》，华夏出版社 2005 年版，第 8 页。

发现，目前对农电视频道的经营收入主要依靠广告，盈利模式单一，而因为对农电视广告市场的特殊性，目前广告收入普遍不理想，这从一个侧面反映其普遍经营管理能力的低下。

1. 过分依赖单一的广告收入

我国现在的电视经营中广告仍然是最主要的收益来源，对电视媒介的后产品、衍生产品和相关产品的开发都还不够。史坦国际首席经济学家汪糠懋在题为《中外传媒盈利模式比较》的演讲指出：中国新闻媒体的收益当中，90% 以上的收益来自广告和发行，而国外媒介集团全部收入来自广告和发行的收益不超过 50%，其他收益来自多元经营。西蒙·伦敦、蒂姆·伯特在《探讨新时代传媒业盈利模式》里指出商业模式基于广告收入的媒体越来越难以获得大批受众，商业模式机遇基于从消费者收费的媒体，越来越难以维持对其内容消费的时机和方式的控制力。中国各级电视台核心业务的运作实体都是国有事业单位，由于现实意义上行业垄断的存在，使得广告经营成了电视台最简单、最容易产生经济效益的经营方式和最稳定、最便于依赖的收入来源。

对农电视频道和中国大部分媒体一样，只销售广告，也就是收视率，而没有销售频道以及频道中的内容和服务。当前大部分对农电视频道由于受资金、技术、人才等因素的限制，要进行大范围的跨媒体、跨行业、跨地区的产业链条的建构，并实现优化配置与整合的多元结构化经营，面临一定的难度。虽然部分对农电视频道也在努力向不同领域进行产业链的建构，如山东电视台农科频道推出了《乡村季风》手机和手机报，浙江电视台公共·新农村频道打造了经销特色农产品的"翠花实体店"，湖北电视台垄上频道推出了垄上行新公社连锁服务体系，垄上行实体还取得了不错的经营业绩，但大部分对农电视频道多元化经营或者处在艰难的起步阶段，或者效益还不太明朗。单点支撑的盈利模式，对资源的利用率比较低，不仅使对农电视频道经营的风险程度很高，受制于广告业的风吹草动，也在一定程度上造成其经营发展进入到"平台期"后就很难继续提升。一个国家一定时期内的广告支出总额是一个比较稳定的变量关系，所不同的只是在各种媒体之间分配的份额不一样，因此对农电视频道可能不同时期的广告收入会不一样，但没有盈利模式上的改变，是不可能开发多元化市场，实现可持续增长的。

对农电视频道过度依赖广告收入的盈利模式是造成其经营效益低下的重要原因。从目前几个省对农电视频道的运营情况来看，除了少数对农电视频道的收入比较可观，其他大部分基本处于自收自支、略有盈余的状态。[①] 河南电视台新农村频道广告收入一直处于递增的态势，但是和该台其他频道相较，其收入的基数和增长率都不能算很理想的，而且其广告经营创收额一直占频道总收入的80%以上。少量的地市台对农电视频道的收入就更不尽如人意，基本不能收支平衡。以湖北省荆门电视台新农村频道为例，该频道于2009年开播，当年收入达到210万元，其中广告收入为180万元，占总收入的85%，而该台当年的总收入达到2800万元。到目前随着经济下行，该台的总收入逐年递减，对农频道和其他两个频道的收入差距也越来越大。总的来说，就目前大多数对农电视频道来说，虽然它们的经济状况并不是最差的，绝大多数是盈利的，能够养活自己，但其运营效率不高，更谈不上做大做强。

2. 对农村市场的开发力度不够

虽然以单一的广告收入为盈利模式，但是对农电视频道对农村广告市场的开拓也不理想，主要表现为涉农广告比例不高、对农节目的广告吸附能力不强，相当一部分广告收入来自非农节目。[②] 一方面由于收视率难以上去，农村人口的消费能力偏低，对农电视频道的媒介平台很难被广告商尤其是大客户所关注，难以吸引广告投放量较大的全国性品牌。另一方面我国农业产业化程度低，商品率低，农产品和

---

① 薛涛、方晓红：《电视媒介服务三农的途径及对策》，《新闻与传播评论》2007年第12期。

② 薛涛、方晓红：《电视媒介服务三农的途径及对策》，《新闻与传播评论》2007年第12期。

农用物资季节性、地域性对象性太强难以形成长期持续投放，农资行业的微利性和分散性等原因也导致农资广告主不多，或导致一些涉农广告往往针对本土市场，选择地市台进行播放。因为在经济效益和社会效益间难以找到合适的平衡点，对农电视频道播出的农业节目越多，其专业化程度就越高，其公益特征也越明显。但是这样做带来的却是广告创收空间的缩小和广告经营难度的加大。因此，为了完成创收任务，对农电视频道往往反向运作，这也就造成了"电视进了村，节目不姓农"等现象。[①]

　　电视广告是企业在农村地区与消费者深度沟通的最快捷和有效的渠道，在农村的收视率和到达率等指标都相对较高。据美兰德全国电视频道覆盖及收视状况调查结果显示，电视节目中插播广告的收视群体中，农村观众的比例远远高于城市市区和县城、镇[②]，可见对农电视频道内部蕴含着巨大的广告价值。但目前一个不容忽视的现象就是对农电视频道对广告市场的开发能力不强。对农电视频道的服务还主要限于节目生产等方面，总的来看节目与观众的互动性不足。媒体所拥有的传播效能和社会影响力还不能满足广告投放的需求，也没有多种有效措施挖掘农资广告的潜力、配合广告客户开拓农村市场，在针对农村市场的特点、农村受众的接受习惯和接受心理，制作出更有效的广告作品方面也存在不足，最终导致广告收入中涉农广告比例不高。以山东电视台农科频道为例，其靠频道对农节目创收的部分大约只占频道创收总额的1/8，来自农村市场的广告收入不到总收入的一半。河南电视台新农村频道靠频道对农节目创收的部分也只占到频道创收总额的28%。

　　有调查显示，农村受众关注较多的十类电视广告依次是：日常食品类（如米、面、油、菜等）、农机农资类（含农技、苗木、种子、化肥等）、医药保健类、公益广告、住房建材类、日用品类、降价促

　　① 杨明品、王雷：《对农电视专业频道建设的问题和对策》，《新闻战线》2007 年第 5 期。
　　② 何礼：《农村电视媒介消费风景独好——美兰德第十次全国电视频道覆盖及收视状况调查结果揭晓》，《市场观察》2008 年第 12 期。

销类、学习、体育健身用品类（如电脑、书籍、球类等）、贵重饰品、收藏品类（如金银首饰、珠宝等）、耐用贵重物品类（如家用电器、摩托车等），① 但现有的对农电视频道针对农村市场消费品广告的开拓更为不足。有些对农电视频道大量充斥医疗广告、通信产品和电视购物等，大肆宣传一些企业和产品，几乎成为某些药品、美容品和商贸中心的代言频道，而且有些商业广告的游动字幕几乎从不间断。有调查显示，近年来我国农村电视观众的购买力进一步增强，手机、冰箱、洗衣机、空调、电脑等耐用消费品成为农村观众未来五年内打算添置的主要商品，消费品广告在农村市场蕴藏着巨大的商机，但显然目前对农电视频道对消费品广告的吸引力还不够，对消费品广告的开拓力度也很不够。

三　节目总体状况不佳

传媒产品是一种蕴含着精神内容的产品，具有不同于普通物质产品的双重特性，也就是说它既是物质载体，是大工业流水线生产的结果，又有一定的价值导向，是传媒从业者进行独创性的精神劳动的产物，因此很难用简单的统一的标准来衡量，这也正是大量传媒在绩效考核中重量而轻质的根本原因。传媒产品因其内容的影响力而作用于人的精神世界，其质量很难被量化处理，在此从对农电视频道节目的表现略加分析，同时适当考虑收视率等指标的参考价值。作为一种"影响力经济"，对农电视频道同样要靠内容说话，通过高质量、创作独特的节目争夺受众的注意力资源，从而拥有不竭的竞争能力。当前的对农电视频道的对农节目在与观众的贴近性、节目形式以及节目体系的类型构成等方面都有了很大进步，部分对农电视频道推出了有一定影响力的品牌栏目，如央视七套的《致富经》、山东电视台农科频道的《乡村季风》、荆州电视台垄上频道的《垄上行》等栏目。但是，

---

① 陈旭鑫等：《拓展农村电视广告市场　构建对农传播长效机制——基于对江西农村电视受众的调查》，《电视研究》2009 年第 12 期。

不容忽视的是，对农电视的节目整体质量和数量与广大农民的期盼和要求相比仍有不小的差距。

1. 对农节目数量不足

当前国内电视屏幕中对农节目总量偏少几乎是普遍的共识，而在专业的对农电视频道中，对农节目比例同样偏少。有研究者通过对现有对农电视频道官方网站进行检索，统计了对农电视频道中对农节目的播出时长。数据表明：专业对农节目播出时长占据频道日播总时长50%及以上的仅有吉林电视台乡村频道，且其播出比例仅为50%，其余对农节目日播量均处于日播总时长的一半以下，但是值得注意的是这个时长比例均包含了大量重播的比例。

表 1-5　　　　我国现有对农电视频道对农节目时长统计①

序号	频道名称	全天播出时长/min	专业对农节目时长/min	播出时长比率/%
1	中央电视台农业·军事频道	1087	407	37.4
2	吉林电视台乡村频道	1090	542	50.0
3	河北电视台农民频道	1220	237	19.4
4	山东电视台农科频道	1440	499	34.6
5	浙江电视台公共·新闻频道	1440	318	22.1
6	河南电视台新农村频道	1102	392	35.6
7	重庆电视台公共·农村频道	1140	165	14.5
8	陕西电视台农林科技卫视	1080	520	48.1
9	湖北电视台垄上频道	1440	450	31.3

现有的对农电视频道中，除了一些对农栏目和节目以外，还存在着相当一批非对农节目和栏目。山东电视台农科频道、河北电视台农民频道、吉林电视台乡村频道及浙江电视台公共·新农村频道的主打农业节目都只有 5 个左右，都还有相当一部分非对农栏目和在对农和

---

① 金山：《文化生态的视野：都市媒介文化霸权下的电视农村频道解读》，《中国农业大学学报》（社会科学版）2010 年第 1 期，有改动。

非农之间打擦边球的节目。以山东电视台农科频道 2017 年 10 月 19 日播出的节目为例，播出时间为 24 小时，其中与"三农"直接相关的节目 3 个，分别为《中国村花》《乡村季风》《农资超市》，其他非对农节目 4 个，包括《天天喜乐会》《健康第一》等。节目播出量约为 4 小时左右，其中 4 个节目分别重播了 3 次，"三农"节目占当天播出节目总数的 15%，另外还播出电视剧 6 集，含重播在内电视剧播出时间达 10 个小时以上。以河南电视台新农村频道为例，其主打对农栏目为《新闻第一线》《村长开汇》《致富招招鲜》，但是其中的《新闻第一线》并非全部涉农新闻，还包括相当数量的城市民生新闻，《村长开汇》则是采用对农节目的形式和方式，具体内容却是网罗天下事进行点评，《致富招招鲜》也有相当多内容是介绍城市人致富的经验故事，其他栏目如《飞歌传情》《程东院线》等则是明显的非涉农节目。出于收视率和市场表现等因素的考虑，现有的大部分对农电视频道均出现了"综合化"的发展趋势，即"从频道对象的分众化到大众化的转移"，"从频道内容的单一性向多元化转移"，由此出现了相当一批非对农节目和栏目。这种现状令对农电视人困惑的是：对农专业频道的对农节目究竟做什么？对农电视节目不一定是农民爱看的，农民爱看的节目也并非全部都是农村题材，但倘若对农专业频道抛弃农村市场做城市题材，又怎么谈得上对农专业频道？

作为专业的对农电视频道，首先要有稳定的节目源，即必须有一定数量和质量的节目作为频道支撑，主要包括自制节目、交换节目和购买节目。目前对农电视频道的节目基本靠自产自销，通过交换或购买的节目在频道节目总量中所占比例极小。据调查，中央电视台各专业频道和各省级电视台专业频道自采节目的比例为 28.8%[①]，至于各地方专业频道的节目自采量的比例没有具体的数字，但是一般专业化频道的制作能力远远达不到频道的需求量是不容忽视的现实。从自制节目来看，对农电视频道无论在人才、设备、技术还是资金等方面都

①　黄升民、丁俊杰：《中国广电媒介集团化研究》，中国物价出版社 2001 年版，第 30 页。

没有太大优势，投入不足、人力缺乏加上采访难度大，最终表现为栏目和节目的数量不足和类型单一。目前省级以下对农电视频道自采对农节目比例基本上不超过 20%，大部分时间仍然是由电视剧或其他外购非对农节目支撑，专业化频道不专的现象在对农电视频道同样存在。

对农电视节目类型也不够丰富。中国社会科学院发布的 2011 年《社会蓝皮书》指出，传统农民正向现代农民转变，中国农民阶层的分化主要表现为三个特点：一是部分农民流向非农产业；二是农民阶层变化不仅表现为农业生产者减少，而且表现为务农农民内部的持续分化；三是农民分层受城乡统筹、农村资源配置、农业生产社会化服务水平影响，表现为一种被动的职业变动。这种分化导致农民在知识水平、思维方式、生活状态等方面表现出明显的差别，他们的媒介要求同样呈现出较大差异，因此对农电视频道需要有的放矢地开发多样的节目类型，进而培育出目标化的农村受众群体。① 一个成熟的有核心竞争力的频道不仅要有自己的品牌节目和栏目，还要讲究整体的节目水准、系统统筹和有机配置，但是首要的是要拥有类型丰富、种类多样的节目和栏目，这些才是对农电视频道得以支撑的源头活水。目前对农电视节目大致可以分为新闻专题类、纪实报道类、服务资讯类以及民俗文化类、娱乐类等，但在每个对农电视频道具体的设置上却呈现出类型不够丰富的特点和同质化倾向。以吉林电视台乡村频道为例，其五档对农村栏目中的三档《二人转总动员》《乡村戏苑》和《乡村大戏台》均为娱乐栏目，而且都是以展现二人转等东北特色乡村文化为着眼点，栏目设置上呈现明显的重叠和交叉。再以陕西农林科技卫视为例，《农科城》《天天农高会》《致富故事会》三档栏目虽然定位和设置不同，但无论形式还是内容都很趋同，看不出栏目之间明显的区别，只是栏目名称不一样罢了。

2. 对农电视节目质量不高

根据媒介生态位观点，报纸、广播和电视这三大新闻媒介都有其

---

① 于德山：《农村电视传播与中国当代电视文化》，《中国电视》2005 年第 7 期。

独特的功能生态位。电视媒体占据的是时间中以传播声画为主的频道空间生态位，即通过提供声画并茂、直观具体、通俗易懂、形象生动的视听形象，来争夺受众的视听觉资源。由于受到生活消费环境、文化素质和欣赏习惯等因素的制约，电视的这一优势使它较之其他媒体更易为农民所接受，但是当前对农电视频道的节目质量显然还不尽如人意。

美国学者赖特曾提出大众传播的四种功能，即监测环境功能、提供娱乐功能、社会化功能和解释与规定功能，这四种功能的划分与中国电视界节目类型的四分法不谋而合，中国电视节目影响较大的分类方法是将节目分为新闻类节目、娱乐类节目、教育类节目和服务类节目。① 当然，中国电视经过多年的发展，早已从早年间的题材贫乏、内容短缺时代进入一个类型丰富、内容驳杂的冗余时代，中国荧屏上的主打电视节目类型不仅异常繁盛，而且常常依据时代的变迁和人们欣赏口味的变化不断进行改良、优化与突破。对农电视节目也在这股浪潮的裹挟下不断嬗变，当前对农电视栏目类型主要有三类：对农新闻资讯类栏目、对农"帮忙"类栏目和对农电视娱乐栏目。

第一，对农新闻资讯类栏目。作为大众传播模式最为重要的载体，电视媒体在其诞生之初就承载着信息传播的功能。中国电视新闻类栏目是传达政令、反映民声舆情、报道本地重要新闻的首要渠道。随着"三农问题"重要性的与日俱增和"社会主义新农村建设"的发展，作为农民使用门槛最低、最为便捷的媒体，电视对农民进行政策解读、促进城乡沟通、提升农村经济交流水平、搭建城乡文化交流平台的功用越发明显。② 传统的对农新闻节目以准确、及时传递信息为主要职责，沿袭的是类似《新闻联播》的较为严肃庄重的播报方式。伴随着民生新闻的崛起及农民受众的收视特点，以谐趣化、娱乐化、接地气和方言播报等为特征的播报方式成为对农新闻资讯类栏目的主流。

---

① 王黑特、王希子：《中国电视节目类型体系探析》，《中国电视》2011 年第 6 期。

② 冯帆：《新时期涉农电视节目的发展研究》，硕士学位论文，广西师范学院，2016 年，第 29 页。

　　但是播报方式的改变却并未改变对农电视传播的信息内容单一，思路狭窄，时效性较差，实用性不强等问题。当前的对农节目大多以农业活动为主，主要集中于对一些成功者的种植、养殖技术的介绍，例如瓜果栽培、良种高产、大棚种植、水产养殖、产品销售渠道等，这些报道的信息从发生到传递的周期都不算短，信息的利用价值很难估计。还有一些信息着眼于介绍某些成功者培育出畅销的新品种等，而事实上这些消息早已通过人际传播或其他方式众所周知，这些品种也早就不抢手了，也就是这类信息已经没有实用价值却还在报道。还有些报道或过分关注生产问题，对于农民的"生活"问题以及其他问题缺乏关注；或对乡村生活的描绘以偏概全，展现的乡村生活有时过于浪漫有时又过于愚昧，呈现出概念化、静态化乡村的趋向。由于忽视农村受众的收视特点，造成了农村节目资源的浪费。

　　第二，对农"帮忙"类栏目。对农"帮忙"类栏目是解决农民生活困难、调解农村社会矛盾的重要工具。农村社会地域相对封闭，人际关系比较复杂，农民文化水平有待提升，在社会结构变动引发各种利益关系不断调整的状态下，农村各类矛盾纠纷呈现广泛性、多样性和复杂性特征；另外，目前法制体系尚待完善，基层民众生活面临诸多困难，这些矛盾纠纷和困难已成为影响农村社会稳定的突出问题。对农"帮忙"类栏目体现了强烈的亲民意识和人文关怀，针对农民生活中遇到的困难和各种矛盾，记者通过走访拍摄的形式，一方面对农民进行个性化有针对性的政策解读和法律指导，帮助农民群众解决相关问题，另一方面以对双方"晓之以理，动之以情"的调解缓和邻里矛盾、促进农村社会和谐。① 比如湖北垄上频道的《和事佬》栏目就是在主持人策巴子的带领下讲述发生在老百姓身边的家长里短，化解生产生活中的矛盾纠纷；河北电视台农民频道《农博士在行动》栏目是主持人大宽根据农民需求，带着专家，走向田间地头，实地解决农

---

　　① 冯帆：《新时期涉农电视节目的发展研究》，硕士学位论文，广西师范学院，2016 年，第 29 页。

民在农业生产中的种种难题；作为知名度、美誉度较高的节目品牌，吉林电视台乡村频道的《乡村四季12316新闻眼》栏目，在农业政策法规的宣传、农作物病虫害防治方面做了大量工作，为农民解决了很多实际问题。

对农电视"帮忙"类栏目满足了观众的视觉与现实需求，一度受到观众的喜爱，但也存在一些问题。一是节目内容和形式单调、重复。就内容来说，节目的选题比较狭窄，相同选题出现的频率较高。河北电视台农民频道《老三热线》栏目曾播出某个村子常年存在饮水难问题，在老三记者的帮助下，得到有关部门重视并解决，之后往往会有农民又打开电话反映自己村子出现的相同的问题。就对农民朋友的帮助来说，有些同类问题确实可以继续跟进，但作为对农电视节目来说，大同小异的内容难免给人"似曾相识"的感觉，长此以往可能使节目失去吸引力。就形式来说，要么是专家到田间地头与农民面对面交流、手把手地授课，要么是出镜记者现场主持，但这些出镜记者参与感不强，往往只能起到串词作用。还有"发现问题—寻找相关部门—解决问题"的采编模式已经成为套路，大多数"帮忙"都是这一套做法。重形式轻内容是会被淘汰的，但是仅着眼于问题的解决，采用千篇一律固化的节目形态，会掩盖每个事件的独特价值，造成收视疲劳，最终影响节目的收视效果。

二是节目缺乏深度与力度，分析流于表层化和浅层化。大多数时候农民观众需要帮忙，都是因为遇到了困难，而对记者来说，同样存在"事难办，人难做，忙难帮"的现象，而且还因为记者"精力有限度、新闻计件数、发片赶速度"的原因，对跑腿帮忙只能做到蜻蜓点水，或把自己定位在"和事佬"上，着力协调双方解决表面上的问题，而不是真正下功夫去寻找引发问题的"导火线"，往往不能指出问题的症结或找到根本的解决办法，这样做出的节目总是浮于表面，有悖于节目的宗旨。①

----

① 陈津震：《如何做好电视"帮忙类"节目》，《青年记者》2008年8月。

三是由于记者素养缺乏导致的一些问题，如记者专业知识水平和经验能力不高，导致在涉及一些行政程序和法律问题时解决问题的效率和质量不高；在一些涉及政府部门的帮忙事件中，记者未能摆正身份和角色，越位现象明显，导致普通百姓把记者误当成执法人员，把媒体误当成万能的政府机构[①]；报道的事件琐碎拉杂，缺少新闻价值，信息量与信息质均不高，消耗记者的精力，还不能引起观众的共鸣。

第三，对农电视娱乐栏目。在农村，娱乐活动是农民关注的重要内容。当下的对农电视栏目不仅体现出浓厚的娱乐化特征，专门的具有参与性和贴近性的对农电视娱乐栏目也不少见。首先，故事化叙事与新闻娱乐化成为对农电视栏目的特点。大多数对农电视栏目已经摒弃了传统的科教片形式的表现方式，转而通过故事化叙事、综艺表演、现场游戏等方式来传播农业资讯、传递致富诀窍和科技知识，从中央台的《乡约》《致富经》，到地方台的《四季风》《喜子来了》，都能做到形象生动、寓教于乐。其次，专门的对农综艺、戏曲类栏目长盛不衰。中央电视台《生活567》周末版、浙江电视台《流动大舞台》等栏目综合了农民喜闻乐见的歌舞、戏剧、小品、相声、杂技等节目形式，是对农综艺节目的代表；河北电视台农民频道的《绝对有戏》、河南电视台《明星有戏》等栏目则融现代与时尚、糅传承与创新为一体，在传播、弘扬传统戏曲艺术，开辟了一块新领地。这些娱乐节目让农民从农田走向舞台，成为他们展示自我的平台。《绝对有戏——河北省戏迷票友电视大奖赛》一度以9.64的收视率水平在全省电视节目中名列前茅，说明对农电视娱乐类栏目颇受农民欢迎。

但是对农电视娱乐化难免会出现盲目跟风、度的把握失衡等现象，特别是对农游戏类节目中内容低俗化、语言暴力化等问题普遍存在。作为专门的对农娱乐节目如戏曲节目则存在以下问题：一是如何平衡戏曲传播的专业性和娱乐性之间的矛盾，是突出戏曲娱乐大众的特性还是追求戏曲的专业性，如何找到栏目的合适定位是一大难题。二是

[①]　王琪泰、圣玉丰：《电视"帮忙类"节目的评析与思考》，《视听界》2007年第5期。

部分戏曲节目存在节目形式单一、唱段重复老化、节目后续乏力等现象。剧目与时代脱节，缺少共鸣，传统戏曲大多没有能够跟随历史的前进不断变革，未能重新建立其作为现代艺术的精神内涵，而是逐渐与当代社会生活脱节，因而难以唤起受众的共鸣，这种戏曲本体的落后性也阻碍了戏曲在大众媒介的传播。节目形式缺乏变化，比如戏迷擂台和名家演唱就是戏曲节目常用的模式，但长此以往节目缺乏悬念，再加上表演者的演唱水准和艺术表现力参差不齐，节目最终的呈现效果越来越受到影响，对观众将逐渐失去吸引力。[①]

另外，对农电视节目还存在专业性太强，不易理解，节目形式与农民接受能力失调等问题。有资料显示，农村受众文化程度在初中或初中以下的占88.1%，也就是绝大多数农民只有中小学文化水平。一些农业科技类节目专业化过强，不够深入浅出，往往导致农民对节目内容一知半解或囫囵吞枣，降低了节目的传播效果。[②] 还有一些节目从宏观角度入手，立足点太高，也导致农村受众对这类节目的放弃。根据南长森等人对西安郊县果农所做的调查显示，经常看中央电视台七套《金土地》《致富经》的受众不到三成（26.4%），而全国唯一上星播出专门服务"三农"的陕西农林卫视的收视情况也很不理想，仅不到二成（19.2%）的受众经常观看专门为他们所设的节目。南长森等人分析陕西农林卫视收视情况不理想的原因主要是节目制作方面不过关，节目的主观愿望与客观效果不符。[③]

最后，节目地域的针对性不强。对农电视节目地域性很强，受众更关心发生在自己身边的事以及本区域农民所需要的农业信息。但是中国幅员辽阔，气候变化大，农业资源条件和农业作物品种差别很大，在电视上介绍一种具体的新技术只能有局部的适应性，这对

---

① 张佳梅：《电视戏曲栏目生存策略研究》，硕士学位论文，河北大学，2013年，第22页。

② 贺福中、田文利：《农业电视节目的现状与对策探讨》，《中国广播电视学刊》2007年第9期。

③ 南长森等：《电视传媒对农传播的信息缺失及其增长空间——西安郊县果农信息需求与电视传媒对农发展互动研究》，《新闻知识》2009年第11期。

面向全国的国家级对农电视频道来说，始终是一个无法克服的难题。对于省级电视台特别是地方台来说，虽然具有明显的优势，但是从现在对农电视频道的整体现状来看，地域针对性最强的地市级对农电视频道太少，而省级台对农电视频道的节目尚未显现出明显的地域针对性。电视节目的时间针对性差，有调查显示，农民每年看电视最长的时间段是冬季，然后依次是夏季、春季、秋季。但是中国地域辽阔导致各地区农民作息时间、生活习惯迥异，虽然大部分对农电视频道已经在针对农民的季节性收视习惯对节目播出时间做出调整，但在具体运作上并没有经过科学的调查和严谨的分析，存在着随意主观的现象。

3. 对农节目流通市场还不成熟

通过交换或购买的对农节目在对农电视频道节目总量中所占比例很小。目前我国电视结构与节目制作商采用的主要流通渠道有三种，通过政府主办的电视节、电视周等平台、通过互联网节目交易平台以及通过电视机构互换等方式来实现节目交流和销售。但是就对农电视节目来说，这几种方式都不理想。除了央视七套，对其他省级和地市级对农电视频道来说，中国幅员辽阔，气候差异性较大，种植养殖农作物的种类也不尽相同，农业生产具有相当的地域性，节目交换存在一定的局限，因此通过几种主要的流通渠道都很少有普适性很强的对农节目用来流通。就外购节目来说，境外的节目普遍缺乏和中国普通农村收视习惯和偏好的对接，因此不太适用；而中国本土的民营公司从制作成本和盈利效果考虑主观上不太愿意，客观上也缺乏制作农村科普类和信息服务类节目的条件，因此很少制作这类节目；对农电视频道还普遍存在资金上的劣势，导致很难买到适合播出又质量精良的对农节目。

电视剧是满足农民休闲娱乐需求的重要节目类型。据浙江电视台公共·新农村频道的调查显示，浙江农村受众最喜爱的电视节目类型依次是影视剧（43.8%），新闻（38.4%）、法制类节目（35.4%），娱乐节目（24.9%）、谈话节目（24.7%）、气象节目（20.7%）、体育节目（16.6%），信息服务类节目（9.6%）。① 农村受众对电视剧的需求肯定是多种多样的，但是农村题材的电视剧显然是他们的一种特定需求。目前对农电视频道很少播放与以展现农村生活或以农民为主角或与农村有关的电视剧。如2011年3月期间，吉林电视台乡村频道播放的电视剧主要有《谁知女人心》《守候我们的幸福》《牵挂》，分别为古装剧、军事题材剧和都市言情剧；河北电视台农民频道播放的电视剧主要为《爸爸别走》《我是真的》分别是言情剧和谍战剧；垄上频道主打的则是两部古装剧《怪侠一枝梅》和《天下第一媒婆》；等等。我国是农业大国，农村题材创作在文艺界有着深厚的传统，但在市场经济的冲击下，由于回报率低，创作难度大等原因，农村题材电视剧的缺位成为常态。虽然近年来也出现了像《刘老根》《希望的田野》《农民代表》《正月里来是新春》等一批深受农民和城市市民喜爱的电视剧，部分精品之作表达出鲜明的时代特色、浓厚的乡土气息和深刻的人性特点，但是农村题材电视剧在数量上仍然远未满足群众需要，在各地各级电视台播出最多的电视剧类型中，农村题材的比重从来就没有超过10%。② 现有的农村题材电视剧在质量上也存在着内容的肤浅化、风格的喜剧化、低水平循环以及对地域化特征的过分凸显而导致的观众局限等问题。因此对农电视频道在电视剧的编排和选择上受到了很大的局限，很难形成以农村题材电视剧为主打的播放格局，使这类频道在满足农民受众的特殊需求上的价值创造能力大大降低。就娱乐类栏目的设置来看，大部分省级对农电视频道都开办了这类栏目，吉林电视台乡村频道就有《乡村大戏台》《乡村戏苑》等几档娱乐类栏目，将村民喜闻乐见的乡村戏曲、富有本土特色的乡村文化同电视艺术结合，有效满足了农民受众的需求。但是还是有相当一部分对农电视频道娱乐节目缺位，或者即使有，数量和质量都有限，

---

① 徐洲赤、邱鸿峰、汪洋：《农村观众需要什么——浙江电视台公共·新农村频道受众调查数据分析》，《中国广播电视学刊》2007年第8期。

② 陆地：《中国电视产业大解码》，《南方电视学刊》2006年第1期。

远不能满足需求。①

4. 收视率表现不尽如人意

核心竞争力的收视率指标主要包括栏目收视率、占有率、集中度、知名度、满意度以及忠诚度等方面。现有对农电视频道的收视效果呈现参差不齐的状况,有的对农电视频道在当地受众中取得较好的收视率与收视份额,但普遍来说收视率不尽如人意。根据央视索福瑞数据显示目前河北电视台农民频道在河北台七个频道中收视率位居第一,但浙江电视台公共·新农村频道则一度排在收视率的第40多位,吉林乡村卫视的收视率也曾不足一个点。河南电视台新农村频道《村长开汇》栏目是在省内影响较大的对农电视栏目之一,但在近年该台对部分农村家庭进行的调查发现,42.3%的农民观众不知道这个节目,"知道,但没看过"的占36.5%,看过的仅占21%,78.8%的调查对象不知道或没看过《村长开汇》,而这还是属于有较好品质和较大影响力的栏目,可见对农电视节目的传播效果还是很有限的。另外根据浙江电视台公共·新农村频道对浙江农村受众所做的调查显示,在浙江电视台9个专业频道中,有30.2%的农村受众将新农村频道列入心目中排名前3位的频道,40.3%的农村受众将它列入第4—6位,还有18.2%的农村受众将它列入后3位,这一方面说明公共·新农村专业频道在农村受众心目中的满意度还不高,另一方面也说明对农电视专业频道的传播还有相当提升的空间。

以上利用传媒核心力的指数对对农电视频道核心竞争力的现状进行了分析,可以认为对农电视频道普遍存在核心竞争力不强、竞争层次低下的问题,即价值创造能力低,既缺乏向农民目标受众提供优于其他频道并为农民受众所看重的"消费者剩余"价值的能力,也缺乏促进频道在降低成本、提高效率等方面都胜过竞争对手,为频道带来长期的经济效益和社会效益,使频道保持持续竞争优势的能力;独特性和难以模仿性差,节目产品质量不高而且同质化现象严重,大多数

---

① 李梅竹:《我国农村大众传播的现状分析》,《视听纵横》2003年第3期。

频道还没有形成难以被竞争对手复制和超越的特有的操作技巧、技术、技能和诀窍；可延展性差，盈利模式单一，既缺乏向非电视媒体市场领域的拓展，也缺乏向相关领域如农业领域的产业延伸，导致现有对农电视频道边界和规模普遍偏小，难以做强做大。总之，现有对农电视频道普遍缺乏强有力的核心竞争力的支撑。

四 对农电视专业人才缺乏

人力资源因素是传媒核心竞争力中唯一具有能动性的因素，其他的因素都必须经由人的实践才能发挥其应有的作用，因而人力资源也是传媒核心竞争力的主要影响因素，可以从数量和质量两个方面来衡量。根据对农电视频道的特点，主要从业务素质和道德素质两类来评价。

农村问题的特殊性和复杂性，往往需要记者具备更高的素质。第一，各地农村的经济形态不一样，或多种植，或重养殖，或偏畜牧，或多自留地，惯于精耕细作，或大多青壮年都外出打工，要求对农传播者对本地"三农"现状和农业生产本身都有一定程度的了解；第二，社情存在复杂性，即所谓"三弱"，"思想政治工作薄弱、农村集体经济薄弱、村级基层组织薄弱"，使长期依靠基层组织的对农传播活动要转变方式，增强信息渠道的自我构建能力；第三，农民现状呈现复杂性，即所谓"三变"，农民社会活动方式发生变化，农民思想观念发生变化，农民心理需求发生变化，要求对农传播者不断了解和适应农民发展变化的状态，采制出真正满足他们需求的电视产品。对农电视采访的特殊性和复杂性，对从业人员电视专业知识的深度，深入了解农村生产、生活的力度和工作作风的强度等方面都提出了更高的要求。

对农电视传播不但要传播重要的事实，还要赋予事实表面张力，要拉动农民受众需求而不能仅仅跟进受众需求，要与受众保持信息、智慧和判断上的"位差"，使媒体更有魅力，这需要对农传播者默会性知识的存量更高。对农电视频道编辑、记者的主要工作是对新近出现的信息进行专业化的收集、整理、加工和转换，他们的专业水准体现在四个层次上，即了解如何，知道怎样做，知道为什么，关心为什么。就前两个层次来说，主要是明示的知识，即通过教育和培训掌握比较基本的采写编评能力，以及将书本知识付诸实践，将信息转换为新闻作品的技能。后两个层次则主要是默会性知识，即必须在"干中学"的过程中获得的。因为编辑、记者每天面对的信息都是新的，而且每条信息的具体情况各异，在内容的处理上没有标准化的工作程式，只有自主的创造性劳动。默会性的知识是创新的源泉，只有融汇编辑、记者个人的新闻观、社会价值观、直觉和经验等，并经过长期的锻炼和积累，才能在新闻工作中不时激发创新的灵感。对农电视频道对编辑、记者的要求比对普通的电视工作者又更高，但我国目前还缺乏对既懂电视传播又懂得"三农"问题的复合型人才的培养，大部分现有的对农电视传播者也未接受过对农专业知识的正规系统培训，而农业问题的专业性、农村问题的复杂性，使这类显明性知识较之其他更具有深度和难度，如果不经过艰苦的积累，对农传播者的采访技能和专业素质难以有大的提高。

对农电视频道作为电视台创收能力相对薄弱的频道，一般在人员的素质和数量配备上也相对薄弱。"开办对农电视频道的一般做法是台里给几间办公室和设备，派几个'老人'作为频道的负责人和骨干，再从社会上招聘一批人，人员经费全靠自己到市场上去找。"① 以河北电视台农民频道为例，频道现有员工150余人，由正式、协议和临时人员构成，其中正式职工只有11名，协议和临时人员大部分都是从高校招聘的新闻、中文、电视编导专业的毕业生，平均年龄不到30岁，是一支很年轻的队伍。山东电视台农科频道、河南电视台新农村频道、浙江电视台公共·新农村频道每年招收的也多是新闻、中文专业学生。这样的人员结构有一定的优势，比如年轻、受过专业教育，但这种人员结构显然并不科学。从人员的自然结构来看表现为年龄的

---

① 杨明品、王雷：《对农电视专业频道建设的问题和对策》，《新闻战线》2007年第5期。

趋同，缺乏层次；从人员的知识结构来看过于集中，缺少多样性，特别是缺少农业、经济类的专业人才，即便有涉农专业的大学毕业生对电视手段的运用却又比较陌生，电视和农业两个相去甚远的专业要在从业者身上实现融合，还需要不断地打磨；从生活经历来看，目前在岗的这些中文、新闻及电视采编专业的高校毕业生大多没有农村生活经历，他们与农民、农村和农业有着天然的距离，在节目中也不自觉流露出隔阂和生疏感，即使有部分人出身农村，对"三农"的认识也还是比较表面化。

另外，越来越多的聘用制员工和临时工进入对农电视频道的制作队伍中，这些人一方面给节目制作带来了新的思路和气息，另一方面也给在岗人员带来竞争的压力和进取的动力。但是制作人员的多层次化也带来人员流动性的增加，对频道的统筹安排和稳步推进带来不利因素。各层次工作人员的政治素养、工作责任心乃至职业道德素养都不同，使人员管理复杂化。而且，不同层次的员工互相攀比，收入的差距可能破坏员工的积极性，影响团队的整体氛围。

对农电视传播的核心竞争力建立在多种人才形成合力的基础之上，即具备复合型的知识和能力，擅长管理和运筹的领军人物；通晓新闻规律，精通业务的采编人员；擅长市场调查分析及项目论证的策划创意及研究性人才；具有市场意识、擅长营销的经营人才。对农电视频道大都存在采编人员相对饱和，掌握新技术的高层次人才、懂得经营和管理的知识复合型人才缺乏等问题，特别缺乏了解农村市场、深通经营管理的复合型人才或者职业经理人。

五　对农电视频道探索媒体融合的困境

从政府的顶层设计到媒体机构的具体实践，媒体融合在我国已经成为最受瞩目的媒体转型路径。虽然传统媒体与新媒体的融合实践未取得突破性进展，但各级各类媒体的融合探索依然风起云涌，并形成了不同的融合模式。有人民日报"中央厨房式"式，主要着眼于媒体平台拓展，内容生产流程整合；有浙江日报集团式，主要侧重于进行资本运作和跨产权融合，特别是借助资本力量在数字娱乐与智慧服务等垂直领域发力；有项目合作式，北京电视台和360公司就是通过项目合作实现跨业态融合；还有交通台联盟，即同类媒体之间进行跨地域融合。①

对农电视频道现阶段的全媒体转型是希望达成数字媒体与传统媒体两种模式的优势互补，最终形成一个综合的信息传播和互动平台。在这个过程中，对农电视频道自身基本上都能坚守电视特长，服务基层的农民群众，在顺应时势的基础上保持优势。但对农电视频道的媒体融合表现还不够积极踊跃，有的仅仅将推进媒体融合当作一项政治任务来完成，有的基于对农电视频道自身发展和受众的特殊性，仍然将传统媒体作为主导和主体，尚未凸显新媒体在媒体融合中的核心地位和作用，也难以将新媒体的思维渗透至具体的业务层面。虽然存在"融合就是开设微博、微信和移动客户端"简单思路的已属少数，但不可否认，目前对农电视频道与新媒体的融合大多仍然还是采取"传统媒体＋N"的"增量改革"模式，即通过修补与加法的途径来推进媒体融合，将对农电视频道发展为频道加网站、客户端和几个微博微信账号。有的媒体领导仍然用管理传统媒体的思维与经验来管理新媒体，导致人为设限，条块分割，各个板块之间缺乏有效整合，内容生产不能互通，信息资源不能共享，人力、物力、财力也没有用于新媒体业务的应用和拓展，这些都导致对农电视频道的媒体融合实践路途遥遥。

媒体融合的逻辑起点在于受众的注意力转移，导致传统媒体的二元运营模式陷入困顿，生产与扩大再生产出现危机，传统媒体的传播力和影响力持续下降。② 媒体行业开始不断推进媒体融合的探索和试验，但是媒体融合不是"传播渠道的转台，也不是简单的数字化转场"，媒体融合并不能解决传统媒体的生存和发展问题，而是应该基

① 谢新洲：《我国媒体融合的困境与出路》，《新闻与写作》2017年第1期。
② 漆亚林：《逻辑·理念·模式：媒体融合的中国道路》，《中国报业》2017年第7期。

于互联网逻辑，形成新的内容生产理念和生产模式。[①] 当下有的对农电视频道有沦为互联网、微博和微信公众号平台"二传手"的趋势。[②] 大多数内容来自电视栏目的简单嫁接，有的仅仅是把一些整档节目进行了分割，使之适应新媒体平台的播放特点，体现出信息大而全，缺乏个性特色，信息复制严重等特点；采编的涉农信息准确性、实用性和权威性不足，信息更新缓慢等共同特点。新媒体是现代科技与传统媒体的嫁接，是辩证的融合，绝不是传统电视节目的直接挪移。数字化信息生产平台的内容生产应该是信息的专业生产、客户生产和用户生产的"三位一体"，也就是将专业新闻工作者在新型采编机制中借助信息技术手段生产的各种信息内容，广告客户所提供的关于产品、服务和企业的信息内容，以及媒体用户在专业人员导引下生产的个性化信息内容进行整合，从而生产出公众个人需要的个性化信息、企业需要的商业信息，解决新媒体开展综合服务所需要的海量信息的生产问题。但是现有大多数对农电视频道还是以依赖专业人员进行内容生产为主的模式，还未能借助高度共享性的数字化渠道和终端，实现更为开放、自由和便捷的海量信息整合、加工和传播。[③]

由于新媒体技术发展速度远远超越媒体业界的认知能力，学界也不能给予有针对性的指导，导致当前对农电视频道与新媒体的融合缺乏清晰的发展目标，再加上受现有媒体管理体制和机制的影响，对农电视频道多年深耕积累的"公信力"和"专业化"与新媒体粗糙的信息制作内容及快捷的传播速度和范围未有效融合，新媒体传播内容的浅层化还没有因为媒体融合而有所改观，传统对农电视频道在互联网的侵袭面前仍显得招架无力，防不胜防。[④]

---

① 陈刚：《数字逻辑与媒体融合》，《新闻大学》2016 年第 2 期。

② 刘贤政：《全媒体时代对农电视节目的创新与坚守》，《中国广播电视学刊》2014 年第 11 期，第 44 页。

③ 张咏华等著：《传媒巨轮如何转向》，南方日报出版社 2014 年第 1 版，第 140 页。

④ 周宇豪：《传统媒体与新媒体融合的现状与困境》，《青年记者》2014 年第 10 期。

第二章

制约对农电视频道核心竞争力形成的
原因及其培育的现实意义

　　媒介是一个复杂的组织和重要的社会机构，任何对媒介组织、媒介工作的理论性解释，都必须考虑在组织之间或组织外部不同的关系形式。"这些关系通常充满了主动的协调或交换，有时候也可以是冲突的。"① 对对农电视频道核心竞争力不强的现状，也要从其频道内部结构机制及其外部不同的关系形式寻找制约其形成的原因。丹尼斯·麦奎尔曾经揭示过作为社会机构的媒介组织在社会系统中的几种主要联系，他认为，媒介本身处于中心，包括管理功能、专业人员和技术方面；处于中间层次的是电视受众、信息源（事件＋不断的信息和文化供应）、市场因素、法律政治控制等因素；处于外层的是社会、政治、经济的压力。② "媒介与各种不同的经济、社会和政治组织、并和整个社会里发生的事件及观众产生相互作用。"③ 因此媒介组织与各种社会力量的关系主要包括与社会的关系，与媒介所有人、顾客以及赞助商之间的关系，与压力团体的关系，媒介组织内部的关系，与受众的关系等。

---

　　① ［英］丹尼斯·麦奎尔，《麦奎尔大众传播理论》，崔保国等译，清华大学出版社 2006 年版，第 206 页。

　　② 同上，第 207 页。

　　③ ［美］斯蒂文·小约翰：《传播理论》，陈德民等译，中国社会科学出版社 1999 年版，第 584 页。

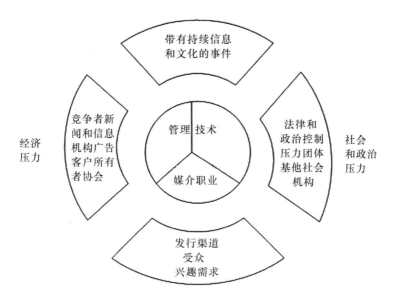

社会力量范畴中的媒介组织

根据这几种主要的媒介联系分析制约对农电视频道核心竞争力的外在原因，首先在于城乡二元意识形态的长期影响形成的二元经济发展和社会结构，导致农村经济水平的低下，农村传媒和信息资源配置的缺乏，对农传播的边缘化状态，影响了对农电视频道生产能力的壮大。传输覆盖的制约，限制了对农电视频道媒介功能的发挥。传媒体制性障碍是造成对农电视频道经营存在瓶颈，生存处境尴尬以及产生公益性和商业性矛盾的重要原因。传统的经营管理机制缺乏创新、领导素质和意识及员工的倾向性、各种技术性原因则是制约对农电视频道核心竞争力形成的内在原因。

第一节　制约对农电视频道核心竞争力形成的外在原因

一　城乡二元意识形态的长期影响

"城乡分治，一国两策"的二元结构，是导致我国"三农"问题的症结所在，这一点已经成为社会共识。城乡二元结构不仅体现在经济发展和社会结构上，在传媒和信息资源的配置上同样是不平等的，广大农村无论是在基础设施、信息享有还是传播等方面都与城市有较大的差距。对农民的轻视最早可以追溯到先秦时期以来儒家的名义重农、实则轻农的意识。在中国传统社会，社会主体价值观念的形成并不完全取决于社会治理结构和主导的上层意识形态，而主要取决于社会经济基础，即生产力发展水平和物质生活条件，长期处于经济基础底层的农民受到轻视正是这一逻辑的结果。20 世纪 50 年代形成并延续至今的城乡分割二元社会结构，更强化了我国传统文化和社会心理层面对农民、农村和农业生产的轻视。这种以农补工、以乡养城，城乡有别的二元结构体制在事实上形成了城市和乡村的隔绝与隔阂，如通过农村对城市发展资金的输入等方式形成城乡经济上的巨大反差，农民长时期处于低消费、低收入状态；农村卫生、文化、教育、体育等社会事业发展严重滞后；在政治上农民的参政、议政权和民主意识表达权都受到限制，最终导致农民对自身话语权缺失的无意识。布尔迪厄场域理论认为，经济资本对其他资本有明显的决定作用，其他资本的拥有量又会反过来影响到经济资本的占有，彼此间能够相互转化。农民在经济资本占有的劣势，导致他们在文化资本和权力资本方面的劣势，这种劣势地位同时又强化着他们在经济资本占据方面的劣势状态。①

改革开放以来，农村人口大量涌入城市谋生，国家政策也给他们提供了稍微自由的活动空间，但城乡二元结构并未因此逐步消失，城乡差距反而越拉越大。这和中国社会特殊的户籍制度，农民自身人力资本和社会资本的限制，农民和市民不平等的生存成本、生存机会，不同的关系网络构成的潜在的城乡二元结构等因素有重要的关系。到 20 世纪 90 年代中期以来，我国社会阶层逐渐分化成掌握

---

① 李升科、叶凤英：《公共经济学视野下对农电视传播的公共性特征分析》，《现代传播》2007 年第 5 期。

政治、经济和文化资本的精英联盟，以及以贫困农民为主体的为数众多的弱势群体。构成强势群体的主要有三个组成部分：政治精英、经济精英和知识精英，社会的主要资源和财富逐渐向这一群体集中。这种集中还包括通过本群体强大的话语形成能力影响社会公共舆论，进而形成自己的话语强势，并最终将本群体的话语体系树立为整个社会的主流话语。葛兰西的"霸权"理论认为，大众传播媒介总是倾向于霸权结构，即倾向建构有利于强势群体的社会现实，以维系和巩固现有的体系。当社会阶层出现新的分化以后，媒介又会为了要适应这种变化进行调整，为自己的生存与发展寻求稳固的社会基础。这是意识形态规定的内在本质所决定的。在这种情况下，为占有大量的社会、文化及技术资源的强势集团的利益代言，就成为媒介的必然选择。各种权利精英、文化精英、经济精英等成为大众传媒的主要定位人群正是这一逻辑的现实选择，或者至少也是学历在高中或大专以上的具有一定购买力的城市受众。电视节目特别是广告竭力从实践、观念、情感、思想等方面满足有相当购买实力阶层的要求[1]，而以农民为主体的弱势群体往往在成本高昂的公民权和严重缩水的公民权利面前止步，他们在整个资源分配和利用的歧视面前也成为话语上的弱势群体。[2]

经济发展水平决定了媒体所需资源的丰裕程度、配置资源的效率、价值补偿的力度和价值增值的空间，决定了媒体市场化发展必需的广告市场和受众市场的规模，其影响渗透到媒体发展的每一个环节。[3]城乡二元结构导致的农村经济发展水平低下从根本上导致农村大众传播日渐处于边缘化的状态。作为传播中的弱势群体，占中国人口大多数的农村受众缺乏接近媒介的条件和能力，缺乏发出自己声音的话语权，缺乏参与传播活动的机会和手段，也缺乏与自身利益相关的各种

---

①　戴元光：《社会转型与传播理论创新》，上海三联书店 2008 年版，第 275 页。
②　程世寿、胡继明：《新闻社会学概论》，新华出版社 1997 年版，第 1 页。
③　赵星耀：《中国西北欠发达地区报业市场化发展研究》，华中科技大学出版社 2009 年版，第 179 页。

信息，这种缺乏使城乡之间的信息鸿沟日益扩大。① 社会阶层研究认为，不同阶层结构形成连续不断的阶层序列，这个序列阶梯越往下，阶层所占有的传播活动的资源、民主、权力和尊重也会逐层递减。② 这种鸿沟反过来不仅对信息传播，同时还对政治、经济、文化等各方面的发展产生反作用。这种鸿沟进一步扩大了不同经济地位的受众阶层间的距离，也对对农电视频道这样大众媒体的发展带来很大的负面影响。尽管政府通过宏观调控努力营造将农村提升到与城市同样中心地位的传播氛围，但是在一段时期内，以"城市为中心"的传播现状还很难改变，对农电视频道也还难以获得迅速的发展。农村传媒和信息资源配置的缺乏，对农传播的边缘化状态，影响了对农电视频道生产经营能力的壮大。

二　传媒体制性障碍

传媒体制影响着对农电视频道的发展。体制主要指国家机关、企事业单位等在机构设置、管理权限划分等方面的制度和形式的总称，包括政治体制、经济体制等。广电行业的体制是由国家政府部门确定的，按照一定的社会原则而设立的规范体系，包括广播电视所有权、经营权以及管理权等多个内容。广播电视体制为事业的发展提供了制度框架，直接影响到广电业的发展。体制的改革可以说是广播电视业改革的关键。

电视是个高投入、高消耗的行业，当前政府财政对电视媒体的政策已经从"全额拨款""差额补贴"过渡到"自收自支"，除了少数地区还能享受到维持职工基本工资的"全额拨款"，其他媒体都需要通过广告等方式来"自收自支"。我国媒体目前实行的是"事业单位企业化管理"的模式，即媒介一方面为国家所有，是事业性质，另一方面媒介又要按照企业的管理方式在市场中经营，获取利润。这种双

---

① 段京肃：《社会的阶层分化与媒介的控制权和使用权》，《厦门大学学报》（哲学社会科学版）2004 年第 1 期。

② 赵丽芳：《放弃与干预——对农村传播问题的思考》，《新闻大学》2006 年第 2 期。

轨制的体制，产生了许多矛盾。主要表现为事业单位法人建制的不以营利为目的的法人属性和媒体改革的产业化取向发生冲突，限制了媒体参与市场经营的主体地位。另外，由于媒体的意识形态特殊性，国家对媒体市场化后宣传舆论控制权减弱的担忧，导致的党政不分、政事不分的痼疾成了媒体历次改革中难以消解的弊端。《关于促进广播影视产业发展的意见》中强调指出："广播影视的体制机制问题，已经成为广播影视产业发展的主要障碍。"

对农电视是一种"公共性"较高的准公共文化产品，它承担着引导农村消费，加强农村舆论引导，促进农村经济交流，提高农民政治素养，提供城乡交流平台等重要使命，本该由国家投入资金运营，由各级政府加强资金和政策扶持，要求政府对本行政辖区无偿解决频道落地和覆盖问题。但是在当前我国电视传媒体制"事业单位企业化运营"的体制下，政府管理部门对电视传媒的经营性产品和公共服务类产品并没有进行明确区分，这种管办不分、所有权与使用权合一的体制也缺乏对频率、频道栏目性质的界定和分类依据，出于追求经济利益和发展的需要，对农电视频道仍然要和其他频道一样，"自觉不自觉地用社会赋予的巨大资源，遵守利润逻辑寻求并追逐自身利益的最大化"。①

在以追求经济利益为核心诉求的影响下，电视媒体经营过度依赖于广告收入，依赖于"销售受众"，因此广告客户的需求和意愿以及收视率成为主要经营理念。② 对以农民受众为主要对象的对农电视频道来说，由于其受众对象经济收入和消费能力的普遍偏低，很难被广告客户定位为主要的目标消费群，导致广告投放的困难，至少其创收能力和市场收益是明显无法和城市频道相抗衡的。因为难以获得较好的经济效益，而又需要付出相当的投入，电视媒体普遍不愿意开设对农电视频道或栏目，即便开设了，也难以给予高度重视。市场经济改

---

① 李升科：《权贵化取向：对农电视节目萎缩的心理症结》，《现代传播》2006 年第 1 期。

② 李岭涛、姚远：《让农民看什么——我国对农电视市场供给状况分析》，《中国广播电视学刊》2010 年第 12 期。

革下营利的动力在一定程度上超过了公共服务非营利的目标，造成了对农电视频道的公益性与商业性之间的矛盾。

中国电视台的设置和频道资源配置的显著特点，是以行政权力为中心的计划分配制。这种资源配置方式，根据电视台所隶属的行政机关及其辖区权力的大小，明确了它的相似行政等级，并以此限定了电视台的政治和文化身份、社会地位以及拥有频道资源的价值、传播职能与市场范围，规定了电视台的生存与发展条件，其制作资源，包括经济资源、节目资源和受众资源等只能在一定范围内通过"市场"竞争去获取，但这种市场并不是社会化的市场，而是相对封闭的内部市场。这种资源配置体制凸显出小型分散、自收自支、政事合一和粗放管理四大特点，并引发无数负效应。在这样的体制条件下中国的各级广播电视媒体都难以"做大做强"，特别是广播电视产业发展不足，由此导致公共服务水平不高，即一方面传输覆盖的普遍服务特别是便利性和可及性不足，公共服务类节目难以满足国民需求，尤其在难以针对不同地区、不同人群的需求提供多样化的服务方面；另一方面，产业发展主体创新能力不足，实力不足，难以承担普遍服务的义务。公共服务社会支撑的乏力，导致对政府投入的过度依赖，而政府投入的不确定性、不到位和约束性政策刚性不足，又导致目前广播电视公共产品的供给普遍存在滞后或短缺现象。①

在"中央、省、市"三级金字塔格局中，对农电视频道存在资源差别很大，宣传功能强弱悬殊的问题。地市级以下的对农电视频道接近基层，具有地域性、接近性以及在本地农民观众中先天的认同感、亲切感和服务上的对应性，拥有大量的"三农"节目资源，但是却因为缺乏充足的资金和人才而无力做大做强。中央台和省级台的对农电视频道拥有足够的实力，但是在对基层资源的利用和贴近性等方面却多少显然有些无能为力。中国历时30年的媒介市场化仍然没有打破媒

---

① 杨明品、李江玲：《中国广播电视公共服务理论几个基本命题探析》，《中国广播电视学刊》2011年第1期。

介行政区域化的格局，媒介仍然无法按照市场规律进行跨地域的兼并和整合。这种状况充分体现了 Havery 所称的"领土逻辑"（the logic of territory）和"资本逻辑"（logic of capital）之间的矛盾。[①] 条块分割的宏观管理体制以及与此相对应的利益格局造成的行政壁垒限制，形成对有限的电视资源的"封建式"分割，在这样的体制条件下中国的各级电视媒体都难以"做大做强"，[②] 更难以形成核心竞争力。

三　传输覆盖的制约

中国广播电视公共服务的发展，经历了计划经济体制下的政府全额财政拨款的包办模式、双轨制模式下的广播电视产业功能与公共服务功能失衡阶段，到 2003 年我国推行文化体制改革，广播电视等文化业开始沿着公益性事业和经营性产业分类发展的方向开始改革和创新，广播电视公共服务的理念逐渐明朗化。在这个过程中，从 20 世纪 90 年代末启动的广播电视"村村通"工程、"西新"工程等建设公共服务体系的探索，由于契合了中国现阶段公共服务型政府的构建目标，得到了政府的大力推动。

虽然"村村通""西新"工程等措施大大改善了农村地区的覆盖范围和效果，但是农村地区收看到的频道数仍然相对有限。根据国务院发展研究中心农村部"农民与传媒"课题组的调查显示，农村地区平均能够收看到 8 个电视台的节目，其中东部平均收到的台数为 9.42，西部为 8.76，中部为 7.25，这些节目一般为中央一套、本省卫视及本地市台等几套节目，对农电视频道和节目的入户率很低。我国对农电视频道大部分通过有线网传输，部分辅之以无线发射。[③]

当前大部分对农电视频道主要通有线传输进入农村受众市场，准确说是进入县、镇等有线信号能到达的地方，也就是大部分受众其实

①　David Harvey, "The new imperialism", London: Oxford University Press, 2003, pp. 26 – 27.
②　施玉景:《新时期电视媒体与"三农"宣传》,《新闻爱好者》2009 年第 10 期。
③　赵树凯:　《农民对于科技服务的需求》, 国务院发展研究中心网站（http://www.drc.gov.cn/zjsd/20000821/4 – 4 – 2865347.htm）, 2000 年 12 月 27 日。

是城镇居民。而且有线传输与地区经济发展水平有极大关系。如山东电视台农科频道，目前的有线覆盖虽已经达到了80%左右，但大多覆盖的是城区，在烟台、青岛等中心城市及县城以外的广大农村，节目却难以落地。陕西电视台农林科技频道虽然是卫星传输，但却只能在北京、天津、陕西、河北等十省市区的中小城市和农村地区落地。即便是在节目已经落地的地方，也因为农村有线电视的覆盖率低，导致很多农民无法看到。① 在有线网络比较发达的地区，对农电视频道在农村地区的覆盖也有盲点。以吉林、山东、河北三个省级对农电视频道信号的农村覆盖情况可知，处于中等经济条件的村庄是对农电视频道最大的收视盲点所在。经济条件好的村庄有线入户率不会比城市低很多，接收对农电视频道不存在太大问题，过于偏远的村子可通过"村村通"工程解决接收问题。但对经济发展水平处中间地位的村庄来说，有线电视信号虽然通到了村里，可好几百元的初装费却让多数农户望"线"兴叹，而在已经接通了有线电视的农村家庭中，因为交不起每年100多元的收视费而恢复为无线收看的人也大有人在。有线信号与农户间最后的十几米成了难以逾越的鸿沟。② 根据莱阳农学院对青岛农村受众接触电视媒介的状况显示，在选择能否清晰地收到山东电视台农科频道的问题时，348人选择收到，占受访者总人数的54.8%，268人选择了不能收到，占42.2%。经过实地走访，发现大部分收看不到的人是因为没有装有线电视，认为有线的初装费、每月的收视费等太高。他们期待有线的价格能够降下来，还有少数的农村受访者希望能免费为他们安装。③ 最后，即便是有的电视台覆盖做得比较好，但是内容并没有完全落地，潜在观众难以转化成现实观众，也制约了市场的发展和规模。

---

① 杨明品、王雷:《对农电视专业频道建设的问题和对策》,《新闻战线》2007年第5期。

② 薛涛、方晓红:《电视媒介服务三农的途径及对策》,《新闻与传播评论》2007年第12期。

③ 赵晓春、李艳英等:《青岛地区:电视传播在社会主义新农村建设中作用的调查报告(上)》,《新闻界》2006年第6期。

就无线信号发射来说，其成本是相当高的。因为每个被发射的频道至少需一台发射机，而每台发射机的成本加一年的维护费就接近20万元，这还只能满足一个县的需求。因此对省级对农电视频道来说，通过无线发射方式来解决全省范围内农户的信号覆盖，所需的投入是相当高昂的。另外，无线发射容易受发射功率、地形、天气等因素的影响，电视信号质量不稳定，严重影响收视效果。特别是农村地域广阔，覆盖难度很大，每提高1个百分点的电视人口覆盖率，投入就相当大，因此长期以来，农村电视基础设施薄弱，投入普遍不足，发射台转播台设备陈旧、老化，专业技术缺乏等问题相当严重。以河南电视台新农村频道为例，其无线覆盖的地区涉及河南17个地级市、50个市辖区、21个县级市和88个县，但无线覆盖点仅有三个，周口黄泛区、焦作博爱等农村地区还无法收到新农村频道信号。[1]

有了专门的对农电视频道，对农民观众的服务只完成了一半，另一半就是信号覆盖问题。如果信息没有覆盖，或者节目不能落地，那么再好的节目也是没有意义的，覆盖问题正是导致当前对农电视频道核心竞争力缺失的技术性障碍。当前数字技术迅猛发展，与传统信息技术相比，数字技术优势更加明显，能够替代模拟无线发射技术在广播电视无线传输中的应用。它不但能使广电无线覆盖信号的传输成本大幅降低，而且覆盖范围更大，信号更强，节目质量更高。特别是在村村通工程的应用中，数字技术的优势格外彰显，因此当前要通过强化对覆盖点信号的全面测量，做好无线直放站和移频站的选择，合理设置接收和发射频率，对独立用户设置简易的信号接收方式，合理处理无线信号传输损耗等方式，千方百计促进数字技术在农村广播电视无线覆盖中的有效应用。在数字卫星技术的支持下，无线数字电视覆盖技术是对农村用户最理想的方式，但如果受资金、管理等的限制，也可以选择有线电视数字化整体转换的方式，形成数字化整体平移的

---

① 李熠：《试论当前对农专业频道的问题与发展对策研究》，硕士学位论文，郑州大学，2010年，第6页。

网络类型。当然，为保证村村通工程的长效性与优质性，还需要形成完善的管理制度，组建专门的监督部门，设置专业的技术人员进行日常维护与检测检修工作，从根本上真正实现"村村通"工程的价值。①

四　互联网普及率和新媒体使用成本的影响

对农电视频道在新媒体环境下的传播效果与新媒体自身在农村的发展有很大关系。据第 36 次《中国互联网络发展状况统计报告》统计，城镇地区与农村地区的互联网普及率分别为 64.2%、30.1%，相差 34.1 个百分点。城乡互联网普及率差异有逐步扩大的趋势。造成这种差距的原因，表面上在于城镇化进程在一定程度上掩盖了农村互联网普及推进工作的成果，根本原因则是地区经济发展不平衡造成城乡数字鸿沟。另外，在人口结构方面，10—40 岁人群中，农村地区的互联网普及率比城镇地区低 15—27 个百分点，这部分人群互联网普及的难度相对较低，将来可转化的空间较大。

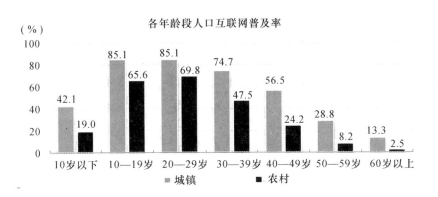

各年龄段人口互联网普及率

中国网民城乡结构

资料来源：CNNC 中国互联网络发展状况调查。

互联网普及率直接影响到农村网民的数量，新媒体使用成本相对

---

① 张秀聪：《数字技术在农村广播电视无线覆盖中的应用》，《通讯世界》2017 年第 5 期。

较高也影响到新媒体在对农传播中的应用。新媒体使用成本一方面表现在购买电脑、手机等硬件成本，另一方面是网络使用费、话费等服务成本，这两样支出加起来是一笔不小的消费。截至 2016 年 6 月，我国网民中农村网民占比 26.9%，规模为 1.91 亿，城镇网民占比 73.1%，规模为 5.19 亿，较 2015 年年底增加 2571 万人，增幅为 5.2%。① 可见城镇网民仍然处于绝对优势，农村网民的增长速度显然不尽如人意。而且在整体网民规模增幅逐年收窄、城市化率稳步提高的背景下，农村非网民的转化难度也随之加大，未来将需要进一步的政策和市场激励，才能推动农村网民的规模增长。

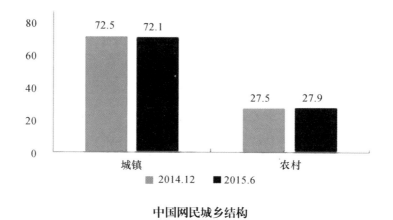

中国网民城乡结构

资料来源：CNNC 中国互联网络发展状况调查。

除了对农电视频道创办的各类网站、微博与微信公众号，各级政府部门和企业还创办有三类农业网站，比如由政府农业部门主办的公益性农业信息网，如中国农经信息网站；由企业主办以营利为目的的农业网站，如中国农产品信息网站；还有一类是由政府补贴企业营运

① 中国互联网络信息中心（CNNIC）：第 38 次《中国互联网络发展状况统计报告》2016 年版，第 8—10 页。

一类网站，如武汉农村综合产权交易所网站。到 2014 年年底，全国涉农网站已达 4 万多家，农产品电子商务年交易额已超过 500 亿元。[①] 但是因为受到互联网普及率、新媒体使用成本等因素的制约，和对农电视频道的网站一样，农民对这些网站的利用率并不高。伴随着农村互联网普及率的提升，互联网在农村网民生产、生活、娱乐中的重要性已逐步体现，但这并不意味着这部分网民对农业网站、对农电视频道的微博、微信公众号有很强的依赖性。比如对农电视频道微博粉丝数量都不多，陕西农林卫视粉丝数为 4899 人，浙江电视台公共·新闻频道也只有 4068 人，而且这些用户还包括一部分的非农村用户，伴随着微博的式微，其粉丝数量和影响作用更受到限制。对大多数农村网民来说，互联网还未从单纯的娱乐工具转变为生活服务平台，这些都影响了对农电视媒体开辟的各类新媒介载体的传播效果。

第二节 制约对农电视频道核心
竞争力形成的内在原因

一 受众定位不明晰

20 世纪 70 年代，美国营销大师 A. 里斯和 J. 屈特提出市场定位思想，他们认为，企业应根据消费者对某种产品属性的重视程度，给产品确定一定的市场地位，即为产品制造一定的特色，树立一定的形象，以满足消费者的某种需求和偏好。新闻媒介的定位，是借鉴市场营销学中的"市场定位"理论生发出的概念。媒介定位的具体内涵包括角色定位、受众定位、内容定位以及竞争定位。其中角色定位是根本，受众定位是核心，内容定位是关键，竞争定位是新引入的概念，旨在确定媒介在市场中与竞争对手相对位置的一项定位。

中国农业人口众多，他们不仅是各个企业抢夺的市场，也将是电

---

① 《4 万多家涉农网站年交易额超 500 亿元》，发对网（http://www.faddi.com/news/show/127/），2014 年 10 月 28 日。

视媒体最后发展的区域。作为一种分众化频道，对农电视频道将自己的受众定位为农民，认为这已经做到了分众化和专业化，但这个受众定位显然过于空泛和简单，没有考虑到中国农村受众自身的复杂性和农村与城市受众的交叉性。从农民受众内部分层的复杂性来看，呈现出农村地区"受众的地域差异问题""受众层次差异问题""受众需求差异问题"① 等。地域差异表现为我国东西部农村经济、社会和文化发展水平的不同，使不同的农村受众在接触电视的目的、接收和反馈信息的内容及质量等方面产生巨大的差异，比如经济较发达地区的农民更关注有关政策法规类和市场类信息；而欠发达地区的农民则比较偏爱实用技术类信息，然后才是市场类信息。经济发展水平和市场化程度的高低，影响农民对市场和生产的不同关注度。受众层次差异表现为中国农村社会已分化出乡镇企业从业者、外出打工者、商业服务人员和农业劳动者等不同的社会群体，他们的收视需求、收视心理和收视习惯各不相同，如农村知识群体与农村管理者偏向于观看"三农"新闻节目和市场信息服务节目，农村农业个体劳动者更偏向于观看就业培训、指导类节目和技术指导类节目等，但是各类农民群体都比较喜欢观看娱乐类节目，并且分化为喜欢农村形式的娱乐节目和城市形式的娱乐节目。② 受众需求差异则表现为年龄、性别、文化程度、经济收入等因素都可能造成对电视传播信息需求的不同。中国农村受众群分化最终导致电视受众需求的差异和复杂问题，但目前对农电视频道显然对农村受众的具体需求状况和差别缺乏清晰的认识，也缺乏对农民受众的需求分析和具体应对策略。③

从农村与城市受众的交叉性来看，对农电视频道的信号覆盖多以有线为主，能收看的人群大多是城市人群或至少是城镇人群，还有相

① 谢咏才、李红艳：《中国乡村传播学》，知识产权出版社 2005 年版，第 144、146、147、148 页。

② 项仲平、杜海琼：《论对农电视节目存在的问题与创新对策》，《中国广播电视学刊》2009 年第 10 期。

③ 哈艳秋、韩怀军：《探索农村广播影视服务的长效机制——2005 中国广播影视农村服务年研究》，《现代传播》2006 年第 2 期。

当比例从农村到城市工作生活的受众，部分有求知欲强、渴望开阔视野的城市受众对对农节目也会有一定的关注，这使对农电视频道的节目生产或多或少产生一定的倾向性，试图兼顾农村和城市受众的不同需求。另外，对农电视频道的节目生产也不意味着只有对"三农"的关注，因为农民也有关注城市生活的欲望，对"三农"和城市报道之间的度如何根据频道的实际情况进行把握也不是件容易的事情。最后，从对农电视频道的公益性目标来说，对农电视频道应注重服务的普遍性，传播对象应涵盖不同年龄、文化、职业和收入层次的农村人群，但对每个专业频道自身来说都有核心受众、边缘受众和潜在受众之分，现有的对农村频道都还未做出这样的细分。总的来说，当前的对农电视频道其实受众定位很不明晰，也缺乏对农村受众市场有意识的开拓，往往使频道发展陷入迷茫和困惑。

二　领导意识与员工的趋向性

长期以来，中国传媒沿用的是传统的管理模式。我国的媒介属于党办占主导的公有性质，这决定了它采用"政府领导制"的模式[1]，各级党委是新闻媒介的最高决策机关。电视台内部采取台长负责制，台长主要由新闻主管部门直接任免，在台长领导下，采编、经营、行政事务分工明确。这种体制下，传媒管理者的身份是一级官员，带有浓重的"官本位"色彩。对电视台领导来说，德、能、勤、绩、廉量化评价仍然是衡量其政绩的标准，他们所受到的约束既有来自市场的压力，也有来自上级行政部门的制约。这种考核制度决定了电视台领导的政绩观，一方面要多出政绩、快出政绩，另一方面又要征战市场、赢得受众，求得媒体的发展壮大。这导致电视台领导缺少长远统筹的谋划，往往把更多的目光放在那些能带来显性政绩和显著效益的节目和频道上，有意无意忽视那些带来隐性政绩的内容。

对农电视频道是公共服务体系重要的组成部分，具有公共性和公

---

① 李良荣：《新闻学导论》，高等教育出版社 1999 年版，第 184 页。

益性。对农电视传播直接关系到国家的稳定与发展，具有很高的社会效益，但农民属于弱势群体，对农电视传播至少在短期内还不能期望从它的主要服务对象那里获得较高的经济回报，中国农业的产业缺陷和农民职业缺陷必然导致对农电视频道需要政府支持，即具有强烈正外部性。① 当前国家对对农电视传播的扶持主要体现在满足覆盖方面，在内容层面和经营层面并没有太多的优惠政策和具体措施，因此对农电视频道的发展还是要靠自身的经营与培育。相比较其他的专业化频道来说，对农电视频道具有投入更大、产品生产和经营更复杂艰巨、效益前景更不明朗等特点，电视台领导对对农电视频道的认识水平以及利害诉求，致使他们在面对这一频道时有更多的顾虑，迟迟难以迈开步伐。例如，随着荆州电视台垄上频道的成功实践，湖北广电局在全省大力推广垄上行品牌，要求全省各地市州电视台都开办以"垄上"命名的对农电视栏目，有条件的发展为频道。经过近半年的推广，全省已有 13 家地市州电视台开办了对农栏目，但真正有质量的仅有三四家，其他的质量都有待提高。② 这些电视台一方面表现出对上级命令行政干预的表面迎合；另一方面则显示出对对农电视传播内在的轻视和抵触。河南电视台新农村频道开播以来频道名称变换过多次，从"农业频道"到"新农村频道"再到"责任频道"的定位，主打的对农新闻节目也由《乡土天天报》更改为现在的《新闻第一线》，都是在逐渐模糊"农"的概念。一方面即迫于上级行政部门的要求和建议开设了对农电视频道；另一方面收视率的低迷、经济效益的低下导致领导及决策层试图淡化削弱意欲退出农村市场。频道设置和栏目设置的随意性根源于领导对利害诉求的权衡和把握，而不是科学有据长期稳定的指导方针。

在现有已经开办的省级对农电视频道中，大多数电视台也没有对频道给予更多特殊优惠政策，而是将其与影视频道、都市频道以及娱

---

① 吴克宇：《电视媒介经济学》，华夏出版社 2004 年版，第 65 页。
② 《全省〈垄上行〉品牌战略推广领导讲话稿》，http://bbs.cnhubei.com/forum.phpmod = viewthread&tid = 1786766&extra = %26page%3D1，2010 年 4 月 7 日。

乐节目同台竞技，争夺受众。以山东电视台农科频道为例，其靠频道对农节目创收的部分本来就不高，大约只占频道创收总额的 1/8。但是尽管经营创收困难，每年上缴台里的比例仍然逐年增加，现在已高达 60%。① 这就迫使频道往往将创收的目光投向其他有良好预期收视的非农节目，或者将黄金时间让位给能拉动收视率的电视剧等娱乐节目，限制了对农电视频道栏目的生产能力，导致对农电视频道的整体发展与其定位及核心价值观错位。

对频道内部员工来说，则存在着制作主体的身份认同危机与角色冲突。一方面，媒介从业者是拥有话语权的人，在文化身份认同上，他们将自己视为精英，负有一定的社会启蒙和社会关怀义务，但是他们对"三农"问题的理解通常只停留于政策层面，在实践中往往回避应当承担的社会责任，在行动中表现出对对农传播的漠视。另一方面，大部分对农电视频道成立的时间都不长，人员构成呈现明显的多层次化，除了一部分员工是在岗的正式职工，越来越多的聘用制员工和临时工进入频道的制作队伍中。这部分人员自身往往也是居无定所的阶层，体制改革不会给他们带来较大的增收空间，他们很容易将自己视为无权势的普通百姓，不认为应该或者能够担负社会责任，表现为在现实中往往毫不反抗地服从于市场逻辑和官方意志②，导致对对农传播公共服务的意识不强，对节目创作缺乏热情。表现为在节目中表层报道多、深入调查少；跑会议多，下到田间地头少；跑富裕户和能人的报道多，为普通农户特别是困难农户的报道少。这种表现也为对农传播者默会性知识的积累增加了难度，长此以往，很难产生出真正受农民欢迎的电视节目，限制了对农电视频道的内容创新和节目创新，对农电视工作者的素质也很难提高。另外，对于大多数对农电视频道来说，其从业者往往要接受高付出与低经济效益甚至无经济效益的悖论性存在，在和其他频道员工的互相攀比中，其收入的差距更可能破

---

① 杨明品、王雷：《对农电视专业频道建设的问题和对策》，《新闻战线》2007 年第 5 期。

② 戴元光：《社会转型与传播理论创新》，上海三联书店 2008 年版，第 275 页。

坏员工的积极性，影响团队的整体氛围，最终的结果必然是导致创作队伍的不稳定，继而影响对农节目的质量，对农电视频道核心竞争力也难以提升。

三　经营管理机制缺乏创新

中国传媒经营体制改革在宏观上表现为国家对媒介产权关系的约定、管理方式和手段等方面的变革，在微观上则表现为媒介内部权责关系、组织结构、业务流程和资源配置等运营管理机制的创新。媒介的经营管理机制是媒体在运营过程中所依赖的各环节内部以及各环节之间的工作方式的总和。丁和根将媒体的经营管理机制分为运行机制、激励机制和约束机制三个部分。[①] 虽然中国传媒经营管理机制不断在进行改革与创新，但是曾经沿用多年的计划经济下过于机关化的电视事业管理机制仍然带来许多弊端，导致今天对农电视频道经营管理机制也存在许多问题。

运行机制包括决策机制、领导机制、组织机制、调控机制及它们的相互关系等。现有对农电视频道的决策机构一般是台委会，决策主体是台长或者频道总监，他们对频道的生产经营活动和重大决策拥有最终的决定权。台长或频道实行委任制，缺少科学的选拔程序和方法，造成管理者"偏科"现象突出，即只重视或者只懂得业务和经营中的某一块，以及经营管理人才流动机制僵化、管理者职业理念贫乏、职业化程度低等问题。经营主体的单一化和非专业化，缺少科学的决策程序，容易导致频道的决策失误，而一旦出现失误，媒体所有者缺位造成的产权制约关系的失效却使管理者不必承担相应的风险，这使对农电视频道的整体运行效率下降。

一切制度的制定、实施和监督都必须靠人才进行，人的认知和行为在深层次上决定了制度绩效的高低，因此对人的激励是提高一种制度绩效的根本动因。激励机制一方面反映了个人工作努力程度和报酬

---

① 丁和根：《中国传媒制度绩效研究》，南方日报出版社2007年版，第141页。

的关系；另一方面反映了个人目标与社会目标的关系，是提高生产和管理效率的重要环节。对农电视频道的激励机制普遍不完善。社会招聘是当前对农电视频道基本的人才选用方式，河北电视台农民频道由正式、协议和临时人员构成，在总共150人的记者队伍中，实习生占了绝大多数，因为欠缺富有经验的记者做指导，实习生的实习和采访很大程度上靠自我摸索。河南电视台新农村频道则实行全员聘用上岗制，但是这个全员还是有体制内身份与体制外身份的区别，只是一种表面上的全部聘用制，这就不可避免地存在着新人旧人或是体制内人与体制外人选用任免、绩效考核标准上的差异。这种机制导致对农电视频道的生产者和经营者个人努力与报酬所得、个人目标与社会目标等方面的脱节，频道从业者的奋斗动力不足，职业认同感、成就感和幸福感指数普遍不高，从而消解了频道发展的动力。

完善的经营约束机制，能将利益与风险、权力与责任、激励与约束统一起来。法律和政策约束可以防止传媒的无序扩张、恶性竞争和短期行为，利益约束可以形成媒体各利益主体之间的相互制约关系，市场约束则因其诸要素综合作用而对媒体经营行为产生制约机能，预算约束对广电行业来说更是意义重大。广电行业是高消耗、大投入的产业，但是由于我国长期以来广电行业的事业单位性质，从业者重宣传轻经营的意识较强，在成本控制、资产管理等方面仍然延续着计划经济时代的许多做法，如不计成本，不顾投入，造成了成本核算的意识淡薄、成本管理内容简单以及成本管理方式老化等问题，尚未形成成熟的成本核算方法和管理制度。当前对农电视频道的成本意识还相对薄弱，比如其采编人员普遍不太关心节目经费从何处来，制作节目占用台里的机器、设备、车辆、资金等一切有形和无形资产，尚未计入节目成本核算等，导致对农电视频道一方面面临着制作资金日益紧张和制作成本日渐提高的困境，另一方面则存在着重复投入和制作经费浪费的状况。缺乏有效的预算约束等机制，不但导致国家负担的加重，也降低对农电视频道进入市场的竞争能力。

四　节目制作能力滞后

我国电视媒介内容生产落后，电视内容市场还不发达，基本处于低水平发展阶段。首先，从生产机制来说，"先天不足"的对农电视频道还没有形成围绕核心竞争力的科学和有效的运行体系。对农电视频道在节目内容的生产上一直延续小作坊式的生产模式，导致节目成本偏高，内容质量低下。在微观上，节目大多以栏目为单位，通过采编播一群人组成节目组小作坊地生产出来的，整个流程既缺乏研发和充足的投资，又没有规模生产和有效的流通体系，结果低水平制作的节目只好成为播一次就入库的产品，而非可以继续在价值链上创造价值的商品。① 由于缺乏一整套电视产业的生产过程、生产方式和生产机制，就无法摆脱生产方式落后以及价值链在某个环节上断裂的被动局面，造成对农电视频道低层次运作、小环境发展、自给自足的农业时代的生产态势。

其次，对农电视节目采制的特殊性和复杂性也给其节目生产带来了很多困难。城市作为政治经济文化的中心，有着人口密集、信息丰富、交流便捷、渠道众多等优势。相比之下，农村地区、边远地区生产要素的流动性小，相对封闭，产生信息量也相对较少，信息的新颖性、重要性、显著性和趣味性等价值含量也相对较低。要做出真正贴近"三农"的节目，需要到"三农"第一线，首先存在着交通不便、通信不畅、信息设备落后等问题。我国农村地形地貌多样，很多偏远地区交通不畅通，而且有些农户居住分散，做一个采访要耗费比城区采访更多的时间和精力。由于农村信息源和新闻点的分散，新闻信息采集不像城市新闻那么集中，很容易造成生产成本的扩大，如制作时间跨度大、周期长，有时还需要多次跟踪拍摄，人力成本、交通费用、设备支出也会大大高于城市节目。以荆州电视台《垄上行》栏目 2010年推出的子板块"住在农家"为例，这个板块一期节目要求记者每两

---

① 胡正荣：《中国广播电视发展战略》，北京广播学院出版社 2003 年版，第 282 页。

人一组在普通农户家中至少住三天，用第一人称的角度记录拍摄，"帮助乡亲干农活、体验他们的辛苦、感受他们的快乐"。但两个记者三天的时间采制的一期节目最后播出时一般不会超过四分钟，而这期节目的经济回报分摊到两个人头上就更低。相对高的时间成本、人力成本、设备成本可能为频道带来隐性的社会效益，却难以为记者带来与付出相匹配的经济效益。河北电视台农民频道设有专门的摄像科，用来统一调配频道摄像资源。但是对 30 分钟的日播栏目《三农最前线》来说，6 名摄像 4 辆车显然是捉襟见肘、疲于应付的，经常是记者找好了选题却联系不到摄像，人员到齐了却要等车，有时候搭车或租车下到乡镇采访，因为耗时太长，很多临时发现的好题材不得不放弃，对农电视节目采制的边际成本显然高于其他新闻和专题类节目。[①]另外，对农节目制作周期相比城市节目普遍更长，但对农电视频道又普遍存在人员不足的问题，导致单个记者节目采制任务重，山东电视台农科频道《乡村季风》栏目的部分记者、司机每月下乡采访的时间都在 20 天以上。繁重的采访任务使记者往往疲于奔命，很难有精力顾及节目的质量，更不用说打造精品节目。河南电视台新农村频道有数台采访车专门用于"三农"新闻的采访，这些车曾创下年平均行驶 8 万公里的纪录，但即便如此也并未取得理想的收视率。对农电视节目的采制特点制约着对农电视频道的节目生产。

五　新媒体推广者和农村用户的局限性

传播主体指社会传播的具体承载者，主要包括发送者和接收者。在对农电视频道的新媒体拓展中，新媒体制作者、传播者和用户自身的因素也制约着这些媒体在对农传播中的应用。从传媒组织产业发展需求角度来说，一个传媒组织至少应该拥有四类资源，即人力资源、物质资源、组织资源和文化资源。人力资源因其具有的稀缺性和不可

---

① 冯帆：《新时期涉农电视节目的发展研究》，硕士学位论文，广西师范学院，2016 年，第 36 页。

复制性成为第一资源和关键环节。媒体融合进入全媒体时期关于人力资源处理通常做法是"一套人马 N 个媒体",是希望一方面将多个不同的媒体形态组合在一起,另一方面又能在较大程度上实现多个媒体的资源共享。对农电视频道的网站、微博及微信公众号的运营模式也多为从频道母体抽调人手,再聘请一些具有新媒体知识与技能的人员共同组建全媒体框架。这样存在的问题是新媒体技术人员既缺乏对传统媒体的深度认知,又缺乏对党和国家的"三农"政策的了解和掌握,而传统媒体从业人员对新媒体技术的掌握和应用显然滞后于媒体融合的实际需要,最终导致了对农电视频道与新媒体融合过程中在技术层面缺乏有效的衔接,也从根本上影响了对农电视频道在媒体融合过程中理念的科学定位、清晰的现实发展策略的制定以及与新媒体进行融合的实践效果。[①]

电视、互联网及移动互联网等媒介在农村的逐步普及,扩大了农民信息接收的范围和内容;农村公共领域的构建及农村群体的态度和行为变迁,正在改变个体农民对外界信息的接受态度和行为;农民教育水平的相对提高,使他们对媒介信息的可接受程度逐渐提升。但是作为构成农村传播生态中的三块"木桶的木板",最短的那一块恰恰起着决定性作用。[②] 而农村整体文化水平和媒介素养的低迷,成为对农传播难以扩大影响的最短木板。农民有着迫切的信息需求,但是电脑和互联网等新媒体的使用需要相关知识,农民的文化水平较低,限制了他们应用新媒体的能力。随着"新生代"农民进城,留守农村的大多数是中老年人和妇女儿童,作为媒介消费的弱势群体,他们接受信息的能力弱,话语表达能力差,他们的媒介素养选择、认识、分析、评价和传播各种媒介信息的能力,以及利用各种媒介信息的能力都不尽如人意。这些为新媒体实施对农传播中的科技含量提出了挑战,即要求新媒体的接收终端要足够便宜,传播通道足够通畅,信息获取足

---

① 周宇豪:《传统媒体与新媒体融合的现状与困境》,《青年记者》2014 年第 10 期。
② 徐敬宏、刘继忠:《当前"三农"传播的现状与问题探析》,《华中科技大学学报》2007年第 4 期。

够简便等，但现在的媒体形态显然并没有提供对应的服务。

　　以 00 后、90 后为代表的新生代农民工是近年来新增农村网民中的重要一群，和第一代农民工相比，新生代农民工受教育水平相对较高、善于接受新鲜事物，对网络特别是手机媒体的使用频率较高，超过一半的人每天会接触 1—3 小时以上。[①] 网络对他们来说，不仅是城市生活压力释放的减压阀，是社会关系重建与维系的重要纽带，也是舒缓恋乡情结及时便捷的渠道。网络媒介的互动性和低门槛为使用者提供了广阔的媒介参与平台，但新生代农民工利用各类新媒体改善自身生存状况的能力却不强。这表现为首先他们对互联网多是娱乐化而非工具化的使用，网络主要是用来聊天、购物、看影视剧和玩游戏，利用网络求职、参与网络课程学习的新生代农民工少之又少。比如湖北电视台垄上频道"打工服务社"微信公众号经过两年的运作，在农民工中产生了较好的社会反响，成为当地农民求职的重要平台，但是其发展最大的瓶颈表现为用户量的增长趋缓，目前每日净增长 8 人左右，这与新生代农民工主动利用媒介意识不强、处理信息的能力不高有很大关系。

　　其次，新生代农民工的网络参与能力不强。新生代农民工城市化是一个渐进发展的过程，基本上要经过"职业非农化—居住城市化—生活市民化—心理社会化"等几个循序渐进的转化过程。目前大部分新生代农民工还停留在居所转换这一阶段，至于文化心理层面的长期塑形，包括农民工对城市的文化价值观念、生活方式在心理上获得认同、在情感上找到归宿等则需要经历更长的时期。[②] 虽然新生代农民工普遍具有更高的教育水平和较高的新媒体使用比例，因而整体表现出较高的表达意愿，这表明这个群体比他们的上一辈更少逆来顺受，更具现代意识和利益表达的意识，但是新生代农民工的表达并

---

　　① 陈芳：《新生代农民工媒介素养对其城市融入的影响探讨》，《中国报业》2012 年第 24 期。

　　② 杨英新：《城市融入之推手：新生代农民工的网络媒介素养》，《中国劳动关系学院学报》2012 年第 4 期。

没有超越"人际渠道—新媒体—机构渠道"递减的差序格局，这一方面说明表达渠道的选择与成本和资源有关，另一方面则是顺从和附庸意识等传统文化思想的长期浸润，中国社会制度化参与机制的普遍缺失及其影响下对机构渠道表达的严重无力感，导致新生代农民工的人际表达仅限于获得情感慰藉与支持，而无法进入公共空间，促进问题的解决。

第三节　对农电视频道核心竞争力培育的现实意义

影响对农电视频道发展的因素可以归纳为三个方面：一是社会大系统的变化对对农电视频道发展的需求，二是对农电视频道自身演变逻辑和规律的制约，三是媒介生态的基础性改变对对农电视频道发展空间的制造或侵蚀。它们共同作用于对农电视频道的发展，其结果是无论外部的政治、社会环境，还是业内格局和自身需要，对农电视频道都需要进行改革和参与竞争，其发展动力及冲突也只能在深层次的改革和更充分的媒体竞争中得到解决。以核心竞争力为主导的战略变革与可持续发展，不仅是对农电视频道发展壮大的基本依据和途径，也是服务新农村建设、实现社会公平和农村稳定、应对传媒产业竞争加剧的现实需求。

一　新农村建设呼唤对农电视频道的崛起

新中国成立以来特别是改革开放以来，中国共产党为了解决"三农"问题，多次调整"三农"政策，使我国农业和农村发生了深刻变化，农村经济社会发展取得了巨大成就，农民生活水平有了极大的提高。但是由于种种原因，如曾一度倡导以市场和资本主导配置"三农"资源，导致在公共财政投入上忽略对"三农"的倾斜，出现了农业增长缓慢、城乡居民收入差距拉大、农村经济社会发展滞后等局面。这些问题的长期存在造成了中国严重的内需不足，也阻碍了城市生产力的进一步发展；造成城乡差距扩大，增加了中国社会的不稳定因素。

　　进入 21 世纪以来，党的"三农"政策进行了重大调整。党的十六大确定了全面建设小康社会的奋斗目标，其重大任务之一是建设现代农业、繁荣农村经济、增加农民收入。2003 年全国农村工作会议正式提出将"三农"问题作为全党工作的"重中之重"。党的十六届五中全会提出了建设社会主义新农村的重大历史任务。2004 年以来中央连续 14 年发布聚焦"三农"问题的"一号文件"，显示了中国共产党解决"三农"问题的决心。党的十七届三中全会关于中国特色社会主义新农村建设的重大决策，是我国农村的第三次重大革命。党的十七届三中全会对改革开放 30 余年来我国"三农"的总体现状进行了分析，认为我国"三农"总体上已经进入"以城带乡"和发展中国特色现代农业的发展阶段，确定了改革发展的总思路是把建设社会主义新农村作为战略任务，把中国特色社会主义农业现代化道路作为农村改革发展的基本方向，把加快建设城乡经济、政治文化、社会发展一体化的新格局作为根本要求。同时还提出了到 2020 年农村人均收入要在 2008 年的基础上翻一番等设想。新农村建设不但着眼于农村本身的全面发展，还以推进城乡一体化发展、改变城乡"二元结构"为诉求，可谓意义重大。

　　在努力解决"三农"问题、加快新农村建设的背景下，加强农村和边远地区的基础设施建设，构建广播电视公共服务体系的工作也不断推进。党的"十七大"报告明确提出了"覆盖全社会的公共文化服务体系基本建立"的目标，并对新的历史条件下的文化大发展、大繁荣提出了新的要求。公共服务体系的建设将成为未来一个时期广播电视工作的重点。中共中央办公厅和国务院办公厅于 2005 年年底联合发出《关于进一步加强农村文化建设的意见》，要求中央电视台和部分省级电视台把面向基层、服务"三农"作为主要任务，视具体情况开办专门的农村频道和农业节目。2006 年 10 月 27 日，广电总局出台《关于推进广播电视对农电视频道（率）规范发展的意见》，对对农电视频道的发展提出具体要求。意见指出，有条件的农业大省或有条件的省级广播电视播出机构在现有频道数量不变的基础上可以开设对农电视频道（率），对农类节目总量不低于频道全天播出量的60%。[①] 在中央对"三农"问题的高度关注和建设新农村的背景下，相继诞生了一批对农电视频道。

党的十七届三中全会对新农村建设的决策不但着眼于农村本身的全面发展，还以推进城乡一体化发展、改变城乡"二元结构"为诉求，可以说开始了新一轮破解"三农"问题的征程。促进城乡一体化发展、改变城乡"二元结构"，对农信息传媒承担着重要的作用。事实上，我国农村社会要走向城镇化，必须首先在信息传播领域真正融入主流信息传播的圈子。农村城镇化、城乡一体化也为我国大众传媒特别是对农传媒的发展提供了难得的机遇和多样化的生存空间。众多的城镇企业可以提供丰富的广告资源及融资的社会资本，城镇企业职工可能成为对农传媒极有实力的受众群，城乡社会经济的互相辐射与延伸形成的信息资源、人力资源的互流将带来巨大的信息需求，农村市场潜力的激发和农民购买力的提高则构成巨大的消费需求。因此，农村城镇化为对农传媒的发展提供了发展资源、社会需求以及媒介生态环境等基础和动因，对农传媒的崛起又会有力推动农村城镇化的进展，二者存在明显的互动关系。

随着中国农村经济的飞速发展，农民经济收入和日常生活水平显著提高。有研究表明，当人均GDP突破1000美元时，文化娱乐消费在居民消费中的比重就呈直线上升的趋势。2003年我国人均GDP突破1000美元；2010年我国人均GDP超过3000美元，农民2010年人均纯收入也超过5800元；2016年我国居民人均可支配收入23821元，农村居民人均可支配收入名义增速和实际增速分别高于城镇居民0.4个和0.6个百分点。[②] 收入的持续增长大大改善了农民的生活状况，拥有电视、冰箱等耐用消费品的农村家庭比重稳步提高，全国农村市场电视

---

① 胡正荣、李继东：《中国广播电视公共服务体系：目标与实践研究》，中国广播电视出版社2010年版，第58页。

② 王恩博：《中国国家统计局：2016年中国GDP增6.7% 增长质量提高》，http://news.163.com/17/0228/18/CECPBJL200018AOQ.html，2017年3月1日。

机和手机的百户拥有率已分别达到98.2%和80.3%。电视等实用型消费品的普及，使对农电视文化娱乐消费需求层次不断提高，以满足农民日益增长的农业信息与文化娱乐需求、普及现代农业生产和生活观念、推进当代农村社会面貌改观、引导广大农民致富奔小康、推进社会主义新农村建设。

电视媒体具有传播具象、声画兼备的优势，是当今农村最重要的文化娱乐方式，也是农村受众接触最多，最有能力拥有、对其影响最大的媒介。CSM 收视数据显示，2017 年电视人均日收看时长为 150 分钟，每周有 6—7 天收看电视的人群规模达到 5.5 亿，受众的广度和黏性可想而知。[①] 农村居民每周平均接触电视的频率远高于其他媒介，电视仍然是我国农村消费者最重要的信息来源和最可信赖的传播媒体。[②] 对农电视传播的大力发展，对沟通上下内外，协调城乡，服务"三农"，从而在促进"三农"问题的最终解决上发挥着无可替代的作用。对农电视频道作为广播电视公共服务体系的重要组成部分，不但可以有效提升对农传播的层次和水平，其发展壮大对提高整个公共文化服务的质量都将起到积极的作用。专业对农电视频道可以实现节目总量的扩张，由量变到质变，搭建起农村电视节目大规模交流、交易的平台。[③] 专业对农电视频道可以缓解贫困地区农民信息供求的矛盾，解决农民收视习惯与媒体信息传播时段的冲突问题，缩小东西部数字鸿沟的差距，较好地满足不同层面农民"各有所好"的信息需求，推进新农村建设。

一方面，为新农村建设服务，对农电视频道责无旁贷；另一方面，"三农"发展的战略性前景，也对对农电视频道提出了更高的要求。面对新农村建设这样一个重要的契机，对农电视频道自身无论是从内

---

① 《2017 年传媒市场趋势》，http://xinwen.eastday.com/a/170920143658133.html，2017年 9 月 19 日。

② 何礼：《农村电视媒介消费风景独好——美兰德第十次全国电视频道覆盖及收视状况调查结果揭晓》，《市场观察》2008 年第 12 期。

③ 李红艳：《乡村传播与农村发展》，中国农业大学出版社 2007 年版，第 51 页。

容产品的生产、媒体功能的发挥，还是媒体发展战略机遇的把握，都是前所未有的。在这个时期，农村改革进程中出现的新情况、新问题需要发现与记录，城乡一体化发展的新格局催生的新事物、新需求需要关注与报道，新农村建设中各种观念的转变、体制机制的创新，以及提供公共性和市场性的多种服务都为对农电视频道提供了广阔的发展空间，对农电视频道核心竞争力的增强，对更好地服务新农村建设，满足农民不断增长的精神文化需求有重要的现实意义。

二　解决农村社会公平与社会矛盾的需要

社会公平是一种价值判断，建立在权益平等的基础之上，是人类对社会认识与思想觉悟的必然结果，也是社会稳定发展的基础和社会进步的先决条件，应该成为社会资源配置和保障体系中的重要考量指标。经过 30 多年的改革开放，中国取得了巨大的经济成就，国民福利日益增长，民生问题持续改善，正在逐步进入科学发展与构建和谐社会的新时代。但是国民经济增长的单向度成绩并不能掩盖全向度和可持续发展存在的突出问题，特别是社会公平问题。[1]

社会公平实质上是社会资源分配的公正和均衡问题，至少意味着在一个社会成员之间拥有平等的社会权利、合理的分配、均等的机会和公正的司法等。各种社会资本、经济资本、文化资本和信息资本等所有资本分配不公正或不均衡都会导致社会不公平问题。这种由历史上的不平等、制度的分割与歧视、经济改革中的政策倾斜以及社会转型过程中的失范带来的不平等[2]，不但在社会成员的心理感知上影响个人动机和行为的积极性，更影响社会的稳定和可持续发展，带来各种社会矛盾的激化。当社会矛盾不能正常解决时，通常会以冲突和变异的形式形成舆论的高涨，并调动社会大众自由讨论所扩散的利益诉求、思想观念和价值取向，产生公共政策的压力。畅达和有效的社会

---

① 郑功成：《中国社会公平状况分析——价值判断、权益失衡与制度保障》，《中国人民大学学报》2009 年第 2 期。

② 同上。

沟通机制的建立，是消除社会隔阂与社会偏见、解决社会冲突的最为重要的前提和基础。随着中国一体化程度的加快，社会日益表现为一个需要综合兼顾、有机协调发展的整体，任何对于其中重要社会成员利益诉求的忽略都将酿成重大的社会危机。社会多元化的利益诉求需要宽容畅达的表达空间，民主参与、分散决策的社会现实需要公共信息资源社会共享程度的极大提高。[①] 有学者根据对媒介资源的控制和使用关系把国人分为拥有媒介控制权和话语权的强势阶层、拥有有限的媒介使用条件与能力的中间阶层和缺乏使用媒介的基本条件和能力、基本被排除在媒介表现内容之外的弱势阶层。[②] 作为中国社会最重要成员之一的中国农民正是缺乏使用媒介的基本条件和能力的弱势阶层，建立针对农民的公共电视平台和体系，是改变"信息逆差"疏导社会矛盾、增强社会和社群的整体感和凝聚性的重要手段。以中国社会最重要的社会成员农民的利益诉求为表达空间的对农电视专业频道通过不断培养核心竞争力求得更大的发展，将在上情下达和下情上传的政府与农民大众的互动中起到化解矛盾、理顺情绪、凝聚人心的重要作用。

中国的民主化进程在经济民主化的基础上向政治民主化迈进。经济发展构建了现代工业社会，要求产生与之相适应的政治管理模式。经济发展同时深刻改变着人们的生活方式和行为模式，参与政治生活的需求被激发，政治民主化逐渐孕育并推进。当集权集中逐渐演变为放权分权，这种朝向民主路程的政治变迁表现出"随着时间从低责任政府发展到高责任政府、从不存在或低度竞争的选举发展到自由公平的高度竞争选举，从严格限制公民政治权利发展到保护公民政治权利、从薄弱的市民社会发展到更自主庞大的市民社会"[③]等特征。大众媒介

---

① 喻国明、张小争：《传媒竞争力——产业价值链案例与模式》，华夏出版社 2005 年版，第 4 页。

② 陆地、高宝霖：《中国是否需要建立公共广播电视？》，《声屏世界》2005 年第 8 期。

③ ［英］戴维·波特：《民主化的历程》，王谦等译，台北韦伯文化国际出版社 2003 年版，第 10 页。

参与政治民主化进程的主要方式就是提供公共话语空间，构建政治信息交流沟通的平台，承担民主政治建设宣传者、鼓动者和展示者等多种角色。中国农村民主化进程的推进，呼唤国家为他们提供便捷、畅通的言论渠道，帮助农民群体行使平等的话语权。为此，党的十六届六中全会通过的《中共中央关于构建社会主义和谐社会若干重大问题的决定》中提出"基本公共服务均等化"的要求，其目标是面向所有公民，满足社会公民的基本视听权益需求。对农电视频道以其较之其他媒体更强的公共性，成为实现基本公共服务均等化的具体载体。对农电视频道核心竞争力的有无，直接关系到其在实现社会公平和农村民主化进程中助推器作用的发挥。

三　应对传媒产业竞争加剧的需要

数字压缩技术的突破给电视业带来了一场重要的革命，它大大增加了可以被传输的电视频道数量，使卫星信道增加 10—20 倍，陆地信道增加 12—40 倍。频道数量的猛增，使原来短缺稀少的频道资源突然之间变得富足充分，中国一般的城市有线网络都可以提供上百套电视节目。这场革命给中国电视频道专业化的发展带来了技术上的可能。2001 年是中国电视频道专业化发展具有特别意义的一年。国家广播电视总局下发关于无线电视台和有线电视台合并的相关规定，伴随着这个契机，全国各地电视台开始对频道进行大规模的专业化调整。调整后的省级电视台一般都有 6—9 个专业频道或者准专业频道。

电视频道数量的急遽膨胀，电视节目的极大丰富，给了观众更多的选择机会和空间，逐步带来受众的分化和多元化，使电视受众呈现出专业化、个人化、系统化的消费趋势。正如美国未来学家阿尔文·托夫勒指出，在信息社会中，无论是社会生产还是消费需求，乃至于价值观念，都体现了从单一到多元、从整体到分化的发展趋势，这一走势在信息传播领域内的反映就是"非群体化传播时代"的到来。[①]

---

① 秦瑜明：《试论电视传播的非群体化趋势》，《现代传播》1996 年第 6 期。

在"非群体化传播时代",电视传播从"群体化"和"大众化"走向"窄播化"和"小众化",电视频道专业化应运而生。

当今媒体之间的竞争越来越激烈,这种竞争已经从素材抢拼或者单纯靠质量取胜转移到内容的专业整合,频道专业化正好适应了这种媒介竞争的潮流。美国电视频道专业化就是从儿童节目、体育节目和娱乐节目开始的,进而刺激其他专业频道的兴起和发展。专业化频道以其专业的内容、相对稳定的收视对象、富有特色的传播方式和盈利模式,很快风靡一时。伴随着境外媒体的落地与竞争,给中国电视媒体带来压力的同时,也带来可资借鉴的专业化频道的运营经验。这些都促使中国电视频道专业化的道路成为不可逆转的趋势。

截至目前,我国已拥有3760个电视频道,就数量而言,居世界前列。从频道的形式与形态上看,有综合、新闻、经济、体育、电影、科教、综艺等十几个类型,类型并不缺乏,但频道设置单调、趋同、缺乏特色、资源浪费严重。节目综合化现象也一直相当严重,除了体育频道以外,其他专业化频道大多数仅仅是将节目归类后,分频道播出,主体部分基本上要依靠电视剧支撑,收视率也基本体现在电视剧上,相关的专业栏目只是其中的点缀,这些频道大多只能算是具有专业特色的综合频道,离真正的专业化频道还很遥远。这些先期诞生的专业化频道不约而同地将目标指向城市受众,很少有专门的对农电视频道,导致公共服务体系中媒介生态的失衡。

随着电视媒介竞争进入白热化阶段,城市受众市场被日益瓜分完毕,并且呈现出分化和细化的趋势。根据央视索福瑞媒介研究(CSM)2004年在全国84个样本市县进行的基础调查数据,通过省市有线网接收电视信号的家庭比例已经达82.5%,但农村通过有线网收看电视节目的家庭比例只有34.7%。这说明有线电视在城市市场基本接近饱和,在涨价受到一定限制的情况下,收视费的增长空间已经十分有限。[①] 在这种情况下,以前在城市市场中进行的电视争夺战逐渐

---

① 陆地:《中国电视产业大解码》,《南方电视学刊》2006年第1期。

转向广大农村，越来越多的电视媒介将眼光投向农村这块发展的富矿，这个电视市场细分之后最大的一级市场，当然也是潜力最大的市场之一。许多广告商也看准了这一时机，加大对农村电视的投入和支持。这些都为对农电视频道的现实生存与未来发展提供了机遇。

传媒业的"系统竞争"包括群落竞争、种间竞争和种内竞争几大类，分别指向中国传媒业与跨国传媒集团之间的竞争；指向传媒业内不同子媒体之间的竞争以及各传媒子产业内部同种媒体之间的竞争。[①]内外竞争格局的变化更加大了包括电视在内的传统媒体的生存压力。媒体竞争是新时期以来特别是新闻改革 30 年来随着市场经济体制的确立而形成的，当前市场竞争已经日趋成为合竞时代传媒市场经济活动的基本特征。以数字压缩和传输技术为内核催生出来的互联网等新媒介更加剧了我国传媒市场的竞争。传媒新技术从根本上消解了媒介产品界限的技术融合力量，使传统媒体和网络媒体的合作竞争成为可能，并使得网络、手机等新媒体在合竞时代的传媒竞争中占据了领先地位。"传统媒体和新媒体的角力更加白热化，互联网及移动媒体行业收入的增长幅度领跑各细分市场，市场份额超越传统媒体，网络广告媒体也追平电视媒体，新媒体对传统媒体的替代作用愈发明显。"[②] 在新旧媒体竞合的格局中，电视媒体不能也不应该再单纯依靠自己的力量进行实现"三农"报道的转型和对农媒体的发展。[③]

随着传播环境的网络化变迁和传媒市场竞争的加剧，我国传媒业"合竞时代"的竞争越来越激烈。这种"合竞时代"，需要传媒彼此间进行资源共享、整合配置和价值链接，来共同应对更大规模的竞争。竞争催生合作，合作提升竞争。传媒的这种合作竞争战略可以使传媒找到谋求资源共享和竞争互助的最佳结合点，以较低成本集合更多的信息资源，扩大媒体的信息覆盖和影响力，从而实现多媒体与跨媒体

① 卢文浩：《中国传媒业的系统竞争研究》，中国经济出版社 2009 年版，第 68 页。
② 崔保国：《中国传媒产业发展报告》，社会科学文献出版社 2014 年版，第 3 页。
③ 梁媛、王娜：《媒介融合背景下电视"三农"报道的转型路径探究》，《新闻界》2016 年第 2 期。

间互动互通和共荣共生的良性循环。传媒的"合竞"时代对对农电视频道这样的传统媒体提出了严峻的挑战，构建核心竞争力是对农电视频道在这个"合竞"时代的必然选择，对电视媒体自身实体地位的增强具有重要意义。

在推进新农村建设的伟大征程中，对农电视频道核心竞争力的产业意义、社会意义和国家意义是彼此包含相互作用的。电视媒体的竞争加剧、实现社会公平和推动新农村建设都要求对农电视频道的运作更讲究规模化、规范化和集约化，要求对农电视频道的宣传舆论功能有更高的实现。对农电视频道核心竞争力的有无，对于频道的长期发展、公共服务体系建设及"三农"问题的解决意义都十分重大。

第三章

培养对农电视频道核心
竞争力的对策建议

　　"媒介生态是指在一定社会环境中媒介各构成要素之间、媒介之间、媒介与其外部社会环境之间相互关联制约而形成的一种互动结构。"[①] 媒介作为社会的有机组成部分，作为一种社会子系统，它并不是孤立存在的，它的产生与发展和其他子系统（诸如政治、经济、文化等）存在着密切的关系。这种关系的总和即是媒介的生态环境。从社会系统论来看，如果离开与其他社会系统的互动，不可能对媒介有完整而透彻的理解。[②] 围绕媒介这一中心，媒介生存的外部环境包括政治环境、经济环境、文化环境、技术环境四个方面，媒介生存的内部环境包括传媒产业内部的竞争环境与合作环境、传者、信息、媒介、受众等诸多因素。媒介与各种生态因素之间保持着一种循环互动的关系，从而完成物质交换和能量流动。平衡和谐、良性循环的生态环境，要求其组成部分相互协调、相互依存、相互制约以促进整体的共同进步，也要求人们确立媒介与环境和谐相处的资源观和价值观，建立科学的媒介经营与管理机制，构建正确的信息传播与消费模式。我国对农电视频道是兼具公益性广电事业和经营性广电产业的准公益性的经营性事业，培养对农电视频道的核心竞争力也要从它的外生态系统和

[①] 邵培仁：《论媒介生态的五大观念》，《新闻大学》2001 年冬季号。
[②] 李良荣：《新闻学导论》，高等教育出版社 1999 年版，第 210 页。

内生态系统寻找对策，通过政府、媒体和大众共同努力，建立良性互动的、科学有效的发展对策。

第一节　对农电视频道核心竞争力外部培育环境的优化

一　推进产权制度改革，保障公共服务

媒介产权制度是媒介体制的重要内容。当前世界范围内的媒介体制特别是广播电视体制主要有两大类，第一是单一体制，包括国营型、公营型、商营型；第二是双轨制，包括国营型＋商营型、公营型＋商营型、国营型＋外资型。当然还有少量国家采用的是三元模式，如西班牙，既有国营的国家电视台，又有自治政府设立的公营电视台，还有完全靠广告为生的商营电视台。我国的广播电视属于国家所有制，是一种政府垄断控制的模式，在这种所有制中，政府既是管理者又是所有者，同时又是广播电视媒体生产经营的决策者。这种单一的国有产权，导致政府主导下的单边治理结构，影响了广电机构的活动效率。

我国传媒业产权制度存在的突出问题表现为产权不明晰，所有者或出资人不到位，难以真正建立起与市场经济相适应的委托—代理制度；法人治理结构不健全，存在"内部人控制"现象；国有资本"一资独大"，产权要素无法进入市场流通。因此需要解决的问题包括对媒介的产权归属进行清晰界定，建立科学合理的传媒公司治理结构，培育传媒产权交易市场等。广播电视业的产权改革从21世纪开始逐步深入。党的十六大和十六届三中全会上，党中央明确提出"要建立归属明晰、权责明确、保护严格、流转顺畅的现代产权制度"。2004年2月，国家广电总局在《关于促进广播电视产业发展的意见》中规定广播电视可以将经营性资产从事业体制中剥离出来；允许各类所有制机构作为经营主体进入除新闻宣传之外的广播电视节目制作业；在确定控股的前提下，电视台可以进行股份制改造，条件成熟的可以批准上

市融资。2006 年制定的《国家"十一五"时期文化发展规划纲要》明确提出"推进产业制度改革，实行投资主体多元化，使国有和国有控股的文化企业真正成为自主经营、自我约束、自我发展的市场主体"。

公共广播电视作为一种制度化的存在与产权的界定有着直接的关系。财产权利通常被划分为公共产权、私人产权和国家产权，从这个意义上来说，理想的公共广播电视应该属于公共产权。但是现实情况是私人产权也在提供公共服务，公共产权也可以为私人占用，因此产权意义上的公共广播电视并非公共广播电视服务与产品的唯一提供者。对农电视媒体作为一种公益性相当高的准公共产品，其理想状态是建立公共产权，强化社会责任，提供公共服务。但是境外公共电视的实践也表明，由于在运作中较少考虑运作的成本和效率问题，往往会存在运营成本高昂与效率低下的问题。另外，如果在电视台内部进行公共频道和市场频道的划分，把对农电视频道确定为公共频道，指定专门人员、资金用于公共服务，这种状态虽然可以实现，但却由于处于同一个电视体制之内且商业体制性质强于公共服务性质，容易受到影响，丧失其本性。因此，对对农电视频道等公共服务来说，非公有资本的进入是可以也是可能的，当前需要解决的问题是将可经营性资源从事业体制中剥离出来。广播电视的可经营性部分主要指节目、广告、技术、信息等，产权改革将它们从广播电视机构中剥离出来后，可以通过转制重组使其成为面向市场自主经营、自负盈亏、依法纳税的企业性公司，进行市场化运作；电台和电视台的新闻类节目、频道所有权、资产控股权、节目播出权则保留在事业主体内部。在这个过程中，政府如何发挥管理和服务的职能，让不同性质的媒介机构都能在提供公共服务与产品上发挥各自应有的作用，成为产权改革实施过程中的关键点。①

---

① 胡正荣、李继东：《中国广播电视公共服务体系：目标与实践研究》，中国广播电视出版社 2010 年版，第 109 页。

二　建立多层次的广播电视公共服务规制体系

在规制经济学中，政府规制是指以矫正和改善市场运作机制为目的，政府干预和介入经济主体活动的行为。[①] 广播电视媒介市场的三个特性决定了必须对广播电视传媒业进行政府规制。首先，广播电视产品代表公共利益；其次，广播电视产品的生产具有规模经济的特征；最后，广播电视产业具有网络型产业的特征。其表现出的自然垄断性、外部性、信息不对称性等特性，很难通过市场机制下的自发效率实现帕累托最优资源配置，需要政府运用公共规制手段对市场主体行为、市场结构等进行规制，调节公共服务的资源配置，防止绝对垄断，保障弱势群体的利益。

在中国，政府是媒介的所有者，媒介实行的是政府直接投资、垄断经营的政府规制体制，这种集中管理、频繁干预的规制体制带有很大的随机性和主观性，带来不少弊端。主要表现为缺少《新闻法》这样上升到国家法高度的分类法，难以保证规制的权威和完善，各种属于下位法的"部门规章"的多头管理则导致管制错乱、市场秩序失调。缺乏法定、独立的规制机构，政府既是规制政策的制定者与监督执行者，又是具体业务的实际经营者，政企、政事、管办不分，使市场机制难以发挥有效配置资源的作用，媒体缺乏竞争活力、效率低下。内容规制松紧失度，对某些内容的审查过于严格，降低了传媒的时效性，增加了规制成本，而对一些低俗之风、有偿新闻、虚假广告的规制却形同虚设，惩办制度过于宽松，产生寻租行为，权钱交易，最终导致政府规制失灵。

独立规制是目前现代媒介规制体系的主要模式，也是保证产业竞争和有效发展的手段。其体系构成主要包括法律规制体系、行政规制体系和行业规制体系。媒介规制需要坚持职权法定的原则、坚持公共利益的取向目标、保证公平竞争与市场秩序以及保证规制政策的合理

[①]　张军：《制度、组织与中国的经济改革》，上海财经大学出版社2004年版，第32页。

性、平衡性与稳定性问题，还需要区分传媒产业与传媒事业的边界，采取不同的标准予以调控。对传媒按属性进行分类是政府规制的基础。公益性传媒事业承担着意识形态工具的职能，确保执政党和国家的宣传效果。对于公益性传媒事业要以政府为主导，以激发活力、改善服务为重点，调整资源配置，逐步构建起高效的传媒服务体系；对于经营性传媒产业要坚持以市场为主导，以转企改制为重点，逐步形成以公有制为主体、多种所有制共同发展的经营性传媒产业格局，发挥信息传递、社会服务等职能，满足人民群众日益增长的物质文化需求。

1. 建立广播电视公共服务的法律法规

我国传媒产业政府规制改革应遵循先立法后改革的原则，对规制的改革目标、程序、机构设置及责权划分、被规制企业的责权利关系、服务质量等重要政策内容做出规定。建立健全大众传媒法规体系，加强广播电视公共服务的保障与监管需要从措施、保障、监管等方面来进行。首先，在法律层面进一步明确政府提供基本广播电视公共服务的义务，要求政府采取必要的措施建立覆盖全社会的广播电视公共服务体系，以保障全体公民像享受基础教育、公共卫生等基本公共服务一样，得到广播电视公共服务。二是要通过法律手段建立和完善现代公共财政制度，建立规范的财政供养制度，为公众享受广播电视公共服务提供保障。三是要建立依法行政的理念、程序和实施机制，在法律上保证广播电视公共服务事业受到依法监管。完善相关的法律，明确政府、公民和不同形式的组织部门在提供和消费公共服务方面的权力、义务和责任；明确包括非营利性组织在内的不同服务供给主体的法律地位和必要义务。四是要在内容上对广播电视公共服务有所规定，保证其不对国家安全、社会稳定、未成年人身心健康产生负面影响。[①]

当前比较迫切的是要制定对农电视信号的接收政策。对农电视信息的覆盖和接收有以下问题：首先，作为公共服务体系主要技术手段

① 胡正荣、李继东：《中国广播电视公共服务体系：目标与实践研究》，中国广播电视出版社2010年版，第117页。

的无线覆盖方式的全面推进和各地原有的市场化运营产生了一定的矛盾。无线覆盖推行导致原有的有线收视费降低，使市县级广电系统对无线覆盖缺乏热情，甚至刻意采取技术手段使农民收不到国家规定的频道数或只能收到信号不好的节目，逼迫农民重新接入有线网，而有的农民往往从经济角度考虑就放弃了对农业节目的收看。其次，"中星九号"直播卫星投入使用后，一种普通的碟形天线就能收到50套左右的卫星电视信号，其中也包括央视七套农业节目和陕西农林卫视节目，但是按照国家政策，只有少数无线覆盖无法到达的"盲村"才有这个特权，虽然这是一种性价比最高的接收方式，但却是非法的，被称为"私接卫星信号"。产生这种现象的原因可能出自多方面的考虑，一方面现有的有线电视和无线覆盖已经形成稳定态势，另起炉灶会影响有线电视经营部门的利益，也会造成资源的浪费，另一方面不上星频道的信息覆盖也会受到冲击，这就导致有线、无线和卫星直播同时存在、不少农村地区却一种也享受不到的状况。对此有必要制定和实施对农电视信号接收的政策法规，首先，需要通过有效的监控管理，加大无线覆盖的力度，确保通过无线方式接收电视的农村地区至少能收到央视七套和本地农业节目或频道；其次，地方广电部门在地形地貌适宜和交通条件较好的地区要采取灵活多样的方式，降低有线电视的接入成本，加快有线电视入户的工作；最后，制定一定的政策法规，在协调好各方利益冲突的情况下，允许非偏远地区但经济条件不理想的农村地区和农民接收直播卫星电视信号，在农村实施无线覆盖和直播卫星并举的模式。可以通过向农户征收少量费用的方式来补充上星频道租用卫星发射信号的费用和其他费用，补充地方建立农村公共服务体系的费用。

2. 建立广播电视公共服务的政府行政规制

政府行政规制是政府运用行政手段，弥补规制手段在大众传媒领域的遗漏、不足和迟缓，具有稳定性较低，灵活性、阶段性强等特点，往往只是对媒介行为进行号召和指导，并不规定明确而持久的行为边界，存在着"多、散、乱、差、滥"等特点，在执行过程中还存在着政策敷衍、政策利用和政策抵制等被扭曲、变形甚至消解等政策规避现象，其行政功能具有有限性。建立广播电视公共服务的政府行政规制首先在于政府职能的转变。需要重新定位政府的职能，从对具体宣传事务、舆论导向的直接干预到通过播出渠道的控制来解决节目制作社会化后的导向问题。行政规制在实施监管时还要做到监管内容清楚，程序完善和过程透明；建立包括行业专家、公共管理专家、经济学家等组成的专家队伍，提高法规供给水平；通过建立问责机制等相关制度对监管者实施监管和考核，保障行政管理体制的实施。

3. 建立广播电视公共服务的行业规制

通过设定限制和惩戒条款而控制被规制者的强制性规制并不能解决一切问题，还需要将这些外在的强制性规制内化于广电从业人员之中，建立新闻行业性规制，提高行业素养和职业伦理道德，加强新闻专业主义精神的培养。需要建立独立于政府规制部门，又向政府负责的广播电视公共服务行业自律主体，通过制定行业自律规则，进行行业内的互助和协作、专业技术方面的交流和培训、协调行业经济效益和社会效益之间的矛盾以及进行节目审查评议、对从业者进行道德约束等。新修订的《中国新闻工作者职业道德准则》就对当前新闻界出现的违反职业精神、职业道德问题，特别是有偿新闻、虚假报道、低俗之风、不良广告"四大公害"，提出了相应的规范性要求。

三 建立完善对农电视公共服务财政制度

从 1927 年英国广播公司（BBC）改组为公营公司算起，公共广播电视服务已经有 80 多年的历史。在 20 世纪 80 年代以前，公共广播电视在西欧和日、韩等国家一直占据绝对主导的地位。到 20 世纪的最后 20 年，随着全球化、市场化、媒介的集中垄断以及新技术的影响，引发了各国广播电视系统的剧烈重构，世界电视业发生了巨大变化。面对包括理念、体制等各方面的挑战，公共电视出现了一系列的困境：收视费征收危机、政府提供的公共资金日益减少，导致公共电视财政吃紧；商业电视以娱乐化取悦受众，对公共电视的收视率造成很大冲击；多媒体技术的发展，使频道资源不再稀缺，大量专业频道的出现使受众日趋"小众化"，公共电视的受众分流严重。面对如此困境，西方公共电视开始了以市场化为核心的一系列改革。①

到今天，西方发达国家的电视传媒基本上都实行公共电视与商业电视双轨并行的体制。商业电视实行商业体制，走市场运作的路子，满足不同层次受众的多元文化需求。公共电视则是由国家确定体制，由国家保障经费供给，坚守主流意识形态，有较高的文化品位。比如英国 BBC 数十年秉承为公众服务的原则，以高品质的广播电视服务而著称，一直是英国广播电视的中坚。而 BBC 的大部分经费则由国家立法规定通过收视费获取，有独立的收费机构、专门的监控部门和罚款法规来保障经费。这种将媒体明确分为商业电视和公共电视的方法可能并不适合中国的国情，但其结构原则仍对我国对农电视的发展具有深刻的启示。

1. 调整公共财政支出结构，转向社会公共服务领域

发展社会学认为，多数发展中国家的现代化过程属于"后发外生型"，在这一进程中，政府往往起着重要的作用。当前，经济社会的全面转型推动着中国政府转型的加速。构建公共服务型政府是我国政府转型的目标选择，其核心内容是建立和完善公共服务体制。目前在公共服务领域引入市场机制已经成为共识，但这并没有削弱政府的责任，只是公共服务投入方式的多元化探索。② 公共财政是国家或政府为市场提供公共服务的分配活动或经济活动，其分配目的是满足公共需要，为市场失灵情况下的各类社会事业提供必要的财政支持，为各类公共服务提供必要的资金支持，为各类公益性或非营利性项目提供必要的财政援助。公共财政分配具有公共性和非营利性等特征。长期以来中国的公共支出格局带有浓厚的"建设财政"的特点，公共支出被大量用于竞争性和营利性等本应由市场力量发挥主要作用的经济建

---

① 石长顺、张建红：《公共电视》，武汉大学出版社 2007 年版，第 243 页。

② 胡正荣、李继东：《中国广播电视公共服务体系：目标与实践研究》，中国广播电视出版社 2010 年版，第 128 页。

设等领域，而对如生态环境、社会保障和文化教育等社会公共事业领域投入则明显不足，导致政府提供的公共产品与经济社会发展和人民需求有相当大的距离。为满足不断增长的公共服务需求，政府应该按照建立公共财政框架的要求，改变项目支出范围，从传统的竞争性领域退出，转向提供公共产品和进入公共服务领域。同时，可以适当借鉴西方国家筹集公共服务资金的成功经验，通过服务采购、合同外包等形式，引导民间资本投入弥补政府公共支出的不足。①

对农电视频道是一种公益性很高的准公共物品，由于农村数量庞大、规模巨大的受众主体绝大多数属于社会的弱势阶层，其市场价值的缺乏导致对农电视传播市场调节的失效，需要政府进行扶持和干预。以弥补市场的"缺位"。对此，笔者认为，对于农村经济落后，对农电视频道市场化程度低的中西部地区，可以首先采用以国家财政投入为主的运作模式，使频道在保证优质内容产出的基础上，逐步探索多元化盈利模式，最终实现独立运作；而在农村经济文化发展程度较高，对农电视频道市场化程度较高的东部地区，国家财政的投入比例则可以逐渐减少，以培育其频道自身的"造血"功能。

2. 拓宽资金渠道，寻找多种财源

单靠公共财政供给的公共服务，其可持续性和服务质量的稳定性都难以保证。因此，需要以公共财政为投资主渠道，综合运用多种投融资工具和财税优惠政策，引导更多的社会资本对广播电视公共服务进行社会捐助、赞助等投资行为。② 同时也要调整资金的投入方式，避免重复投入与浪费，兼顾效率与公平，使公共财政与社会资金的投入更具有效性。

政府对对农电视频道的财政扶持需要从确立新的广播电视财政制度、拓宽资金渠道，形成多元的收入模式入手。首先，政府可以采取适宜的方式对对农电视频道进行一定数额的经费补贴。具体的补贴方

---

① 胡正荣、李继东：《中国广播电视公共服务体系：目标与实践研究》，中国广播电视出版社 2010 年版，第 128 页。

② 杨乘虎：《中国广播电视公共服务体系建设三论》，《现代传播》2008 年第 1 期。

式可以考虑按照对农电视频道实际播出农业节目的数量和质量来确定补贴的额度，还可以根据东西部对农电视频道的差距实行不同的补贴比例。补贴的来源可以考虑建立"公共广播电视服务"发展基金，可以是政府财政补贴、农村发展基金和农村广播电视事业发展基金等的捆绑合成，以确保对农电视频道的农村信号覆盖，设备更新及运行维护费用。其次，动员社会资源推动对农电视频道的发展，走出单纯依靠政府发展的圈子。比如社会捐助，鼓励非营利性的社会团体和国家机关的捐赠，通过公开表彰或将企业纳入机构管理层等方式鼓励企业捐助，通过提供优惠条件等方式吸引社会和个人捐助等。国家还要成立专门的监管评估机构，负责监管各地建设经费、无线覆盖经费的落实、使用和工程验收，同时制定严格的监管措施，甚至立法，确保各项工作落到实处。国家还可以通过免除对农电视频道应缴的税收、鼓励社会资本积极参与农村广播电视公共服务体系的建设和运行等方式，促进对农电视频道的发展。

在全国广电收入普遍遭遇断崖式下滑的形势下，2015 年和 2016 年全国广电总收入不降反升，2015 年达到 4634.56 亿元，比上年增长 9.66%，2016 年前三季度中国整体广告市场同比增长 0.1%，较 2015 年的整体缩减 3.5% 有明显变化。[①] 但是其中增加额多为财政补贴，例如中央电视台 2017 年就是通过"国家品牌计划"和"超级 IP 资源招标"的服务形式共获得约 67 亿元的收入。当前各级政府普遍增加了对媒体的财政补贴，主要用于党报党刊、广播电视、重点网站和新媒体的建设。济南市预计在"十三五"时期每年投入 2000 万元，重点打造融媒体内容产品；河北省专门下发《关于加强对各级新闻媒体财政支持的通知》，从 2017 年起将部分媒体列入财政预算全覆盖，确保足额拨付；广州市财政局则印发《关于下达支持党报媒体发展资金的通知》，承诺年底前为市属媒体发放数亿元专项资金。政府部门正在加

---

① 《2017 年国内电视发展 10 大趋势，走向如何?》，中国新闻网，http://www.china-film.com/hygc/836.jhtml，2017 年 3 月 18 日。

大对媒体的扶持力度，对农电视媒体也需要抓住这一契机，一方面积极寻求政府对公共服务的扶持，另一方面以开拓精神推进深度融合。①

四　建构对农广播电视公共服务标准体系

标准建设是广播电视公共服务科学发展的重要内容，通过对其网络建设、内容提供、组织管理和评估体系等的建设进行标准量化，可以有力提高广播电视公共服务的水平和质量，以合理的投入产出比确保最佳社会效益。对农广播电视公共服务的标准体系可以包括三大块。第一，包括围绕农村广播电视"新三通"工程的有线电视网络建设标准、无线覆盖标准和卫星接收设备建设标准在内的广播电视公共服务网络建设标准；第二，以对农广播电视机构的绩效标准、资金投入产出标准、实施机构的服务标准为主的管理服务标准；第三，包括节目资源与频道资源配置标准、内容品质标准、传播效果标准以及受众满意度标准等评估体系。② 其中，公共广播电视服务质量监督的评估体系是提高对农电视频道普遍的服务质量和水平的重要举措。

对农电视频道服务质量监督的评估体系至少包括以下几点：按不同传输手段对其覆盖面积、人口比例、信号质量、收费价格等传输覆盖系统进行评估，力争建立中央台、省台和地市台三级比例合理的对农电视频道设置，使对农电视服务工程建设有数量的要求与保障；对节目类型、节目时长、目标观众、播出频率、播出总长等生产与播出系统进行评估；建立有效的传播效果评价机制。目前对农电视频道仍然采用传统的收视率作为节目评估考量的标准，其作为估值和度量的内在缺陷不能反映观众视听的满意度，对农村收视样本的不足也难以反映对农电视节目的真实指标，目前的收视率体系已经不能完全适应对农电视节目的评估要求。

在此，我们可以借鉴境外公共电视服务的评估体系。以台湾地区

---

① 张君昌、熊英：《广电媒体融合发展路径与前景探析》，《传媒》2017年第5期。

② 胡正荣、李继东：《中国广播电视公共服务体系：目标与实践研究》，中国广播电视出版社2010年版，第186页。

公共电视服务的评估体系为例，包括四个方面的标准：第一，公共电视节目海内外评奖表现。得奖虽然不是公共电视的经营目标，但是得奖与品质相关联，因而得奖的多寡成为质量得到肯定的重要指标。第二，节目收视率与占有率表现。占有率是指特定时段内收看某一频道的人数占打开电视机总人数的百分比，和收视率只关心某一时段观看某一频道或节目观众占总体观众的百分比不同，其更能表明特定时段某一频道或节目在收视市场的竞争力。第三，节目收视质表现。收视率只能反映观众收看节目的量，衡量的是注意和频次，收视质衡量的是亲近、依恋、涉入及欣赏等主观感受，其呈现的内涵是节目的吸引力、冲击力、观众的评价及动机，最终体现出节目的知名度、满意度和美誉度。第四，增益率表现。公共电视台不但要制作品质较高的节目，还要通过节目与周边服务打造与公众沟通的平台，全方位实践服务公众的宗旨，因此还要针对其营销成绩、赞助成绩、网站表现、公共服务相关活动及其他推广等相关公共信息与后续服务设计"增益率"进行考量。

我国对农电视频道传播效果的评价机制可以适当借鉴台湾公共电视的评估体系，结合农村地区的不同情况，建立由节目收视率、占有率、收视质与增益率组成的有机的评估体系，同时还可以视具体情况进行网络影响力指标、节目成本指标及专业委员会评分指标等的评估。但是需要指出的是，不管采用什么样的节目评价指标体系，都必须重视评审机构的建立健全。现有的对农节目评估体系，不但要与时俱进地根据传媒发展变革的情况不断进行改进完善，其评估过程和程序也必须接受社会公众监督。为此需要建立对农电视频道的受众反馈和社会监督机制，如公众反馈评价数据管理系统，由农民受众代表、政府主管部门和专业人士组成的监督委员会；建立评估委员会，负责制定广播电视公共服务评估方案，委托权威机构对公共服务体系的建设标准、质量和效果实施评估并发布评估报告。

第二节　对农电视频道核心竞争力的建构原理

一　企业核心竞争力的价值链构建原理

核心竞争力的构建具有多种可能性，价值链的构建具有普遍的指导意义。美国哈佛大学商学院教授迈克尔·波特1985年在其名著《竞争优势》中首次提到竞争优势与价值链概念。他认为竞争优势来源于企业为客户创造的超过其成本的价值。也就是说，当一个企业在为客户提供产品或者服务的同时，能够获得低于竞争对手的成本，或者为客户提供了其他附加值，那么这个企业就可以在市场上获得相对于竞争对手的竞争优势。竞争优势包括成本领先和标歧立异两种表现形式。成本领先意味着企业成本要低于市场平均水平，而标歧立异则意味着企业的产品或服务具有某种独特性。[①] 企业的竞争优势来源于企业在设计、生产、营销、交货等过程及辅助过程中所进行的许多相互分离的活动，每一种都可能对企业的相对成本和标歧立异有所贡献。但是如何将这些活动进行有机整合，并将整合的结果体现在市场竞争中，最终获得竞争优势，为此迈克尔·波特提出了价值链理论。

迈克尔·波特将企业分解为与战略相关的许多价值活动，包括内部后勤、生产作业、外部后勤、市场与销售、服务五种主要价值活动，和企业基础设施、人力资源管理、技术开发以及采购四种辅助型价值活动，他认为这些价值活动都可以创造价值，这些相互关联的价值活动构成了创造企业价值的动态过程，就是价值链。这条价值链将一个企业分解为战略性相关的许多价值创造活动，企业正是通过比其竞争对手更廉价或更出色地开展这些重要战略活动来赢得竞争优势的。价值链中，价值的概念对顾客而言，指产品的使用价值；对企业而言，指产品能为企业带来销售收入的特性。企业价值链就体现在这一系列

---

① ［美］迈克尔·波特：《竞争优势》，陈小悦译，华夏出版社2005年版，第3页。

被称作价值活动的一连串相互关联和配合的广泛活动之中。因此，价值链在经济活动中无处不在，上下游关联的企业与企业之间存在行业价值链，企业内部各业务单元的联系构成企业价值链，企业各业务单元内部也存在价值链联结。因此价值链包括三个方面：首先，价值链是一种具有相互衔接关系的资源的优化配置与组合；其次，这种配置与组合不是随意或杂乱无章的组合，而是围绕某项核心价值或技术来优化与整合的；最后，要判断价值链是否优化，应看其是否能够最大限度地满足消费者的需要，从而最大限度地实现其资源的全部价值，即着眼于整个"结构"和"系统"。①

在价值链中，对于任何企业而言，所有类型的基本活动都在一定程度上存在并对竞争优势发挥作用，它们保障了企业生命活动的基本实现，而每一项辅助活动对于企业价值创造也是必需的，它们或者与各种具体的基本活动相联系而支持整个价值链或者直接地全面支持整个价值链。波特进一步揭示，尽管企业所有行为活动都可以用"价值链"表现出来，但并不是"价值链"上每个环节都能真正创造价值，只有某些特定的活动才能创造出顾客所需要的价值，这些创造价值的活动就是价值链上的"战略环节"，企业也就是在这些特定的环节制造和保持优势，因此，谁能在价值活动或价值链上占据得力点，谁显然就能赢得竞争优势，与竞争对手价值链的较量便决定了企业竞争优势的强弱。当然，关键价值活动的内外联系对竞争优势也尤为重要，企业必须优化和协调能反映其战略的自身、供应商和买方之间各种活动的联系以获取竞争优势。

按经济学眼光来分析，核心竞争力最基本的表现是能以较少的投入获得更多更好的产出，其目标指向为活动效率的提高，也就是创造价值是企业核心竞争力的根本要求，那么如何来有效地创造价值就是企业获得竞争优势的关键。波特的价值链分析实质就是顾客服务价值分析，它比较准确地提示了企业的一系列活动应该围绕怎

---

① 喻国明：《拐点中的传媒抉择》，经济日报出版社 2007 年版，第 28 页。

样的轴心来进行，从而有效地获取竞争优势。这种对顾客价值的获取和生成能力，以及如何使组织密切关注竞争环境和资源状态，并通过行为的关键环节来创造竞争优势正是当今企业构建核心竞争力的关键。价值链为我们分析核心竞争力的构建提供了一种普遍适用的理论工具。

二　对农电视频道核心竞争力构建的价值链层状球体模型

对农电视频道是一种文化产业，即对文化知识的制作和销售，它的目的在于创造一种文化符号，然后销售这种文化和文化符号。文化产业的经济模式也就是影响力经济模式，其核心竞争力构建也同样受影响力经济竞争规律的支配，它是企业社会影响和商业经营二元博弈与逐渐累积的结果，其所形成的特有的"经营化了的知识体体系"①，就是文化企业的核心竞争力。

根据价值链原理，无论是主要价值活动还是辅助价值活动，都构成企业价值链的主要内容，这些相互关联的价值活动构成了创造企业价值的动态过程，但是其主要的价值活动构成企业价值链的主要环节，企业正是通过比竞争对手更廉价或更出色地开展这些重要的战略活动来赢得竞争优势。根据已有的研究，通常认为文化企业价值链的一般战略点和组合可以从以下几方面来考虑：第一，内容为王、创意与高新技术。文化企业的核心价值是文化内容，因此"内容为王"在其核心竞争力的构建中起着决定性的作用，这一本质也决定了创意在文化企业竞争中的核心地位。文化内容的制作需要技术，特别是在全球化的传播时代，高科技特别是数字信息技术的辅助早已取代单一的文化元素与创意成为促进内容与创意优势的保障。第二，市场运作、产业链与内部管理。在市场经济成为主要社会经济形式的情况下，竞争力的强弱归根结底由市场来衡量、决定与体现，文化企业的市场化运作

---

① 史东明：《核心能力论：构筑企业与产业的国际竞争力》，北京大学出版社 2002 年版，第 32 页。

成为企业博弈最真实和具体的过程，它也成为企业价值链中的一个战略点。文化产业的价值实现是借助一系列产业链条而进行的，核心层是各类创意、策划、创作与信息等内容创造活动，其次是文化产品的工业制造与复制，再次是文化产品的发行零售与服务，最后涉及文化产业多个相关产业或外围领域的"亚文化产业"。内部管理为企业参与市场竞争提供了基本动力支撑和运作平台，也成为价值链中重要的战略节点。对农电视频道作为文化产业的一部分，其基本价值链可以参照文化企业基本价值链来分析，由此笔者绘制出对农电视频道的基本价值链如下：

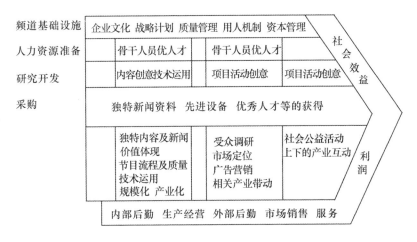

对农电视频道基本价值链

如果从整个产业的角度来考虑企业的价值链，则企业价值链深藏在一个更大的活动群中，即存在于联结上游供应商、中游生产商和下游分销商的一个更复杂的价值链条中，迈克尔·波特称其为"价值系统"。但是对于企业整体来说，它的所有价值活动可以用基本价值链来概括，只是这个基本价值链的某个价值活动的环节，有可能分解出一个相对独立的价值链条。对农电视频道基本价值链是一系列价值活动的集合体：从产品的生产角度来讲，各种形式的新闻、娱乐信息、公共信息、广告是其产品系统的基本要素；从信息传播角度讲，对农电视频道包括传播者、信息、受众（主要是农民受众）、传播效果及反馈等基本子系统；从产业角度来讲，对农电视频道包括信息采集、编辑、广告、产业链等经营子系统。系统内部各要素之间，存在着相互联系相互作用的关系，它表现为某一子系统接受输入而产生有用的输出，这个子系统的输出又成为另外子系统的输入。当然，这并不意味着整体功能等于各要素的简单相加，需要要素间的协调配合，整体效应才会放大。对农电视频道核心竞争力的本质是创造消费者剩余，因此为农民受众提供"受众剩余"，也就是使他们以更低成本获取更有价值的内容产品与服务，成为市场竞争的关键。根据价值链原理，其一系列内部活动中必有一个或几个关键环节，因此对农电视频道的核心竞争力构建应该是以一个或几个关键环节为主导，形成对各种要素不断进行有机整合的机制。总结对农电视频道核心竞争力形成的因素，可以归纳为：农民受众是第一因素，关键环节或关键流程是第二因素，整合机理是第三因素。

鉴于对农电视频道影响力经济的二元性特点，其价值链不能单纯地指向效率或利润最大化，还应该体现其对农民受众的社会影响力，并使两者相辅相成。对农电视频道以传递影响农民受众认知、观念、立场和态度等的新闻信息和相关知识为专责，其关键活动分布于价值链上如何能让受众满意和关注的环节中，主要体现在节目的内容生产等环节。核心竞争力本身强调的是市场竞争与运作，其最终表现是市场与效益，因此市场营销也是对农电视频道价值链上的关键环节。随着媒体进入所谓"合竞时代"，彼此间资源共享的合作成为必然，产业链的打造也成为对农电视频道培育核心竞争力的关键节点之一。价值链上的所有活动都需要通过最优化和协调一致才能实现，管理是实现这种优化的保障，其不仅体现在对各种活动的管理中，也体现在对各种活动和联系的认识与利用，因此管理是对农电视频道价值链的基础。

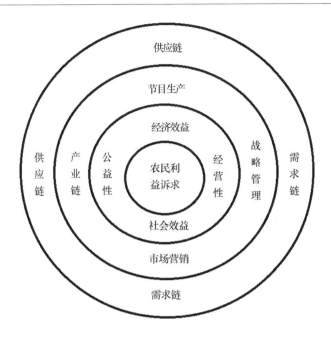

对农电视频道核心竞争力构建层状球体模型①

　　对农电视频道的日常运作不可能是一根静止的价值链条，实际上，它必定是在与环境的相互作用中动态运行的，而这种运行又必定是以公益性与经营性的平衡为基础，以农民利益诉求为核心的各价值生产活动的整合，为此笔者绘制这一层状球体模型图。对农电视频道核心竞争力的培育机制可以看作确定频道的发展战略并不断创造频道独特的价值链的过程，是价值链的向心整合运动，是一个层状球体模型。对农电视频道价值链的一般战略点及其组合包括创意、内容生产、高新技术、市场运作、产业链与内部管理，其特殊战略点则表现为节目的内容生产、市场营销、产业链的打造和内部管理等。在这条球状链条中，以农民利益诉求为核心是所有链条的联结点，是第一因素，节目生产、内部管理、市场营销和产业链各占 1/4 的比例，其中节目生

---

①　范宪：《企业核心竞争力理论——球论模型的新诠释》，博士学位论文，复旦大学，2003年，第 36 页。

产是基石，市场营销和产业链是关键，内部管理是保障，这些构成对农电视频道价值链中几个关键环节。对农电视频道以这几个或某个环节为主导，形成对其他各生产要素不断进行有机整合的机制，就能扬长避短地使自己的核心竞争力在市场上充分表现出来。而且价值链上的整合优势一旦形成，就会反过来对整个频道的结构性因素起扬长避短的整合作用，并通过很强的辐射作用向外扩散，从而分布于频道市场竞争的各个方面。也就是说，一个有核心竞争力的对农电视频道，可以将核心竞争力辐射到尽可能多的价值生产环节上，从而实现媒体社会价值和利润的最大化。

对农电视频道核心竞争力的构建是一个完整的动态管理过程，包括核心竞争力的确定、培育、应用、评价等一系列流程，它是频道以市场及农民价值系统为导向、以学习创新为基础的多种活动和技能交汇的结果，需要频道长期的全方位努力。值得注意的是，核心竞争力的构建过程没有现成的公式，不同频道所拥有的资源、能力和知识各不相同，并随着各自所处的内外环境的变化而不断变化，每个组织获得资源、能力、知识的途径、方式和时机也各有区别，由于这些分布的不均衡和不对称，对农电视频道在同样的制度环境和市场条件下，价值链运作的球体模式便会呈现出千差万别，也就能导致各自竞争能力的不同。①

第三节　对农电视频道核心竞争力的内部塑造策略

对农电视频道核心竞争力的获取源自其价值链上各环节的整合，这一过程不仅呈现出对农电视频道价值链的层状球体运行模式，也反映出对农电视频道有效的生产经营是通过媒介内部与外部的综合作用实现的。因此，对农电视频道核心竞争力不仅可以而且需要培育。它

---

①　钟虎妹：《我国报业组织核心竞争力研究——基于"格式塔"竞争的视角》，人民出版社2008年版，第99页。

可以从坚持公益性与经营性结合的定位、以农民利益表达为诉求提升公信力、对农电视品牌节目的生产、加强对农村市场的营销、从传播领域向农业领域延伸的产业链的建构、注重对农电视频道的战略管理等方面的展开和联结中去分析和探讨，其各要素、各环节的运作以及相互间的协同整合，正是对农电视频道核心竞争力形成的独特过程和方式。以下就各方面的相关运作分别阐述，以揭示对农电视频道核心竞争力培育的具体方法和途径。

一　坚持公益性与经营性结合的定位

作为一种公益性很高的准公共物品，对农电视频道价值链针对的是其竞争优势的获取，其展开的过程是价值创造，其箭头指向的终点，除了经济效益，更有社会效益。"公益性"是广电媒体的附属属性，电视媒体及其产品和资源利用，都必须服务和服从于国家的公共利益。在计划经济体制下，中国的电视媒体曾长期定位于单一的事业性质和宣传功能，国家领域和私人领域在外延上几乎完全重叠，广电都是"公益性"事业。随着向市场经济过渡，广电行业开始了"事业单位、企业化管理"，作为处在市场经济体制下的行为主体，电视媒介逐利性成为其重要特征，电视媒体具有事业和产业的双重属性、宣传和经营的双重功能成为共识。但是关于媒体的"公益性"与"经营性"究竟是非此即彼的二元结构，还是可以协调统一等问题，一直是理论和实务界探索的热点。有人片面强调"经营性"，否定"公益性"，以致成为电视媒体片面追求商业化、追求收视率的理论支持，对电视文化的健康发展极为不利。"公益性"与"经营性"是媒体主观的价值取向和行为方式所赋予的客观的社会特征，是同一主体内并存的双重属性，不可能截然分开，对对农电视频道这样的公共服务来说同样如此。首先，广播电视公共需求本身就是一种强劲的社会性需求，需要通过广播电视产业发展来提供产品和服务，也可以说，广播电视公共服务本身就是一种产业需求，是促进产业发展的拉力。其次，广播电视产业的发展必然会提高广播电视整体发展水平的提高，既为公共服务提供充足的产品，也为公共服务产品的丰富性和逐步升级提供条件。最后，广播电视公共服务可以在潜移默化中提高国民的文化素质和欣赏水平，从而进一步激发国民的精神文化需求特别是个性化需求，为文化市场培养潜在消费者。[1] 历史经验也证明，统分统配的公共服务往往存在服务滞后、资源利用率低、官僚主义等诸多问题。公营广播电视的弊病在西方国家一直存在，比如BBC，虽然定期接受各种委员会的审查，还是不断被指责为"追求安逸""压制创新""节目单调呆板"等等。因此，在中国公共服务领域适当引入市场机制进行产业化操作，可以调动民营资本的积极性，扩大广播电视的资金来源，另外也可以促进有限资源的最优化配置，切实提高公共服务的社会效益。[2] 对农电视频道必须树立经营的观念，以最小的投入获取最大的社会效益和经济效益，而不能不计成本和效益地浪费资源。而且对农电视频道服务性产业开发得好，对服务"三农"，推动"三农"发展也是很有利的。当前"三农"是扩大内需的战略重点之一，客观上也为对农电视频道拓展产业功能提供了很好的机遇。因此对农电视频道价值取向及其实现方式可以定位为"公益为本、经营为用"[3]。

在国家并不富裕的情况下，我国的频道以国家所有、媒体运营的方式实行无偿配置，这其实也是一种物化的投资方式，媒体有责任管理、使用好国家"投资"，使其保值、增值。假如将对农电视频道定位为单纯追求社会效益的公共电视台，由国家给予政策和资金上的扶持，固然可以使频道摆脱市场和经济压力的束缚，但是这种模式构建的对农电视频道必将因为缺乏足够的经济基础而造成自我发展能力比较差，最终影响到为"三农"服务的能力和效果。对公共广播电视机构来说，其属于事业单位，即非营利，但非营利不等

---

① 杨明品、李江玲：《中国广播电视公共服务理论几个基本命题探析》，《中国广播电视学刊》2011年第1期。

② 张立伟、杨飚：《一分为三：广播电视事业与产业的关系新探》，《中国广播电视学刊》2005年第10期。

③ 沈卫星、李晓枫、云德：《受众视野中的文化多样性》，北京师范大学出版社2010年版，第149页。

于不盈利，只是不以盈利为目的。国外的非营利性机构大多是盈利的，只是不由私人盈利，所得的利润用于本身的持续运转和扩大生产。[①] 我国现有的对农电视频道实践证明，公益性程度高，公务服务做得好的频道，其经营也取得了不错的成绩。原荆州电视台垄上频道 2009 年的广告收入突破 2000 万元，这个成绩是建立在他们对"公益性"坚守的基础之上，量化在他们为当地农民受众提供的公益服务之中的。2006 年"中国原创电视栏目 20 强"评选委员会这样公布垄上频道《垄上行》栏目的入选理由，认为"他们用坚持和信仰来感知和把握中国农村的现实话语情景，他们用朴实和汗水来供给广袤农村最饥渴的需求和渴望，他们用深入骨髓的贴近来燃点农民的欢乐和希望"。垄上频道开播后，收视率最高达到 15%，平均收视份额超过 13%。[②] 如果没有满足当地农村受众普遍的公共需求和面向农村社会提供广泛的公益服务，垄上频道难以获得这样的观众满意度和美誉度，其经济效益也难以预测。因此对农电视频道要将公益性放在第一位，同时兼顾经营性，如果完全不讲经济效益，那么社会效益也很难得到长久的发挥。当前最重要的是能够在社会效益与经济效益的冲突中寻找一个好的平衡点，为频道的效益最大化开辟理想的出路。

其次，加强农村新媒体基础设施建设。对农电视频道是一类公益性程度很高的公共服务产品，国家政策的扶持主要表现为在传输覆盖的支持和推动上，从"村村通"到"西新"工程等公共服务体系的探索，都有力推动了对农电视频道在农村的发展。农村传播网络建设的基础投入，为农业传播提供必要的物质条件和设施，成为改善农村传播生态基本条件。但是信息基础设施的不足，成为互联网进入农村阵地的首要屏障。2015 年农村地区的新增网民中，使用

---

① 胡正荣、李继东：《中国广播电视公共服务体系：目标与实践研究》，中国广播电视出版社 2010 年版，第 113 页。

② 湖北垄上频道，http://www.baike.com/wiki/%E6%B9%96%E5%8C%97%E5%9E%84%E4%B8%8A%E9%A2%91%E9%81%93。

手机上网的达 69.2%，未来几年内，手机上网将是带动农村地区网民数量增长的主要动力。政府与互联网企业应该共同带动农村地区互联网发展。政府需要加大互联网基础设施建设以及政策扶持，提升农村人口对于互联网的认知及使用。企业则需要针对农村地区的特性提供更贴近农村地区需求的应用，提升农村人口使用互联网的意愿。目前阿里、京东、腾讯等互联网企业纷纷推出针对农村地区的农业电商和农村金融服务，这些举措将对农村互联网发展起到带动作用。[①] 在新的技术条件下，对农电视频道也需要尽早构建适应互联网和移动互联网的传播终端体系，在农村电信网、互联网、有线电视网的升级改造中不断抓住机遇，主动作为，扩大影响。[②] 特别要坚持移动优先，跟踪前沿技术，布局未来移动终端。通过打造新闻客户端、微信公众号和微博账号等，形成载体多样、体验优良，覆盖广泛的移动传播矩阵，真正打通了"最后一公里"，深度植入并改变农村受众的日常生活。

最后，信息网络的基础设施建设只是新媒体在农村发展迈出的第一步，它的配套建设还包括网上结算、物流配送等一系列内容。政府需要对包括农业信息服务、农业信息的收集、加工、处理及分析、订单农业、网上农科教育等在内的一系列农业生产经营方式给予扶持。同时，政府还需要采取各种宣传教育方式，让农民对新媒体有正确的认识；需要树立应用新媒体的典型农民，以他们为榜样，鼓励带动其他农民使用新媒体；需要培养懂"三农"、懂技术的新型对农传播者，对农民使用新媒体进行培训，提高他们使用新媒体的能力。政府实施的大学生村官政策是一个比较好的可利用的突破口，这些具有丰富知识结构的新型对农传播者可以便捷地将他们对新媒体应用的理解和实践传递给农民。农民一旦从中获益，他们对网络新媒体的依赖和需求会迅速增长，最终会加快新媒体在对农传播中的应用。

[①] 中国互联网络信息中心（CNNIC）：第 36 次《中国互联网络发展状况统计报告》2015 年版，第 1—8 页。

[②] 吴霜：《新媒体语境下对农传播的策略研究》，《东南传播》2015 年第 2 期。

二　以农民利益表达为诉求提升公信力

在对农电视频道核心竞争力层状球体的运行模式中，处于最中心位置的是农民利益诉求。农民利益诉求是对农电视频道价值链的核心，其价值链上的各环节、各要素的运作及相互协同整合都必须围绕服务农民利益来展开，其运作才有明确的方向和旨归，对农电视频道的竞争优势也才能得到真正的凸显。

有学者研究认为，主流媒体的境界与追求是深刻关注和记录社会上正在发生和形成的历史，以"俯仰天地的境界、悲天悯人的情怀、大彻大悟的智慧"① 面对社会发展进程；主流媒体的基本风格就是理性的观察、建设性的出发点，其负有正确传播社会价值的责任，最大的"卖点"就是公信力。准确把握农村市场的需求变迁，是电视媒体服务新农村建设，创新服务方法、提高服务质量的先决条件和根本动因。对农电视频道在定位与传播资源分布上，要注重以农民社会阶层作为目标受众优化传播内容，着力构建以农民为传播者的大众传媒利益表达渠道，以农民利益表达为诉求提升公信力。

1. 对农电视媒体公信力的现状

近年来，公信力这一概念越来越受到传媒业界和理论界的重视。公信力的概念源自英文词汇 Accountability，原意是主体（公众）对于客体信用的期望和客体赢得主体信任的互相作用的关系概念。关于传媒公信力有的学者认为这是媒介所具有的赢得公众信赖的职业品质与能力②，还有学者认为它是权威性和信誉度以及在受众中有深远影响的媒介自身魅力③，也有学者认为它是传媒发布新闻信息的可信度在受众中产生的影响力④。这些解释都从不同侧面揭示了媒介公信力的

---

① 喻国明、张小争：《传媒竞争力——产业价值链案例与模式》，华夏出版社 2005 年版，第 9 页。

② 喻国明：《大众媒介公信力理论初探》，《新闻与传播》2005 年第 1 期。

③ 黄晓芳：《公信力与媒介的权威性》，《电视研究》1999 年第 11 期。

④ 沈世纬：《公信力——传媒的立身之本》，《新闻记者》2005 年第 2 期。

本质，即公信力就是一种能够满足受众需求并受到受众信任的能力。

电视媒体的影响力和公信力既有联系又有区别，影响力着眼于现状的改变，强调电视传媒对广大受众及其社会实践产生的作用和效果，公信力则着眼于电视传媒对社会和个人的信誉，强调媒介所具有的赢得公众信赖的品质和能力，以及公众对其信任的状况。公信力不等于影响力，但它是电视传媒影响力的内在品质和前提条件，可以说具备了公信力也就具备了影响力，离开了公信力也就无从谈起影响力。

根据喻国明等人所做的《中国广播电视公信力评测报告》显示，和报纸、网络及广播等媒体相比，无论城市还是农村，电视媒体的相对公信力和绝对公信力都是最高的。但是随经济的发达程度、开放的程度不同电视媒体的公信力有下降的趋势，在经济发达的沿海地区的相对公信力就低于经济落后的中西部和东北地区。由此他推断，随着经济的发展，电视公信力将会有降低的趋势。[①] 现实的情况也的确如此。长期以来，电视传媒是党和政府的"喉舌"，这赋予了传媒巨大的"无形资产"，使它在民众中享有普通企业难以企及的威信和声望。随着市场化环境对中国电视产业化进程的推进，商业利润渐渐成为主要诉求，在综艺娱乐化、电视剧至上化、节目故事化等的推动下，媒体的商业利益诉求得到较为充分的满足，但随之而来的则是假新闻、低俗化等现象，电视行业的真实度、公正性、公信力在受众心目中大为下降。对农电视频道在其经营性产业的建设中也存在着如何守住公信力和提升公信力的问题。

中国农民对电视媒体有着较高的信任度，包括对电视媒体播放的农资广告也很信赖，但自身较低的文化素质使其缺乏对信息的认知、判断和整合能力，导致特意购买了电视上播放的种子广告却因种子问题造成损失的事件时有发生。部分从业人员农业知识的不足、专业素养的欠缺以及与"三农"情感的疏离，反映在节目上表现为实用性不足和适用性不够，这些都在一定程度上造成了对农电视频道公信力的

---

① 喻国明、张洪忠：《中国广播电视公信力评测报告》，《视听界》2007 年第 3 期。

流失。在面对各种困境和矛盾时，中国农民由于自身的弱势地位、公民意识的缺失难以找到利益诉求表达的载体，现有的对农电视频道在唤醒农民受众的公民权利意识、构建大众传播利益表达渠道及推进政治民主化进程中的功能尚不完善，这些都大大影响了对农电视频道公信力的建构。

2. 打造对农电视频道公信力的思考

媒体公信力的强弱受多种因素的影响，但坚持报道的真实性、准确性，打造媒体的权威性，坚持媒体的导向性是其必备的要素。坚持报道的真实性、客观性和准确性是电视媒体工作的起码要求，也是世界各国新闻规约中的普遍共识。对农电视媒体是党和政府的喉舌，在权威性的构建上有先天的优越条件，但其形成的关键还在于时刻关注农民的所求所需，为他们的决策提供有价值的信息，充分发挥舆论监督作用，敢于针砭时弊，伸张正义等。导向性是主流媒体公信力的核心要求，对农电视频道的导向性应包含宣传意义和示范意义两个方面。

第一，满足农民信息需求，做涉农信息的权威发布者。农业发展面向市场后，信息在农民生产流通领域里发挥着越来越重要的作用。市场信息及时、有效地传播能使生产与市场有效衔接，避免盲目投资给农民带来的损失。对对农电视频道来说，首先要为农民提供对位的信息服务，满足他们对信息的需求。对农电视频道在传播新信息的过程中，要为农民群众解燃眉之急，从农民群众最关心、要求最迫切、最容易见效的事情抓起，不断让农民群众得到实实在在的好处。同时也要紧密结合农民群众生产、生活的实际及不断发展变化的新形势，使新信息的传播具有较高的实用价值和较强的操作性。除了各种农业科技信息外，还可以提供农村剩余劳动力信息、各种农产品信息、农村传统文化信息、农村可持续开发的各种资源信息等，并进行有效传播。在农村城镇化过程中，涌现出一大批不同于传统农民的受众群，他们的农业生产和农村生活不再单纯局限于农村，这需要对农电视频道为他们提供符合农民和城市人的双重身份的信息资源。随着社会的发展变迁，我国农民的构成及其行为方式、思想观念、经济基础等都发生了重大变化，电视对农传播的内容也呈现出更多样化的面貌。对农电视频道不能仅仅满足于对信息的播报，还要致力于一种基于信息的全方位的信息衍生品的提供，即不能仅仅将媒体认为对农民有用的信息传向农民，还应该将农产品信息传播出去，促进农产品销售和农业的深层发展。

　　浙江电视台公共·新闻频道（原浙江七套公共·新农村频道）经过九年深耕，对农节目的服务理念、功能和档次均已实现了转型升级，成为农民生活生产上的"贴心人"，依法维权上的"娘家人"，致富道上的"同路人"。节目由"点"到"面"，从早期的种养殖技术和品种推广，拓展到定期的为农助农的大型活动；从牵线搭桥解决一家一户的困难，到服务一个行业甚至推动地方一个产业的发展。公共·新闻频道曾经组织的浙江农民创富大赛每次都能收到 1000 件创新项目和创意发明，不少创新和发明得到有关部门采纳和推广，大大激发了农民朋友们的积极性和创造力。瑞安台《吾乡吾土》栏目针对很多农民不敢采购新型电动喷雾器的情况，通过专栏节目连续宣传，促成 1000多名农民团购 3200 多台，产生了很大的社会反响。[①]

　　由于历史原因和其他原因，农民在获取各类信息特别是准确的市场信息方面困难重重，当他们步入市场之后，面对媒体提供的大量信息，往往感到无所适从，自身素质不高使他们缺乏对信息的认知、判断和整合能力，也缺乏对虚假信息的防范意识和抵制能力，导致坑农害农的事件时有发生。对农电视频道可以联合相关部门，不断整合、梳理、发布权威的国内外涉农市场信息，做现代农业生产和经营理念的引领者。对农电视频道还要不断加强农民的媒介素养教育，提高他们对媒介的使用能力，增强自立能力。随着农村受众群的分化，有一部分人脱离了传统意义上的农民而成为农村综合生产力的代表，这部分人群对媒介的认知程度要高于普通的农村受众，他们在信息的传播

---

① 林勇毅等：《拓展传播新阵地　服务"三农"新需求》，《中国广播电视学刊》2016 年第 6 期。

上可以称之为意见领袖。农村群体中意见领袖的人群大致上由以下几类人群构成，包括农村管理者、农村知识分子、农村富裕户以及外出务工人员等。这些意见领袖交际广泛，拥有较多的信息渠道，文化水平通常也要高于农民群体的平均文化水平，属于农村精英分子。这些意见领袖自己就是农民的一分子，同普通农民关系密切，他们在日常交流中就可以对周围农民进行引导和教育，亲切生动、互动及时、深入细致，而且方便简单，富有人情味和针对性。他们对于媒介信息特别是电视信息的使用与消费比普通农民受众更为成熟与深入，通过他们可以在一定程度上提高农村受众的接受积极性和反馈意识，带动和培养其他农民群体更好地使用和消费媒介信息的能力。有研究表明，现代化传播工具对于普通群众的影响力，特别是在那些具有明确动员目的的传播活动，如产品推销、技术推广、选举等，"意见领袖"作用非常突出，经他们理解甚至利用后的再传播往往有关键性作用。如果对农电视频道能够培养这部分意见领袖收视的忠诚度，就能在二级传播中获得良好的口碑，赢得更多的普通农村受众，从而更及时有效地传播社会主义新农村政策，提供更有针对性的服务。

第二，发挥建设性作用，促进农民深层观念的变革。经济发展和时代变迁对农民的人生观和价值观产生着极大影响，特别是随着市场经济的不断深入，农民逐渐摆脱了不思进取、小富即安的小农意识，积极参与市场经济，走出了自给自足、自然经济的影响。但是由于历史遗留和封建传统等诸多因素的影响，中国农民的市场意识、创业精神、现代经营理念都还比较缺乏，其思想观念、价值体系呈现传统与现代并存、积极与负面交织的状态。克劳塞维茨认为，"历史最能证明精神因素和它们惊人的作用"。农村现代化最终取决于人的发展，因此对农电视节目归根结底要体现对人的精神层面的关照，帮助完成以人为中心的历史转化。① 农民作为农业生产的主体和农业经营管理者，如果没有适应农业现代化要求的素质，农业生产将很难有质的飞

---

① 徐劲慧：《打造贴近时代的对农电视节目》，《记者摇篮》2017 年第 1 期。

跃。因此，对农电视频道不能仅仅满足于一般的沟通消息，还需要发挥建设性作用，用改变农村落后观念意识的理性力量，培养发展农民的现代化人格，使农民建立起现代观念。

韩国的"新村运动"和我们的新农村建设有很多相似之处，它是"一场由政府发起、以缩小城乡差距、改造农村、造福农民为目的、以倡导'勤劳、自主、合作'精神为核心，开展改善农民生产生活条件的村庄建设项目和提升农民文明素质的思想教育为载体、物质文明建设与伦理精神教育互动的农村现代化建设运动"①。在韩国的"新村运动"中，韩国媒体特别是电视媒体发挥了很大作用。他们不但着眼于宣传"新村运动"的成果，更注重促进韩国农民观念的更新，特别是在"影响他们如何最有效地利用有限的资源来获得最大的现金收入，并能赶上城里人日益增长的生活水平"，"使他们产生极大的兴趣去学习更多关于农产品定价的策略、农产品的市场改革、经济作物和畜产品的生产饲养技术"等方面起到了很大作用。② 在韩国"新村运动"中，电视媒体大大地改变了人们的生活和思考方式，减少了农村和城镇文化之间的差异，加速了农村年轻人流向城市的步伐，刺激了农村家庭经济中的消费，也加速了半自给农民的市场化生产。

有学者将现代观念概括为三大类：一是认知取向的主体意识；二是行为取向的效益意识；三是发展取向的创新意识。③ 当前我国农村正处于传统的自然经济、产品经济向现代农业经济、市场经济转型过程中，对农电视频道不仅要记录、反映、见证新农村建设的历史进程，还要凭借自身的优势，以建设者和守望者的双重角色投身于"三农"的伟大实践之中，积极培育农民的市场观念，打破传统的务农方式和

---

① ［韩］朴振焕：《韩国新村运动：20 世纪 70 年代韩国农村现代化之路》，中国农业出版社 2005 年版，第 3 页。

② ［韩］朴振焕：《韩国新村运动：20 世纪 70 年代韩国农村现代化之路》，中国农业出版社 2005 年版，第 3 页。

③ 陈力丹、陈俊妮：《论传媒在"新农村建设"中的作用》，《当代传播》2006 年第 3 期。

耕作模式，树立创新意识，增强农民在农业生产方面的分析、判断和决策能力等。信息的效益不是永恒的，观念的变革才具有长效性。培养农民对信息的肯定和追求、承认信息的价值并且愿意为交流信息投资，这才是农民在信息社会中应该具备的重要的生存理念。[①] 另外，与农民的物质文化生活的改善相反的是，一些不良封建思想遗风在农村地区有所抬头，诸如修建豪华坟墓、买"六合彩"等陈旧的、腐朽的生活方式和迷信落后的现象死灰复燃，极大地影响着农村的经济发展和治安，也阻碍了农民自身素质的提高。对此，对农电视频道还应该致力于做现代科学、文明生活方式的倡导者，促进农村精神文明的发展，也促进自身公信力的提升。

第三，构建以农民为传播主体的大众传媒利益表达渠道。在西方传统哲学中，从笛卡尔到康德、黑格尔等人，都有一个基本的理论预设，即世界分为主体和客体两大部分。哈贝马斯也提出了自己的主体理论，其概念有"主体间性"、交往理论等。他认为传统哲学的主体—客体模式应该转变为主体—主体模式，即人与人、人与物、物与物之间完全平等，互为主体的主体间性，因此在生活世界和公共生活中应该实现符合交往理性的话语意志的平等和自由。这些概念范畴从微观角度说明个人的主体性、人与人互相把对方当作主体的主体间性，可以通过平等的话语交流得到实现。话语权的充分实现在宏观上可以有助于实现民主政治，在微观上也体现了人与人之间的完全平等。因此话语权的实质是公民在社会上能否维护其合法权益，能否获得做人尊严的重要标志，它也是一个社会民主程度的标志。公民话语权的实现，在一定程度上就是表达权、参与权和监督权的实现，是主体性的标志。

国家有责任为广大农民话语表达提供机会和平台，有责任赋予农民与其他社会阶层相等的话语权。为当代中国农民群体提供平等话语权，不仅仅是一种政策性的惠农举措，更是社会公平观念的理性回归，

---

① 陈力丹、陈俊妮：《论传媒在"新农村建设"中的作用》，《当代传播》2006 年第 3 期。

这是农民天然的民主权利。对农电视频道最重要的职责就是实现农民群体的"主体性表达",构建以农民为传播主体的大众传媒利益表达渠道①,使农民成为真正拥有话语权的主体,继而赢得政治、经济方面的平等权利。对农电视频道在这种利益表达渠道的构建过程中,也必将从根本上提升自己的公信力。

利益表达行为的构成,涉及利益表达主体、客体、内容和形式四个要素。构建以农民为传播主体的大众传媒利益表达渠道,也需要关照到这多方面的内容。从利益表达主体农民来说,对农电视频道应该致力于推进农民阶层的主体意识的认知和转型,使其"从传统的臣民的政治人格转向现代公民的政治人格""从农村土地承包经营者转向现代集约化农业的参与者""从无或者低科学文化素质的群体转向较高科学文化素质的拥有者""从比较落后的生活方式的实践者转向健康文明的生活者""从被动的边缘接受者成为积极主动的媒介参与者和传播接近权的实现者"。在这个过程中,对农电视频道不仅仅是"上情下达"的宣传者,更要成为开阔视野、传播科学、提升素质的新农村主体的塑造者,全面推进农民阶层的主体意识认知和转型,成为推动中国农村社会变革的一种动力因素。② 从农民利益表达的客体来说,其指向的对象包括社会政治、经济、文化、传播等各方面的权益,对农电视频道要时刻关注这些资源的配置及其变化情况,比如村民自治、民主监督等,增强农民的政治主体意识,提升他们政治参与的能力。从农民利益表达内容的传播来看,对农电视频道尤其要注意对农民利益集团利益诉求的表达,利用这些组织增强农民群体的影响力,对农村社会出现的一些矛盾和问题也要尽可能进行客观公正的舆论监督。最后,还要重视对农民利益表达途径如信访制度等渠道及其表现进行监督,在农民与社会不同利益主体之间构建平等的信息交流

---

① 罗以澄、胡新桥:《解决中国农民阶层传播弱势问题的建议和对策》,《武汉大学学报》(人文科学版) 2008 年第 3 期。

② 罗以澄、胡新桥:《解决中国农民阶层传播弱势问题的建议和对策》,《武汉大学学报》(人文科学版) 2008 年第 3 期。

与反馈平台，成为农民利益表达的无障碍通道。[①]

　　当然，新闻舆论监督作为社会权力制约体系的一部分，与立法监督、司法监督、行政监督、党内监督和群众监督一起，构成了中国特色社会主义的监督体系，对于促进社会主义和谐社会建设具有十分重要的意义，但是对农电视媒体想要办好舆论监督节目困难重重也是不争的事实。以"走基层，访民生，给帮助"为制作理念的河北电视台农民频道《老三热线》是少有的舆论监督栏目，开播的十多年为河北省新农村建设提供了强有力的舆论导向和切实的舆论保障，但栏目默认的舆论监督是只能涉及乡政府一级，虽然观众打来的热线中有1/3是反映农村干部问题的，但是因为村委会属于村民自治组织，村干部的行为属于个人行为，法律约束上也存在漏洞，所以栏目对这一类问题的舆论监督无能为力。这样一方面失去了很多好选题，另一方面使观众对节目失去了信任，使栏目的公信力受到影响。[②] 从这点来说，对农电视频道要致力于实现农民群体的"主体性表达"，推动农村民主政治发展，唤醒农民民主意识，引导农民积极参政、议政，营造积极、健康、向上的新农村文化，还有很长的路要走。

三　打造以服务农村受众为核心价值的对农电视品牌节目

　　优质内容永远是媒体的生命线。因为内容与受众的特殊性，无论是内容生产的数量质量，还是传播的信任度接触率，对农电视媒体仍然占有一定优势。当下对农电视媒体要坚持优势互补，在内容创意生产上把原来的垄断优势转化为更加有力的竞争优势。[③] 在对农电视频道的整个生产经营中，品牌节目的打造是关乎全局的基础性和根本性的环节，只有以节目为基石，对农电视频道才能形成"影响力"及

---

　　① 罗以澄、胡新桥：《解决中国农民阶层传播弱势问题的建议和对策》，《武汉大学学报》（人文科学版）2008 年第 3 期。

　　② 冯帆：《新时期涉农电视节目的发展研究》，硕士学位论文，广西师范学院，2016 年，第 36 页。

　　③ 张君昌、熊英：《广电媒体融合发展路径与前景探析》，《传媒》2017 年第 5 期。

"影响力经济"，通过不断铸就新的节目优势，对农电视频道才可能取得其他环节的成效，建构起核心竞争力，进而取得市场竞争的领先地位。"品牌"本是企业产品经营的一个概念，"它指的是在市场经济发展进程中逐渐形成的那些有稳定品质、独特理念、鲜明标识及有较强竞争力、较大影响力、广受欢迎和瞩目并产生较高价值的那些产品"。[①] 节目品牌是节目的品质、个性和核心价值的标识化体现。培育品牌节目是一个涉及众多因素的系统工程，它首先是一种定位，包括理念定位、市场定位等，其次是围绕这一定位而诞生的产品的特性、功能、品质、价位等。其中理念定位即明确电视栏目在信息传播上的价值取向，核心价值是品牌的终极追求，是一个品牌所有传播活动的支点，传媒的一切与品牌相关的活动都要围绕品牌的核心价值展开，对之进行演绎与展示，使之不断得到丰富和强化。对对农电视频道这样的准公益性媒体来说，提供公共服务，满足农民受众需求是其终极追求，因此需要围绕服务农民这个核心价值，在节目形式、内容生产、栏目包装、编排策略、主持人打造等方面展开品牌塑造。

1. 创新节目形式

媒体"使用与满足"研究的核心概念是受众是主动的，也就是受众总是主动寻求媒介信息，以满足自身需求。换言之，个人对媒介的接触与使用是基于各自的需要与动机。电视媒体在城市和农村两类相异的环境中所产生的效果是不同的。在城市中，由于媒体的多元化和信息冗余，单一的媒体很难有强大的传播效果，因此整合营销传播的概念被提出，试图建立"多个渠道、一种声音"的模式。而在农村，信息渠道相对单一，电视媒体具有高覆盖率、高收视率等特点，其核心受众还呈现出高端化的特点——农村居民中年轻的、受教育程度高的居民更爱看电视。因此有研究认为，在我国农村市场，电视媒体一家独大，是最具权威、最有影响力的媒体，休闲娱乐、放松心情与了解新闻时事是农村受众观看电视的最主要目的。

---

① 吴克宇：《电视媒介经济学》，华夏出版社2004年版，第24页。

而且，对农村受众来说，娱乐性节目更容易影响他们观念的变更，农村受众对娱乐性节目所能获取的信息常常会大于城市受众，感悟也通常会比城市受众多。① 因此，对农电视频道需要根据农民受众的这些收视兴趣和特点，以活泼新颖的技巧，饶有趣味的形式，拓展对农电视传播的艺术。

增强节目现场感。电视通过图像生动直观地把新闻事件现场再现、还原，传播的内容可感而真实。这种真实性如果利用得好，可以为老百姓带来鲜活真实的内容；如果利用得不好，反而会使电视图像的真实性大打折扣。例如，在某些新闻报道中，由于要下到农村、交通不便等原因，很多记者往往会利用一些现场感和时效性不强的"万能"图像来说明情况。虽然可以播出，还节省了成本，但是时间一长被观众识破，就会使观众对电视图像的真实性产生怀疑，从而影响媒体的公信力。真实是新闻的生命，电视新闻工作者特别是对农电视工作者，只有走下去，深入农村、深入农民生活当中，踏踏实实地拍摄反映农民生活的新闻，让图像真正再现农村和农民客观真实的生活，才能获得百姓由衷的信任。不少农村电视栏目以居高临下的态度或猎奇的心态反映农村生活，在节目内容和形态方面比较死板，基本上是演播间比较机械、单调和说教的主持加图像加解说，这样难免在竞争日益激烈的电视市场上受冷落甚至面临被淘汰的命运。对农电视栏目应不断创新制作、播出的形式，不断增强节目现场感，让对农节目真正成为农民自己的节目。

趣味性表达。根据调查显示，接受电视节目信息能力的强弱取决于受众文化水平的高低，对农村受众来说，大多数都更愿意接受简单有趣的讲故事方式的科技节目，而不会选择那些看上去复杂难懂或者生硬呆板的科技节目。对农电视频道的节目创作应该尊重农民受众的文化素质和生活习惯，尽量将科技术语换成通俗的语言，让农民受众

_____

① 方晓红：《对农村受众选择电视节目倾向的研究——江苏农村受众的实证调查》，《电视研究》2003 年第 2 期。

易于接受、乐于接受，达到引导、教育和服务的目的。要想使电视农业节目更具有可看性，需要认真构思、精心包装和巧妙编排。在节目的表现形式上应该更加丰富，可以采用悬念、铺垫、揭秘的方法，根据节目的卖点设置矛盾冲突，用其结果的未知引起观众的收视期待。在做好内容的同时，还要不断地提高外在的包装，形成独特的品牌特征，不仅包括对整期节目的拆解、重构，也体现在画面、声音、解说、影像资料的剪辑、展示、拟人化对白及主持人表演等多种手段的综合运用上。有些节目可以利用画面加图表、字幕、多媒体或动画效果，灵活地体现主题；有些节目可以根据主题表达的需要，有意识拍摄一些情景段落，做到表现方式形象化、趣味化，使原本枯燥的内容变成生动直观的影像。当然，外在的包装一定要和实用、有效结合起来，才能既言之有物，又具有可视性。

故事化叙事。电视节目内容故事化，已经在国内电视界大行其道。为什么这么多电视节目都选择故事化的生存道路呢？因为中国人自古以来就有浓厚的故事情结，听传奇、说故事是历代中国大众最主要的文学艺术消费方式，中国文化中故事化传统对观众审美情趣有着深厚的浸润。其次，来自观众需求的压力、电视竞争的压力。同样的"思想"，同样的"信息"，如何能够卓尔不群地传播，达到最优化的效果，对观众产生足够的吸引力？在实战经验中，电视人逐渐发现只有把特定的思想和信息演化为有情节、有趣味的故事才能形成差异性，而差异性恰恰有可能使电视节目、栏目和频道与众不同，从而形成独特的竞争力。① 在中国农村，受农民素质、生活习惯等的影响，受众对故事化的需求更加明显。所谓"故事化叙事"，就是指新闻事实故事化，其开头往往设置悬念，接下来以情节、细节推进，文本完成以事件的完整呈现为主，并不特别注重新闻的简短与写作规程。② 根据农民受众的收视兴趣和特点，对农电视频道要

---

① 胡智锋：《故事，热浪的背后》，《媒介方法》2006 年第 3 期。
② 郑西帆：《"本土化"：改变电视文化编码的意义及代价》，《现代传播》2008 年第 2 期。

吸引农村受众，需要在对农栏目的设置和采制上着力故事化的开掘，多设置一些故事性的栏目，或者栏目某些板块的叙事要更故事化、情节化。通过跌宕起伏的故事、颇具悬念的冲突、贴近本土的世态人情吸引农民受众，满足其精神需求。

注重与受众互动。当前的节目创作在把握各类农村受众的新动机、新思想、新需求的基础上，还要不断创新节目的形式，使对农节目发展与农村受众的心理和审美情趣需求状况相适应，与农村社会发展同步，从而赢得更多的受众。创新节目形式需要从电视传媒的特殊传播效果着手，电视传媒相对于其他传统媒介来说有两个特点，一是事实氛围的传真性，将事件原始现场景象如实地全盘托给观众，使观众有"身临其境"之感；二是深度涉入的参与性，即通过各种形式的互动参与使受众产生传播内容的心理介入和传播过程的亲身介入。[1] 随着农民素质的提高，一部分农民可以参与到大众传播的反馈环节中。通过一些媒体的实践表明，把农民特别是新一代农民直接请进电视台的直播间，表达自己的看法和心声，效果很好。还可以通过热线电话和短信平台进行互动，热线电话可以与科技部门联手合作，解惑答疑。另外，对农电视频道还要注重增强反馈的及时性，如果对农电视频道能做到对信息的及时反馈，不但实现了对农信息补缺，体现了对农民受众的尊重，提高媒体自身的公信力，还将在很大程度上改变农民传统的信息接收模式。[2]

2. 坚持本土化策略

观众对电视节目形成的收视习惯和美誉度，是建立在电视媒体权威性和公信力的认同基础之上的。品牌栏目是获得公众认同和赞誉的媒体基础，是电视媒体提升公信力，参与媒介竞争的核心竞争力标志。有学者认为，电视品牌栏目包括"人无我有、人有我优、人优我特、

人特我绝"，这意味着它的稀缺性、优质性、独特性、极致性和不可
替代性。① 对农电视频道在内容生产上要充分考虑到地方的实际情况
和自身条件，坚持本土化策略，努力做到稀缺性、优质性、独特性，
形成品牌栏目的核心价值，最终成为不可替代的电视品牌栏目。

我国农村分布广，农民在地域文化、审美习惯和接受心理等方面
都存在较大差异，因此对农电视栏目可以在民族文化、地域文化或本
土文化的基础上形成各自独特的节目风格和品牌优势，即首先要实现
内容的本土化，在现实生活中寻找产品的生产要素，通过市场印证媒
介产品的社会价值和经济价值，对农电视频道也有充分的优势挖掘利
用农村的各种信息、民生、文化、风俗等内容资源。另外，从本土化
的表现形态来说，包括相同、相近、相似性，具体化为语言风格、叙
事方式、文化结构、环境特征、行为动作、方言等外部的本土化；明
喻、隐喻、转喻性，讲究的是语言的内涵意义，可以通过电视的画面
语言、有声语言、特技语言、编辑语言、影调语言等构筑多种形态的
传播形式，使观众在熟悉的意念里升华情感；细节、情节、感动的多
维性，它要求在前两种形态的基础上，通过选择细节，选择情节，讲
述故事，做到形于情中，置外于里，淋漓尽致地表现出节目的本土品
质，实现传者与受者的情景交融、情感交融、境界交融和思想意识交
融。② 对农电视频道可以充分利用农村本土化的这些语言、审美、话
语系统、价值评判、叙事系统等形式资源，制作成大量具有区域本土
特色的、充满本土平民气息和区域文化多样性吸引力的、形式丰富的
电视节目。

在对农电视栏目和节目本土化策略的实施过程中，还要考虑到至
少三个层面的内容：信息的新鲜独特性，即与众不同、鲜为人知等类
似信息；信息的理性深度，即能够对同质同类信息提出有分量的独特
的主体观点；信息的感染力，即媒体产品要能有力影响和感染观众，

---

① 胡智锋：《电视品牌的特征与创建》，《中国电视》2003 年第 9 期。

② 郑西帆：《"本土化"旗帜下的中国地方电视业》，《新闻大学》2006 年第 3 期。

激起观众的共鸣，这样才能体现独特的对本土资源的利用和创意。对农电视频道可以从这三个层面出发，精心制作，在采访、编辑、制作的各个过程进行深加工，赋予对农电视节目更多的思想和文化内涵，体现出背景性、深刻性和解释性，努力提高这类媒体产品的附加值。

3. 注重栏目包装

对农电视频道也要注重栏目包装，既包括对已经形成的栏目的片头片尾的包装等外在化包装，也包括由整个节目的标徽、色调、音乐、字幕、风格等构成的内在化包装。外在化包装使栏目获得独立性的存在，具有重要意义，内在化包装更是栏目不可分割的有机组成部分，使节目在具有实用性的同时，还具有了审美性，使节目的特点和风格得到强调，显得更加突出和统一。外在化和内在化并存才能使栏目和节目既获得独立性存在，又获得个性化存在。吉视乡村频道于 2008 年引入 CIS 识别系统，推出包括台标、广告口号、栏目宣传片、预告片等在内的全新频道整体包装，收到了很好的效果。品牌标志是读者识别品牌栏目的重要"指示器"，报纸栏目的栏头设计，广播电视节目的起始曲，都是打造品牌栏目不可或缺的品牌标志。从山东电视台的《乡村季风》栏目、河北电视台的《三农最前线》栏目到荆州电视台《垄上行》栏目都体现了这一原则：朗朗上口、通俗易记、贴近农民的栏目名称，使农民观众产生较强的认同感和亲近感；带有强烈浓郁农村气息和朴素农家风味的栏目片头，与栏目内容相映生辉，为栏目增色不少；身着统一服装的主持人、记者和摄像人员，形成了很好的品牌宣传效益，也为电视画面提供简洁、朴实的效果，让观众更容易记住；从电视镜头的质量、镜头的剪辑和字幕的表达方式上都进行了统一化、标准化的规范，这些标准化的荧屏形象，提高了受众对栏目的认知度，起到了很好的宣传效果。

4. 打造品牌主持人

电视就是主持人媒体，主持人是品牌栏目的重要组成部分，甚至从某种角度上说主持人就是一个品牌的人格化身。一个成功的节目主持人，一般都富有突出和鲜明的个性化特征，而主持人不同的个性特征正是电视在多元文化背景下呈现出来的传播的多元性。有学者认为，主持人个性化传播的效果有两点最为突出，一是个性化的主持人具有很强的号召力、黏合力和拉动力，他们的个人魅力具有无可替代的广告效应。二是个性化的主持人与栏目融为一体，他们就是栏目形象、栏目品牌，吸引着大批如期而至的忠实观众。① 在对农电视频道中，主持人就像一座架在农民和政府之间的桥梁，起到沟通和联结的作用，因此对农电视节目要充分考虑主持人人格魅力和对农节目气质的紧密贴合，也要注重主持人符号性和标识性的打造。

首先，在对农电视频道主持人的语言定位上，需要用特定的语言方式来对待农民这一特定的观众群，语言表现形式上可以百花齐放，说、评、侃、谈、播、讲都可以，但是要注意语言态度的表达，平和、通俗、亲切自然，避免用晦涩生僻的语言，尽量用农民朋友耳熟能详的词句来拉近彼此的距离。其次，在对农节目主持人的形象定位上，发型设计、服装款式、化妆乃至饰物都应该列为考虑范围。服装款式最好简单、大方，适合农民的口味，看上去容易被农民接受，这样对他们也有一定的引导、示范和效仿的作用。《垄上行》栏目主持人王凯就经历了着装、发型不为农民接受，到主动向农民靠拢，最终被农民接受并受到欢迎的过程。再次，在对农节目主持人的基本素养构成上，不但要具备较强的采编能力，对栏目的选题策划、现场采访、稿件撰写、播音主持和剪辑制作等一系列环节要有独到深刻的见解，还要有较高的文化素养，对国家的农业政策和法规，农业生产农事活动都要有一定的了解和掌握，这样的主持才具有可信性和权威性，报道才会更有深度和针对性。当然，对农节目主持人要成为品牌，最重要的还在于是否能够心怀"农民情结"，深刻了解他们的所思所想和关注的问题，与农民朋友打成一片。河北电视台农民频道《三农最前线》栏目中《苏老三走四方》板块的外景主持苏老三，以及《致富情

---

① 汪文斌：《探讨中国电视品牌栏目的成长之路——"创新/创意/制片人2004"电视百佳栏目评述》，《中国广播电视学刊》2004年第10期。

报站》中《大宽支招》板块的主持大宽，就是凭借一口浓重乡音，一身农民穿戴，凭着纯朴热情和独特个性，以及长年奔波于乡间地头的实干精神受到农民的欢迎，并且拓展出"群体苏老三"等品牌形象，形成独树一帜的品牌效应。主持人王凯是《垄上行》栏目的标志性符号，他除了具有丰富的生活积累、悟性和优秀的临场发挥能力与应变能力，最重要的在于真诚地对待农民，每年 365 天有 300 天在农村，和农民一起同吃、同住、同劳动，成为他们的朋友，也成为农民和电视之间的桥梁。

5. 注重收视编排策略

作为频道叙述结构的节目编排，在电视传媒竞争中的作用越来越显著。电视节目编排，包括节目内容选择、编排、推广和评估，都会对受众注意力规模产生影响。实践证明，符合观众收视心理的、有创造性的节目编排可以使节目、栏目、频道和媒体的收视率、关注度、影响力、美誉度都得到充分的发挥，从整体上提升电视媒体的竞争力。最具代表性的关系营销理论是美国学者舒尔茨等人提出的 4R 理论，4R 分别指关联（Relativity）、反应（Reaction）、关系（Relation）和回报（Retribution），这一理论应用在电视节目编播中，主要是强调电视台需要在观众收视需求不断变化的动态市场中建立电视频道与观众的长期互动和关联，防止观众的流失，以忠实观众群体来稳定自身的市场地位。[①] 基于关系营销而采取的节目编播策略是电视台对市场竞争的一种回应，它表明电视台已经不能再满足于被动地适应观众的需求，而需要以主动地建立顾客忠诚，培育观众的收视习惯，培养观众与节目或频道的收视约会为更高的目标，来实现电视台与观众的双赢。

观众流理论是从频道编排的实践中总结出来的重要理论，它把观众的收视过程看作一个流动的过程，收视流向分为"顺流""溢流"和"入流"。观众流理论的核心思想是实现观众的顺畅流动，

---

① 徐立军、袁方主编：《电视播出季——频道编播创新前沿》，中国传媒大学出版社 2007 年版，第 49 页。

在具体的操作上主要包括观众生活形态与收视习惯、节目满意度研究、节目资源使用效率研究、观众重叠率研究、频道结构分析和广告资源的优化配置。对对农电视频道的受众来说，农民的作息时间缺乏规律性，往往随着季节的不同而变化，对农电视节目的编排就要充分考虑农民的生产实际、生活习惯、收视习惯、不同时间段的收视心理、节目偏好及不同性别的需求，并且不断把握这些需求的变化，通过及时快速的节目编播调整做出反馈。节目编排不但要对收视率数据进行深入分析，准确把握农民受众的收视时间规律和内容偏好，还要考虑到农民受众对节目质量的评价，即把节目满意度指标作为编排的重要补充因素。当然，节目编排还包括对节目资源的使用效率研究，剔除出效率较低的节目，通过强化优势节目资源提高频道的整体收视。要保证上一个节目的观众顺畅流动到下一个节目，还要求在节目安排上做好衔接，同质性节目对接同质性节目，以实现较大的观众重叠率。①

河北农民频道《老三热线》的首播时间是每周一至周五 20：00，重播是每周一至周五 7：00 和 12：30，这些都是专门针对农民的生产生活规律专门制定的；辽宁电视台的《黑土地》栏目则选择了在 5：30 超早时段播出，正是依据了北方人生产劳动时间、家务劳动时间和闲暇时间的特点编排的，在辽宁地区取得了可观的收视率，占有早间 50％以上的市场。② 吉视电视台乡村频道在进行节目编排时，也考虑到了自身定位、主体受众群体的收视习惯和主要竞争对手的编排思路等一系列问题，有针对性地运用"板块编排策略""正反向编排策略"等策略。如他们在进行节目与电视剧场的混合编排时，注意相互呼应与相互拉动，实施"周边效应编排策略理论"；通过减少广告、提前预告等"无缝编排策略"，吸引观众锁定乡村频道；按"编播季"策

---

① 徐立军、袁方主编：《电视播出季——频道编播创新前沿》，中国传媒大学出版社 2007 年版，第 49 页。

② 冯帆：《新时期涉农电视节目的发展研究》，硕士学位论文，广西师范学院，2016 年，第 32 页。

略对电视剧进行编排安排播出；等等。

6. 整合节目资源

对农电视节目不但要树立品牌意识，还要增强市场意识，大力推进对农节目的市场化、产业化和多元化。对农电视频道可以把目光投向更广阔的领域寻求新的利润增长点，延伸对农节目的产业链条，比如把节目制作成影视、科普 VCD 或 DVD 制品出版发行，使节目增值，在扩大传播效果的同时促进创收。比如山东电视台农科频道发行的《乡村季风》栏目电子版不但有光盘，还附有文字性的小杂志，每年12 期电子版的总发行量可以达到 80 万份。

当前对农电视频道普遍面临节目内容供应不足的困境，还可以通过优化调整自身的节目资源配置方式，同时联合外部资源，来解决节目供应不足的问题。对资源进行有效整合，是提高企业核心竞争力的重要措施。节目的资源整合涉及节目的制作、编排、购买、外销等几个方面。从对农电视频道节目资源内部的整合策略来看，可以采用多重利用自办栏目素材，实现节目形态的多样化，比如同一个事件可能首先由一个栏目做动态性报道，再由另一个栏目进行深度报道；通过整合编排自办与外购栏目，形成优势栏目组群，既彰显了对农专业频道的定位，又为优质广告的投放搭建平台；还可以通过合理配置影视剧资源，形成剧场的系列化编排，减少台内频道间竞争带来的损耗。从对农电视频道节目资源外部的整合策略来看，目前已有的对农电视频道相互之间已经具备了节目交换的可能，可以进行农业新闻资源的集中整合包装再返台使用、联合采访制作以及区域农业新闻合作等形态的尝试；在节目的流通环节还可以进行联合采购与发行等手段，降低节目购买成本，提高外购节目质量。

另外，从现有对农电视频道三级体系的节目创作来看，央视七套可以着眼于从宏观层面传递、发布国家的方针政策，并就某些典型事件进行解读剖析；省级对农频道则可以立足于从中观层面宣传报道本省的"三农"信息，并与其他省份进行交换交流；市县级对农频道则可以从微观上收集整理当地的"三农"信息，并做好上下沟通工作。

这种全方位，多层面的播出体系可以一定程度上解决对农电视节目数量少、比例低、播出时间短的现状，也能明确各层级之间的关系，实现有效的布局、管理与调控。①

对农传播必须充分发挥新媒体的优势已经成为共识，国内对农电视媒体都很注重利用新媒介平台来发展读者、听众、网民、移动终端用户等各类信息受众，延伸影响力，今后还需要围绕用户展开运作，通过积累资本、技术、人才，通过体制机制转换，通过植入互联网基因，打造优质内容，实现产业增值，真正提升自己在数字媒体时代的竞争力。

四　以复合型思路实现内容增值

当下，渠道为王、终端为王、体验为王等概念异彩纷呈，都有各自的道理。但是目前的趋势显示，在媒介变革时代，内容生产仍然是对农电视媒体的核心竞争力。为适应外部媒介环境的剧烈变化，对农电视媒体的内容生产需要持有复合型思路，将呈现以下趋势：第一，打造具有品牌效应的原创对农节目内容仍然是基石，但需要以此为基础，对内容资源进行重新梳理、深度挖掘以及整合再生产，并且凭借强势的原创内容，完成内容的一次开发，多次生成和售卖，使其不断增值。

第二是建立与移动互联网技术的信息智能相匹配的大数据库，通过数据挖掘和用户需求分析，针对不同农村用户提供个性化、定制化和精准化的服务，由单向传播变为互动交流，由信息传播变为信息服务。比如湖北垄上频道的数据库已经细化到每一个村庄的土壤结构，养料结构，用户在新公社的农资直营超市只需要报出名字和身份证号码，就能看到他的土地面积、酸碱性等资料，超市据此定点配送适合种植的种子，定量配送土壤的养分，而且只要用户在这里享受过统一

---

① 项仲平、杜海琼：《论对农电视节目存在的问题与创新对策》，《中国广播电视学刊》2009 年第 10 期。

测土、配肥、供种、农药防治及栽培管理等任何一项服务，都将享受被统一收购的待遇，解决了农民最关心的上市销售问题。① 大数据实现了以用户需求为导向，以提升用户体验为核心的传播理念，在潜移默化中实现了对农电视频道的媒介功能。

对农电视节目还需要紧跟时代潮流，借助大数据兴起的东风进行节目策划制作、编排及传播理念的升级。在节目策划和寻找选题时挖掘大数据主要有两种方法，一种是还没有明确的选题，通过在海量的数据里寻找，经过有针对性的分析、对比和储存，找出其存在的某种内在关联，最终发现超越认知的新闻点；另一种是已经有明确的选题，但是需要编导在既定选题方向的基础上，从大数据维度出发进行筛选和分析，最终确定具体选题。利用大数据挖掘，通过筛选、整合、凝练千头万绪的信息和数据"碎片"，找到值得报道的新角度、新思路，对编导的分析、挖掘能力，对栏目的内容资源积累，对频道与索福瑞、百度数据、酷云等专业收视调查公司的合作能力等都是很大的考验。

CCTV-7 军事农业频道拥有独特的内容资源，多年来深耕二、三线城市和广大农村地区，奠定了良好的受众基础。该频道《聚焦三农》栏目2015 年推出的"三夏"特别节目《"三夏"大数据》就充分利用"三夏"跨区作业信息服务网平台，集合"三夏"麦收中的麦收进度、农机调度、作业信息、价格等关键环节信息，以大数据新闻的方式展示了全国麦收的新现象和新趋势；而另一期特别节目《麦收故事会》则在前期策划时就认真研究该节目前三年的收视率曲线和受众分析结果，通过数据挖掘和技术转换，得出演播室和小片比重需要调整等结论，并运用于节目采制中，最终取得了理想的收视率。②

第三，以一体化发展理念重塑新闻生产流程，实现内容传播互动化。传统的对农电视频道要善于利用数字平台的即时性、移动性与互动性，提高用户的参与度与黏性。比如对农电视频道可以利用新媒体

---

① 《垄上行：能做 8 个亿的农民电商》，电子商务研究中心（http://b2b.toocle.com/detail-6207387.html），2014 年 10 月 30 日。

② 刘恒鑫、李海礁：《用好大数据，农业节目准备好了吗》，《当代电视》2015 年第 12 期。

对社会网络热点进行聚合，以积极主动的议题设置介入公共事件的讨论，以客观准确的观点立场和严谨深度的真相报道赢得舆论的主动权①，最终推动问题的深化促进问题的解决。在这个过程中由于形成传者→受者→信息反馈→受者→传者的互动传播模型，用户成为合作生产者，参与到媒体内容的制作传播和消费中，用户反馈成为提升节目质量和多元性的重要手段。

五　转化农村用户，以系统化思维促进产业融合

传统对农电视媒体和新媒体正在融合发展，但是建立了网站、开通了微博和微信的传统媒体并不意味着就一定能够存活下来。数字媒体时代，传媒竞争的实质是用户之争，如何吸引受众，留住受众，成为媒体转型成败的关键。虽然目前农村的"空心化"现象比较严重，剩下的都是留守老人、留守妇女和留守儿童，但是一方面得益于农村的政策，另一方面得益于在城市打工的后代，这批人消费能力也在不断地增加。而且农村还有一批意见领袖，包括打工返乡人群、大学生村官、农村商户、当地的工矿主、养殖种植大户等，以及一批新型经营主体，包括种养大户、农资经销商、农民合作社、家庭农场等，这些新型经营主体在农业结构调整、农村改革及农民发家致富奔小康的过程中正在发挥越来越重要的作用。对农电视频道需要抓住这几类人群，为他们提供更专业、便捷、多元化的服务，为转型期对农电视媒体拓展发展空间提供强力支撑。

互联网正以各种方式吞食着传统媒体的领地：用户流失、广告客户转移、收入锐减、权威动摇。当传统媒体前赴后继地踏上进军新媒体的征程后又发现，转型投入不小，赚钱的却很少，"短期的现有业务在快速坍塌，但是新媒体业务也没有看到希望"，因为互联网所导致的传统媒体的转型与整合并不是某个单一要素所能改变的，只有包涵内容、经营、流程、体制机制等的全环节、全要素的产业竞争才能

---

① 李玉政：《探索传统媒体与新媒体融合的路径》，《甘肃日报》2014年8月25日第11版。

构建竞争力和独占优势。① 当前对农电视媒体的转型同样要避免出现片面新闻转型观、片面生产流程转型观等不良倾向，要树立系统化的思维，从观念转型、体制机制转型、内容生产转型等各方面出发，跨界进入信息服务业、农村保险业、农村文化休闲旅游业以及养老业等产业②，开发新的信息服务与商业模式，方能在业态急剧变革的背景中走稳这条转型之路。

核心竞争力本身强调的是市场竞争与运作，市场已经成为我国媒体生存发展的基本条件，它使媒体生产经营的举措都必须建立在对市场的尊重和符合上，仅有好的节目还不能构成竞争优势，只有在市场的运作下，一切才能流转起来。对农电视频道的市场营销是指其发现、创造和交付价值以满足农村目标市场的需求，并获取利润的过程。对农电视频道对农村受众和广告市场所采取的营销策略和营销力度不同，会取得完全不同的市场效果。对农电视频道在一个二元的媒介市场上运作，它首先通过在农民受众市场上传递内容以换取注意力，再通过在广告市场上售卖注意力，最终实现市场价值。因此对农电视频道的对农营销需要针对农村受众市场进行产品营销，针对农村广告市场进行广告营销，以及进行系统的品牌营销，在具体的操作手法上则可以通过体验营销、活动营销等展开。

内容营销是对农电视频道产品营销的核心，其主要目的是让更多的农村受众知晓节目，增加收看机会，在过去这一功能主要是靠频道的收视指南和节目预告等方式来完成。随着农村媒体渠道的日渐增多和信息量的日渐增大，对农电视频道需要采取传统与现代手段相结合的方式来开展对农村受众的内容营销，从广播、报纸到互联网、手机媒体等，各种媒体和各种营销形式都可以为其内容营销服务，从新节目推出、电视剧上映、新编排板块到时期性播出计划等都可以成为内容营销的对象。从内容购买、节目编排和服务开发等方面所做的尝试

---

① 喻国明：《互联网逻辑与媒体转型的关键》，《当代传播》2015 年第 1 期。
② 郭全中：《转型需要产业融合与系统化思维》，《传媒》2015 年第 1 期。

都是为了唤起更多农村受众的注意力，满足他们的需求，同时获得受众市场的回报。

对农电视频道的广告经营一直面临着城市频道的挤压，要想通过提高收视份额或增加广告资源的方式来提升广告收入非常困难。当前对农电视频道要想改善广告销售效果，还需要从创新营销手段上入手。比如在广告营销上坚持精耕细作、顾问营销、重点服务。所谓精耕细作就是广告市场细分，顾问营销则是广告研究的理性指导，重点服务是指将工作的重点放在了优质客户上。可以将农村广告市场行业进行细分，对特性相近的广告资源进行整合，实行"顾问式"营销，通过充分策划和服务，利用收视、受众、价格等标准来指导客户做最有效的投放，而不是仅靠高频次，高频率来保证效果，使频道广告经营决策更为科学合理。对优质客户服务的目的是把最好的产品推荐给农民，推动当地农资市场的优胜劣汰，强强联手将农资市场逐渐规范化和品牌化，达到一举多得的效果。

1. 体验营销

有调查显示，农村电视受众的消费存在以下特点：对消费品的要求主要是"省钱实惠、质量有保障、安全耐用"，同时农村受众也喜欢选择名牌产品；更认可在权威新闻媒体刊载广告的产品；更相信口碑，人际传播效果十分明显；广告信息先行、消费滞后，即广告的效果要经过一段时间才能显现；消费季节性强，春夏农忙时节主要集中在农机、农资等生产资料方面，秋冬农闲季节是农村消费旺盛季节，消费品种主要集中在生活、娱乐等方面。① 根据农民受众的这些特点，对农电视频道的营销模式也要发生相应的变化，从传统营销到服务营销，最后发展为体验营销，把潜在客户变成现实客户。

体验营销主要指采用让目标顾客观摩、聆听、尝试、试用等方式使其亲身体验企业提供的产品，让顾客实际感知产品的品质和性能，

---

① 陈旭鑫等：《拓展农村电视广告市场　构建对农传播长效机制——基于对江西农村电视受众的调查》，《电视研究》2009 年第 12 期。

通过感官、感情体验与思维认识的一系列活动，培育消费者忠诚度，最终达到满意交换，实现双赢目标的营销方式。① 体验营销要求从业者增强成本意识、换位思考，即不仅要考虑到新闻媒体的成本、广告客户的成本，更要考虑到电视受众的信息接收成本，特别是电视受众的时间成本、体力成本和心理成本等。体验营销的重点在于顾客的体验，因此，对农电视频道的体验营销可以从农村消费者的感官、情感、思考、行动、关联等方面设计营销策略，展开营销活动。比如召集农村消费者学习、掌握收割机、插秧机等现代化农业器具的使用技能，使其体会到产品的"好处"和"妙处"，使这类产品的推广更为容易。比如在黄金时间通过新闻、专题等形式播出有关产品信息，紧接着在送科技下乡等活动中让企业与农村消费者近距离接触、试用产品。河北电视台农民频道在家电下乡的大背景下，专门开辟《村里这点事》栏目，讲述农村人因家电下乡发生的种种改变，让"家电下乡"成为街头巷尾的热门话题，使不少农村潜在消费者成为现实客户。

2. 活动营销

活动营销也就是通过精心策划具有鲜明的主题，能够引起轰动效应的，具有强烈新闻价值的单一或者系列性组合的营销活动，以达到更有效的品牌传播和销售促进。对农电视频道通过活动营销可以有效实现市场的细分和异质经营，从而带来受众的同质化聚集，更有效地锁定具有潜在经济价值的目标受众，这是建立在关系营销、数据营销和品牌营销基础之上的一种产品销售方式。通过各种主题活动，电视媒体和企业可以共同分享面对特定受众的、直接接触受众的销售渠道，可以将媒体产品和企业的物质产品捆绑进行销售，突破了电视媒体销售渠道或企业产品销售渠道的单一性和局限性，有利于实现双向共赢。通过主题活动，电视媒体和企业通过共同接触和分享具有相同受众的信息渠道及信息，可以提高两方把握受众需求与变化的能力，增强市场反馈的真实性和全面性，从而更大限度地突破电视媒体单向传播的

① 龚海怒：《体验营销——拓展农村市场新利器》，《乡镇经济》2008 年第 9 期。

劣势和企业市场调查的抽样缺陷。另外，媒体的各种主题活动本身也是企业进行营销与行业竞争的重要渠道，可以帮助企业迅速占领市场份额，是企业和媒体基于成本和收益核算基础上的适度市场细分所锁定的受众群的合理经营。① 当然，好的活动营销还必须具有吸引力、关联度、可信度、操作力和传播力五大关键要素。

对农电视频道需要不断整合资源，将活动营销作为契机，来推动农村消费市场的不断升级，构建实用权威的大农业媒体传播平台。比如随着新一轮拉动内需政策的实施，家电下乡产品、汽车下乡范围的扩大，农村市场逐渐成为关注的焦点。对农电视频道可以根据农村市场的消费习惯，结合企业的传播需求制定一系列活动营销方案。活动营销考验着对农电视频道社会资源和市场资源的集结能力，既可以扩大对农电视频道的品牌影响力，让更多广告客户认识到对农电视频道的影响力，吸引他们的广告投放和相关活动的参与，如活动的冠名、协办、赞助等多种合作形式，为对农电视频道的广告经营增添新的力量，有利于对农电视频道的自身发展，也能吸引更多的农民受众，让他们在活动中获得农技推介、供求资讯、劳动就业等全方位服务。

媒体通过各种主题活动，可以和企业建立良好的合作关系，将企业原本分散投放于不同媒体的广告资金集中化，有利于形成规模效益，增强盈利稳定性，从而大大降低广告受行业兴衰和政策调节的风险，节省了成本也避免了恶性竞争。电视活动营销的品牌一体化和渠道一体化在优势凸显的同时，也伴随着风险，即成功的媒体活动营销可以产生正向外部效应，但活动营销选择的合作企业如果出现或产生对社会危害的行为，那么对于具有关联性的媒体往往会产生公信力和品牌的危害；而如果媒体过分注重盈利，丧失了媒体的公信力和公正性，对社会造成危害，也会成为媒体的外部成本。对农活动营销是一种相对特殊的经营活动，这与中国"三农"问题的特殊境况相关，所以对

---

① 王琳、罗忆：《中国电视活动营销的经济学分析》，载郑保卫《媒介产业：全球化·多样性·认同》，中国传媒大学出版社 2007 年版，第 293 页。

农电视频道在进行各种活动营销时，要认真考虑这种外部性经济的存在，要以公信力和公正性为中心，将盈利原则和社会公正进行有效界定，与农村受众和企业进行有效的合作和沟通，从而将媒体活动的风险降至最低。[①]

六　经营创新：以跨界思维拓展产业链

当下传统媒体的融合战略最大的问题在于没有找到有效的商业模式，传统的广告和经营模式受到极大挑战，新的商业模式没有可资借鉴的模板。即便是新浪、爱奇艺和优酷土豆等商业网站也还没有很好地解决盈利问题，但是传统媒体的跨界拓展产业链还是在不断摸索中渐成雏形。当前主要有三种形态，一是跨地区扩张，传统媒体的跨地区扩张一向困难重重，虽然从国外经验看，电视台跨区域整合是产业发展规律，但是从湖南卫视和青海卫视的重组与分手、上海东方传媒集团公司的第一财经与宁夏卫视合作又中止等现象来看，非市场化的政策因素是我国的跨区域整合最大的阻力，跨地区扩张至今难有建树，成果寥寥。二是跨媒体扩张，也就是当下如火如荼的传统媒体与网络新媒体及微信、微博等自媒体的融合，是国内外传统媒体正在探索和跋涉的这条路。三是跨行业扩张，以传媒主业为核心向相关产业拓展，以副业支持媒体主业，跨界打造新兴综合经营体。[②] 近年来颇受关注的浙报集团，通过打造全媒体产业链，巨资并购新媒体娱乐平台，同时向物流、贸易、房地产、印务、高新技术、物业管理等行业或领域扩张，"创造邻接扩张的价值想象"，取得了骄人的成绩。[③] 杭报集团也是通过新媒体、融媒体、多媒体三大现代传媒集群的并举，全方位拓展文创产业链，从而迎来发展的春天。[④]

---

① 王琳、罗忆：《中国电视活动营销的经济学分析》，载郑保卫《媒介产业：全球化·多样性·认同》，中国传媒大学出版社 2007 年版，第 293 页。

② 漆亚林：《逻辑·理念·模式：媒体融合的中国道路》，《中国报业》2017 年第 7 期。

③ 高海浩：《用互联网基因构建传媒转型新平台》，《中国记者》2013 年第 3 期。

④ 漆亚林：《逻辑·理念·模式：媒体融合的中国道路》，《中国报业》2017 年第 7 期。

　　对农电视频道的竞争优势不仅来自其自身的经营活动，也来源于产业链中其他经营主体合作间的联系，即从产业链分解出另一个相对独立的价值链条，频道内部价值链与供应商价值链、渠道价值链、买方价值链之间组成更大的"价值系统"。当前对农电视频道的主流经营模式仍然是"单点式"的，即围绕着内容生产将相关的上中下游环节搭建起来，这种模式不但存在着对信息资源、受众资源、品牌资源等的利用率比较低的问题，也存在着具有某种"饱和点"而难以进一步发展的问题。喻国明指出，今天已经开始的新传播竞争时代的特点在于，传播渠道的拥有和掌控能力对于传媒产业核心竞争力形成的贡献将越来越小，而传播内容的原创能力及内容资源的集成配置能力，以及对于销售终端的掌控能力、终端服务链产业链价值链的扩张能力越来越成为形成传媒产业核心竞争力的关键。[①] 当前需要进行经营重点的转型，即从过去个别的"点"式经营重点，转型为规模经济、范围经济并重的"结构"型经营重点，就需要通过跨地区、跨媒体、跨行业的拓展，以优化配置和整合媒介资源，实现价值链的产业内容、地理空间等的动态拓展。对农电视频道在服务新农村建设的过程中，需要将电视栏目和频道品牌从电视媒体领域的发展向其他媒体及其他行业跨界延伸。

　　对农电视频道跨媒体产业链条的建构，首先要通过媒体扩张，形成报纸、广播、电视、网络、图书出版等多层次、立体化的媒体运作，以提升资源的利用效率；其次积极探索传统媒体向新媒体的转型，要基于对农电视媒体的优势资源，真正树立起用"电视＋"对接"互联网＋"的理念，从尝试传统媒体与网络媒体的嫁接，如电视大屏与多媒体小屏融通运用，对农节目与微信公众号、新闻客户端、淘宝直播、网易媒体的网络同步直播等；实现传统媒体基因与互联网基因的碰撞裂变和深度融合。最后，跨行业产业链条的建构，可以通过传媒品牌的扩张、传媒资讯的深加工、传媒已有客户

群和发行队伍的价值再开发、开展各种评价活动等展开。对农电视频道产业链的建构也可以围绕这几个方向展开，其中需要注意的一点是，无论是从哪个方向展开都一定是从服务农民这个核心价值出发的有机建构，是关联行业的开发。对与主营业务关联度较强的，可以通过品牌影响力吸收资本与人才；对与主营业务关联度较弱的，则通过出售品牌影响力参与分成；对与主营业务没有关联的，也可以通过品牌延伸、品牌创新盈利。①

1. 向其他媒体领域延伸的产业链建构

对农电视频道产业链向其他媒体的延伸可以是向报纸、广播、杂志及图书出版等传统媒体展开，也可以向新媒体领域展开。但据刘仁圣、赖浩锋等人所做的调查，在报纸、广播、电视等媒介中，报纸在农村的市场正在逐步"荒漠化"，广播在农村的影响力也正在加速萎缩，② 对农电视频道向这两个传统媒体领域延伸的空间虽然不大，但与新媒体领域的融合有广阔的前景。从世界各地新旧媒体融合的成功案例可以发现，传统媒体应对新媒体挑战的最好办法就是与之融合，取双方之长，获共赢之势。对农电视频道也要敢于创新品牌新形式，与电视台内部网站、其他网络平台以及手机等新媒体进行联合，运用现代信息科技和传媒手段实行跨媒体合作，进行跨媒体的渠道建构，培育新的文化业态，延伸品牌内涵，不断丰富农村文化生活。

互联网作为一种新兴的互动媒体正在走进农民生活，并逐渐形成新的价值观念和生活态度。2010 年中央一号文件就提出，"推进农村信息化，积极支持农村电信和互联网基础设施建设，健全农村综合信息服务体系"。截至 2016 年 12 月，我国手机网民规模达 6.95 亿，较2015 年年底增加 7550 万人。网民中使用手机上网人群的占比提升至95.1%，提升 5 个百分点，网民手机上网比例在高基数基础上进一步

① 郭乐天、刘旭道：《三大再造"实现"三圈融合"》，《中国报业》2017 年第 7 期。
② 刘仁圣、赖浩锋：《农村传媒生态失衡现状与对策——"江西省农民致富与传播状况"调查与思考》，《中国传媒报告》2005 年第 2 期。

攀升。其中农村网民占比为 27.4%，规模为 2.01 亿；城镇网民占比 72.6%，规模为 5.31 亿。[①] 这显示在三网融合的背景下，互联网主导地位的日益凸显，互联网在农村的应用价值越来越突出，在农村的普及也将越来越快。对农电视频道在利用网络方面要建设符合自己特色的官方网站，设置台、频道、节目介绍；登载节目播出时间表，方便观众查阅；登载视频节目，开辟互动功能等。还可以通过论坛、博客、即时评论、网络报料台、网上调查、网上直播等多种方式扩大电视的传播途径，提高对农电视的网络影响力。对农电视频道在其官方网站的创建过程中，需要对其传播内容进行整合，不是将电视媒体的内容原封不动地搬上去，而是需要做二次研发，进行再创造，为网络媒体注入新的内容，通过制造互动和交换，使其建立自己的核心价值信息。

有资料显示，中国青年农民对新媒体手机的接触率已超越传统媒体广播和杂志，仅次于电视和报纸，居第三位。当然目前多数农民使用手机主要的目的是进行语音通话，还没有通过手机进行相关信息的服务和利用。但手机正在实现由人际沟通工具向大众媒体的跨越，随着 3G 技术的普及，凭借其便利、低成本等优势，对手机保持较高接触率的那部分农民，很快会充分利用先进的手机媒体进行相关的信息获得与服务活动，从而进一步提高手机媒体的接触使用率。[②] 对农电视频道也需要与手机新媒体进行融合。2009 年 12 月，国内首部农民专用多功能手机暨乡村季风手机正式推出，这部大音量、具有超长待机功能的手机是由山东电视台授权品牌，海尔集团生产，山东中澳通讯科技有限公司全国发行的。手机有包括收音机、温度计、湿度计和手电筒等各种专门针对农民设计的特殊功能，有各种农业专家的讲课视频，大约 40 万字的农业科技书籍，最重要的是通过这款

---

① 《中国网民数量已达 7.31》，http://mobile.163.com/17/0122/17/CBDDKHE500118023.html，2017 年 1 月 22 日。

② 李程骅等：《当代中国青年农民媒介消费研究》，载李程骅《创意与传媒》，复旦大学出版社 2007 年版，第 268 页。

手机可以收看山东电视台的《乡村季风》《专家热线》《农资超市》等栏目的精编内容展播，即《乡村季风》栏目多年来播出的节目内容被重新整理，通过挑选精华部分纳入手机内存卡，用户可以随时通过手机直接视频观看栏目精编内容。另外，山东电视台农科频道还推出了《乡村季风》手机报，包括今日封面、时事天天看、致富路上、乡村能人、新品种、植保小贴士、养殖天地等 17 项内容，从周一到周五，每周五天向用户发送。通过这份手机报，用户能掌握最新的致富信息，学习最先进的种养殖技术，了解最及时的农事资讯。在这个案例中，对农电视频道围绕服务农民这个核心价值，将手机新媒体和电视等传统媒体结合起来，建构了一个新的产业链。值得注意的是，对农电视频道向其他媒体延伸的产业价值链总是与"三农"息息相关。

2. 向农业领域延伸的产业链建构

产业价值链是一种相关资源的组合，这种组合要求围绕着某项核心价值或技术来加以优化和提升。因此对农电视频道关联产业的经营，需要围绕电视媒体产业经营的核心部分进行相关产业的多元化，即建立在共同市场、生产和技术等基础上，具有持续竞争潜力、相互产业之间的价值活动能够共享的互相关联的多元化。对农电视频道在对农传播的过程中，首先要做好自己的主业，即在提供对农电视产品的基础上，获得内容生产能力、对农传播能力以及在农村社会的影响力等的不断壮大，才能进而将这种核心竞争力延伸到相关产业，优化收入结构，增强抗风险能力。

对农电视频道可以向与其联系最紧密的领域农业领域延伸，并借鉴已有的模式，由对农电视频道品牌衍生出农村商业流通渠道，由对农传播领域的"服务体系"向商业市场延伸，建构价值链。比如，对农电视频道在举办行业活动的出发点和创意点时可以通过聚焦农产品品牌，举办全国性的行业活动，如"中国农产品节"等类似的系列活动。通过这样的活动，将各种有关"三农"的政治、政府、政策资源，如各级政府资源、农业主管部门资源、农产品品牌资源、农业行业资源、农业市场资源等都聚集在对农电视频道的周围，① 这样一来，不仅为对农电视频道吸引更多的关注，营造出更高端、更广泛的影响，还可以通过这些活动把那些散落在各地，很难聚集的农产品集中起来，不但有利于这些产品的营销，大大促进农产品品牌的推广，有力推动新农村建设，也能大幅度提高对农电视频道在"三农"领域的行销力，实现对农电视频道在品牌变现方面的历史性突破。

对于信息资源的延伸开发，对农电视频道可以利用采编优势形成农业信息咨询资料提供者甚至是专业的农业数据库内容商，还可以通过开展各种主题活动、加强媒体区域性特色文化产业基地建设，培育地方特色农民艺术团体，联合其他主体建立农资服务机构等方式进行多元化扩张和产业链打造。2009 年年初，荆州电视台与内蒙古永业商贸公司共同投资成立了湖北垄上行新农村服务有限公司，荆州台以品牌资产投入，打造了垄上行新公社连锁服务体系，在江汉平原农村建立了 400 多家连锁加盟店，每个加盟店都集销售店、信息站、服务站、记者联络站四大职能为一体，全面为农民提供服务，解决了农村流通市场普遍存在的信息不对称、农产品买卖难、农资供应不畅等问题。浙江公共·新闻频道则基于"翠花牵线"栏目打造翠花实体店，通过与部分乡镇组成战略联盟，实现农产品销售的立体式推广，所获回报实现联盟双方的"共赢"。这种方式有效解决了农产品产销分离，销路不畅等问题，在成功实现"产销对接"的同时，也使得频道和节目焕发出强大的生命力。还有的传统媒体尝试品牌延伸，用媒介的传播力和影响力拓展渠道与品牌销售，推进线下传统品牌在线上的延续及品牌电商化，实现线上线下 O2O 融合，也是一种值得尝试的趋势。温都旗下 B2C 电商平台——温都猫被评为 2014 年"中国媒体融合年度最佳产品"，这家定位于区域性生活的 B2C 电商平台推行"零仓储"运行模式，以温州本地特色产品和国内外优质农副产品、粮油、日用品

---

① 关键：《从栏目到频道，再到……"垄上行"品牌未来发展之我见》，《广告人》2009年第 11 期。

等为主打，但却有着同城其他区域性电商难以比拟的优势，即温都全媒体的用户和引流渠道，其新媒体用户都可转化为电商平台的买家。根据后台数据统计，在温都猫购物通过移动端下单付款的用户占比达到78.83%，2016年营收5600多万元，电商收入成为温州都市报营收的重要组成部分。[①]

在西方传媒业发达国家，传媒产业是一个个环节互联的组合方阵，各个传媒集团内部或相互之间高度分工，进行价值链接。在传媒经济增长的过程中，传媒产品的创意、技术、营销等各个环节紧紧地联系在一起，形成一个"上游开发、中游拓展、下游延伸"的产业链条，对相关的各种企业和产业形成带动效应。我国电视媒介产业的供应链是断裂的，前端内容环节的不足和后端流通渠道的匮乏，从产业链条的前端到尾端没有形成完善的连接，因此也就无法形成规模经济。喻国明认为，所谓"合竞时代"就是以彼此间资源共享、整合配置、价值链接来共同参与更大规模的竞争时代。传媒通过合竞时代的合作竞争找到了谋求资源共享和竞争互助的最佳结合点，以较低成本集合所需要的信息资源，扩大了媒体的信息覆盖和影响力，最终将实现多媒体与跨媒体间互动互通和共荣共生的良性循环。因此，伴随着中国电视进入合竞时代，对农电视频道整体价值链中，产业链的建构已经成为不可缺少的关键环节，成为可能带来竞争优势的重要节点。

七 注重对农电视频道的战略管理

在价值链的构成中，价值活动是竞争优势的来源，它们并非独立活动的简单集合，而是相互依存的系统，是各种创造活动的协同，这些活动与联系都需要通过最优化和协调一致才能实现，因此管理是对农电视频道价值链的基础，它渗透在其基本活动和辅助活动的所有环节中。对农电视频道的战略管理可以借鉴较为成熟的企业管理模式来提高微观管理水平。

[①] 郭乐天、刘旭道：《"三大再造"实现"三圈融合"》，《中国报业》2017年第7期。

1. 对农电视频道的战略管理策略

著名战略管理学家波特在其经典著作《竞争战略》中提出企业战略管理的理论，认为"竞争"及竞争优势的培养是该战略的主要特色，而一个竞争者只可能拥有两种基本的竞争优势，也就是低成本和产品差异化。这两者和某一特殊的业务范围结合可以得出三个通用竞争战略：成本领先模式、产品差异化模式和目标集聚模式。对农电视频道也可以借鉴这一策略进行战略管理。

第一，成本领先模式。成本领先模式要求电视机构严格控制内容资讯的制作、传播和组织协同的管理成本，最大限度地减少研发、服务、广告等成本费用，以及在经验基础上尽量降低影响力获得的成本。[①] 对农节目成本居高不下一直是对农电视频道寻求突破的一根软肋。对农电视节目主要靠频道自制，采访半径大、条件差、耗时长、耗费大，由于财力物力人力不济，限制了农业节目的自制。要进行严格的成本控制，可以通过优化人才结构、合理引进先进的技术设备、加强人力资源管理等方式，减少生产与交易成本。随着经验的积累，电视传播者对受众需求满足的对位性水平日益提高。随着资讯采集、组织精确性的提高，就可以大大减少采编队伍所耗费的资源。充分利用各种外部资源降低成本，其中，政府资源和各种政策资源的分量举足轻重。从对对农电视频道保护激励措施的制定、出台、实施，到频道内部体制、产权、经营模式的许可乃至一些具体的活动实施等，政府的态度都是起决定性作用的。湖北电视台垄上频道《垄上行》栏目一方面勤俭持家，倡导义务奉献；一边充分利用当地政府资源，寻求多方支持，实现了节目低成本运行。比如，每年举办春秋两季大型活动，都要请当地政府协调大量事务，召集农业部门、畜牧部门、气象部门给予支持，大大节省了经费。为压缩节目采制成本，垄上频道培养了大批通讯员，这些通讯员采制的节目能占到日常节目的10%。垄上频道还组织了100多位"田博士""农专家"等特殊人才组成的庞

---

① 朱春阳：《现代传媒集团成长理论与策略》，上海人民出版社2008年版，第68页。

大专家团参与到节目中来。依靠大量通讯员和地方各有关部门的大力支持和配合，随时为农民服务。这些方式降低了成本，但却没有降低收视效果，反而因集聚社会力量而使节目呈现出丰富的面貌。

加强成本核算，建立现代财务管理制度。由于我国长期以来广电行业的事业单位性质，造成了成本核算的意识淡薄、成本管理内容简单以及成本管理方式老化等问题，尚未形成成熟的成本核算方法和管理制度。广电行业是高消耗、大投入的产业，在市场经济条件下，加强成本核算尤其重要。对对农电视频道来说，其成本核算既要借鉴一般的企业成本核算方法，又要考虑到对农传播的特殊性，比如既要推行固定资产的有偿使用制，又要考虑到对农传播更大的消耗性，对对农传播的节目制作给予一定的补偿。要在保证节目质量的前提下，努力降低成本，形成有自己特色的成本核算。首先，从领导到节目制作部门、财会工作人员都要树立成本意识，完善经济责任制，做到有法可依、有章可循。其次，实行财务全过程控制机制，即事前控制，制定各种费用开支的实施细则，做好活动预算，要求责任人心中有数；事中控制，在节目制作的过程中把好财务关，严格执行预算标准，如果发现有偏差行为，应及时向管理决策层反馈，把问题消灭在萌芽状态，保证成本核算为管理服务；事后控制，通过将各项费用的预算与实际发生费用进行对比，计算成本差异并分析原因，为以后进行成本核算积累经验。最后，建立高素质的财务管理专业队伍，可以加强对频道财务人员的在职培训，提高他们的财务理论水平，也可以引进既懂财务理论又了解广电行业特性的复合型人才。

转换节目生产机制，改变过去那种小而散、小而全的作坊式节目生产模式，实行专业化和公司化生产。对农电视频道作为一种专业化频道，需要有一定的节目设置权、用人权、分配权等，要实行统一领导下的自主经营，把频道节目生产经营与频道、栏目以及员工收入联系起来，充分调动了频道负责人和编采人员的积极性，从而有力地推进频道发展。另外，对对农电视频道来说，虽然目前还难以实现真正的制播分离，还是要逐步实现媒介产品生产的市场化。一些市场意识较强的电视传媒正在将传媒产品的生产权、播出权、经营权分属于不同部门，这是符合传媒产业发展规律，也是进行生产机制改革的未来路径。

第二，产品差异化模式。产品差异化模式要求电视机构能够提供差异化的电视产品和服务，并因其独特的地位获得溢价报酬。从理论上讲，任何因素的变化都能带来差异化，任何因素的组合都有产生差异性的可能。所以说差异性具有普遍性，但是需要对个体表现出来的差异进行选择，选择出那些具有竞争力的差异性。选择的前提是对普遍的分析，也就是对电视机构差异性来源的分析，根据需要来选择有利的差异，需要考虑诸如成本、变动的环境等因素进行综合衡量，而且还存在一个差异性是否为优势差异的问题。对农电视频道与其他综合性频道、专业性频道最大的差异在于它的节目来自农村、面向农民，各具特色又迥异于城市文化的各种农村文化资源是其品牌节目实施差异化的重要源泉。文化资源并不完全依赖于经济，它本身有自存性，往往小的投入或是以智慧型的方式进行操作，就能获得一定的竞争力。①

中国是一个有着8亿农民的农业大国，长期处于以自然经济为基础的农业社会中，漫长的农耕实践形成了中国农民独特的思维模式、价值判断、生活方式和风俗习惯等，也决定了中国农村文化的普遍特征是带有浓厚泥土气息的"乡土文化"。农村文化资源作为根植于农村的文化存在对象，也因此具有浓烈的乡土气息和时代特征。中国地大物博，农村文化源远流长，文化底蕴深厚，文化资源丰富多彩，既有农村历史文化资源、生产文化资源，也有名人故里与历史遗迹文化资源、农村民情民俗文化资源、农村景观文化资源、农村口述文化资源，还有农村饮食文化资源、农村传统工艺文化资源等。② 另外还有极具地方特色和民族特色的民间艺术文化，如青海的花儿文化、四川

---

① 胡正荣：《中国广播电视发展战略》，北京广播学院出版社2003年版，第254页。
② 王冲：《论新农村建设中的农村文化资源开发》，《经济研究导刊》2010年版，第34页。

的饮食文化、甘肃的敦煌文化、云贵的民俗文化等，都具有中国农村传统文化独特的文化价值和文化魅力。由于产生的背景、条件等不同，不同地域的文化资源千差万别，这正是文化资源得以交流和共享的前提。中国几千年传统的农耕文化，渗透到现代生活各个层面的现代农业文化，表现在中国农民的生活方式、价值观念、语言使用等方面和城市文化都有一定的差异。尽管随着文化全球化进程的加快、大众传播的普及，城乡之间的文化差距逐渐缩小，但还是存在着一定的差异，这成为对农电视频道的差异竞争的构建基础。除了丰富的人文自然资源，8亿农民中藏龙卧虎，身怀绝技者也大有人在，只要开发得当，都是对农电视节目制作取之不尽、用之不竭的金矿。而且很多乡土文化还处于尚未开发状态，保持着原汁原味，这些都为对农电视频道的开掘提供了丰富的源泉。一方水土的农村文化是一种历史传承和心理维系，它代表着相同的文化背景、价值观念、意识形态，以及由此所产生的认同感和亲切感。对对农电视频道来说，开掘农村文化资源，形成具有地域特色的农村文化情感，不但获得了丰富鲜活的内容源泉，也获得了维系本地忠实观众群体的机会，有利于对农电视频道打造本土特色，构建稀缺性和不可替代性。

2. 加强对农电视媒体的人才培养和管理

人才资源是知识经济时代一切资源中最具积极因素的资源。传媒竞争最终表现为人才的竞争，传媒竞争力的各种提升战略归根结底要靠人的作用才能落到实处，人才优势是真正具有决定意义的优势。根据美国经济学家舒尔茨的估算，人力投资比物力投资更能使利润成十倍地增长，优秀人才是保持媒体核心竞争力的持久动力，因此人才开发战略与品牌营销战略一样，应被视为传媒竞争力管理的一种通用战略。人才资源是对农电视频道价值链条上内部管理的重要内容。

电视工作是一项系统工程，从前期采访、后期编辑、播音主持，到营销人员的推广、技术人员的保障、管理人员的规划统筹等，需要许多人的协作才能完成。人的素质直接决定了电视产品的质量，影响着市场拓展的决策和成效。笔者在前几章中分析了对农电视人才的现状及其困境，认为社会大环境对对农电视传播的消极控制内化为对农电视传播工作者的"生存心态"并影响他们的工作活动。要解决对农电视人才的困境，一方面需要培养一批乐于从事对农节目制作，愿意扎根基层的创作人才，推动"因地制宜"的创作人才培养和选拔制度，另一方面也要考虑到对农电视人才的正当利益要求，通过制度措施保障他们的合理要求和价值实现。

第一，对农电视媒体人才的素质要求。社会责任理论者认为，新闻媒介在享有新闻自由的同时，也要恪尽对于社会、公众的义务和责任。作为正处于社会转型期和巨大变革的发展中国家，我国媒体无疑应该承担起推动国家建设和发展的积极作用。对农电视媒体身处"三农"场域和国家场域的中介位置，更当肩负起这重大的社会责任。对农电视媒体的从业人员也应该有对这份职业的专业主义精神。这份专业主义精神，要求对农电视媒体的从业者在报道事实、挖掘新闻时，必须体现客观公正的职业立场，充分尊重事实，尊重公众的"知情权"，要有不屈从于任何利益、任何权威的独立性以及对真理和理想的追求精神。这份专业主义精神还要求对农电视媒体的从业者对所从事的农业电视节目采制及相关工作的目的、意义和价值有正确的认识，有高度的事业心和把工作做好的责任感和使命感。

"三农"情怀是指对农业、农村和农民的一种关心、尊重、热爱的深刻而稳固的情感，它是建立在对农业在国家和社会发展中的重要地位，农村和农民对于中国历史、中国革命和现代化建设的巨大贡献和牺牲的正确认识基础上的情感。[①] 这份情怀是"更富有同情心，更能从深层次的角度理解农民的问题。最重要的是从内心认识到农民在社会中的重要性，从骨子里尊重农民"[②]。当前需要在对农电视媒体的从业者中培养这份"三农"情怀，有了这份深沉的情怀，对农传播的从业者会在心理和情感上亲近"三农"，更自觉地深入基层，真心诚

---

① 马梅：《中国农业电视传播发展研究》，中国电影出版社 2010 年版，第 189 页。

② 冯帆：《新时期涉农电视节目的发展研究》，硕士学位论文，广西师范学院，2016 年，第 30 页。

意帮助农民解决疑难问题。这份"三农"情怀还会通过内化机制，成为对农电视传播从业者"生存心态"的一部分，一旦它在从业者心中沉积下来铸模成型，形成一种具有双重结构化功能的精神心理秉性系统，就会发挥预先模态化的"前结构"作用，引导着对农电视从业者的行动目标、风格和模式。对农电视从业者会更亲农、爱农，时刻关心农民的冷暖和喜忧，保持同农民群众的血肉联系，以真挚的情感投入和服务投入换取农民的情感回报、收视回报和市场回报。"三农"情怀和职业精神也存在着互动关系。"三农"情怀可以使对农电视人员的职业精神得到强化，而职业精神会也会促进他们"三农"情怀的深化。最终对农电视从业者成为知农、懂农，研究"三农"的专家型电视人，成为农民可以依赖也值得信赖的电视人，也成为敬农、敬业、舍得花时间花精力同农民生活在一起，住在城里心系乡村的电视人。①

　　第二，对农电视媒体人才的管理机制。从传媒组织产业发展需求角度来说，一个传媒组织至少应该拥有四类资源，即人力资源、物质资源、组织资源和文化资源。人力资源因具有稀缺性和不可复制性而成为第一资源和关键环节。随着知识经济的兴起，人力资源核心地位的确立，人力资源的开发利用已成为提升传媒组织核心竞争力的重要战略规划。长期以来，中国传媒业在行政力量的保护下，在人才的使用和开发上一直存在着许多误区，比如重使用、轻培养；重管理、轻开发；重政治、轻业绩等，呈现为一种缺乏远见和简单化的管理方式。对于对农电视频道来说，由于对农传播的特殊性，同时伴随着经济全球化进程的加快，信息技术的迅猛发展，传统的人力资源管理手段和方式需要改进和更新，需要更科学有效的理念来吸引人才、培养人才，通过优化管控体制，创新人才孵化机制和激励机制，建构现代化企业管理机制，创造和提升对农电视媒体的竞争优势。②

　　首先，对农电视媒体人才培养要与对农电视频道价值诉求一致。

---

　　①　张振华：《对农广播电视建言》，《中国广播电视学刊》2004 年第 5 期。

　　②　漆亚林：《逻辑·理念·模式：媒体融合的中国道路》，《中国报业》2017 年第 7 期。

媒体成长有其价值诉求，普遍和共通的诉求是形成自己的核心优势，树立优良的品牌形象，拥有持续发展和长期生存的能力。对农电视频道需要将媒体的价值观与人才培养结合起来，以共同的价值观塑造员工的价值观、思维方式和行为准则，使个体的行为模式与频道的文化价值观形成良性互动，使人才的培养和使用既满足人才个人的需要，又为频道发展造就合适的人才，保证频道在发展道路上不会偏离正常轨道。用频道价值观和行为准则来引导人才的发展，既需要通过在对人才的招募、甄选、上岗培训等过程中将频道的核心价值观渗透到人才的脑中，使人才产生对频道的认同感，也需要在频道内部形成有效的沟通，通过例会、集体活动等平台搭建形成公开意见市场的平台。对农电视频道自身还要不断丰富组织文化的内涵和外延，使组织文化的发展跟上社会的进步，吸纳和留住时代前沿的人才。

其次，建立市场化的人才培养机制。正如现代人力资源管理的理念所揭示的，人才本身不是企业的核心竞争力，对人才的有效管理机制才是企业的核心能力。企业是否能够吸引、留住和有效使用人才，在于能否构建人才脱颖而出的机制，在于是否拥有人才发挥作用的舞台。一方面，当前对农电视频道的经营和管理人员，有的是上级行政部门委派的，有的出身于新闻业务部门，绝大多数没有经过专门培训，也缺乏经营管理现代传媒的经验，因此当前亟须培养具有商业意识和媒体运营经验、训练有素、称职可靠的媒体职业经理人。另一方面，农业问题的专业性、农村问题的复杂性，在农村采访的艰苦性、与市民相比农民素质的差异性等，导致对农电视频道对经营管理和采编人员的要求和其他频道相比更高，因此对农电视频道在人才战略上要引进市场机制，建立战略性的人才管理制度，不断完善竞争机制、激励机制和流动机制，以实现对农电视频道的可持续发展。对农电视频道需要从政策和机制上培育和扶植对农编创人才，实行以"优才计划"为核心的人才资源的优先培育，鼓励并倡导编创人员深入农村生产生活，提供培训与再教育的机会，奖励表现优秀的对农电视节目工作人员，制定"经济效益与社会效益权重比配置合理"的对农节目考核机制，建立按照能力、技能、绩效而不是按职务付酬的对农编创人员的薪酬制度。比如浙江省广电局出台了《对农节目服务工程建设考核办法》，专门安排专项资金用于鼓励对农传播的单位和个人。对农电视频道还需要制定人才"柔性流动"机制，允许素质全面、能力突出的专业人才多职多薪，通过有计划的岗位交换选配人才，在智力资本的良性流动中实现人才资源共享，满足相关岗位的现实需要，真正体现人才的价值和作用。

最后，构建学习型组织。学习型组织是指通过培养弥漫于整个组织的学习气氛、充分发挥员工的主动性和创造性思维而建立起来的一种组织。学习型组织有利于进一步把握发展方向和态势、进行科学决策，也有利于激发创新力，增强凝聚力。如果组织及个体总能处于平等交流的开放状态并保持不断学习，该组织所有成员与制度的优势与潜力便能得到最充分的整合和放大，具有高度的组织自适应能力或柔性，如视野前瞻开阔、思维活跃、心态明朗乐观、为了实现共同的目标而一起努力等。学习型组织是最可能具备并保持核心竞争力的组织。对农电视频道也需要创建文化型管理，建立学习型组织和长效学习机制，提高现有人力资源素质。如河北电视台农民频道着力构建终身学习的组织体系，外出参观、学习成为常态；各栏目均组建研发团队，依照定位进行阶段性策划与学习总结；与北京大学、中国传媒大学、中国人民大学、山东大学、河北大学等高校建立长期紧密的合作关系，为节目的研发提供支持和保障；针对节目创新制定相应的管理制度，给予政策和资金的大力扶持。① 学习型组织的构建为河北电视台农民频道的长远发展奠定了坚实基础。

作为生产产品的企业，价值链的主要价值活动体现在围绕节目生产、市场营销、产业链和内部管理而展开的一系列活动中。对农电视频道价值链的支撑结构为节目生产是核心，市场导向和产业链是旨归，

---

① 沈立赛：《河北电视台农民频道发展战略研究》，硕士学位论文，河北工业大学，2015年，第28页。

组织管理是基础，这四大支撑点交错渗透彼此作用而使频道处于动态的平衡中。尽管每个对农电视频道都是价值活动的集合体，但其资源和能力的不同还是使以上具体的运作与执行千差万别，那些起关键作用的核心环节或主要战略节点的最终整合便形成了频道组织现实竞争力的不同。因此对农电视频道核心竞争力的培育是这四大支撑点整合一体化的过程，不一定要求每个战略点都得到凸显，只是尽量不要出现"木桶短板"，因为核心竞争力的培育是其价值链内外各环节因素协同联动的结果，最重要的是相互间的协同整合，形成独特的优势，最终深深融于频道的内部运行机制中使其难以被其他频道所模仿。

3. 对农电视频道领导意识的增强与组织机构再造

推进传统媒体与新兴媒体融合发展，是中央作出的战略部署，是时代赋予主流媒体转型发展的庄严使命。近年来，传统媒体在融合发展方面积极探索，一些具有鲜明时代特征和科技元素的互联网舆论平台不断涌现，呈现出百舸争流的发展态势，但也存在思维落后、路径误区、障碍难破、不能持续发展等问题。对于互联网和新媒体，未知远远大于已知，准确把握媒体发展面临的新情况新问题新趋势，努力开创媒体融合的可持续发展道路，实现媒体的华丽转身，是一项具有重要战略意义的理论课题和实践课题。

在中国传媒改革的实践中，理念革新一直被认为是最重要的问题之一。尤其是在新的数字媒介生态中，传统的新闻生产思维、媒介经营思想和组织运行方式已经不适宜。首先，媒体融合不是传统媒体的互联网化，而是思维方式的转型。据统计，传统媒体目前推出的新闻客户端下载量达10万级的仅有15个，不到总数的6%，大多数都沦为"僵尸"端。这些遍地开花的新闻客户端和10多年前跟风建起的网站，标配的"两微"一样，不过是披上互联网外衣的传统媒体。思维方式的转变是要借助互联网思维使内容更有吸引力和感染力，构筑起媒体真正的入口价值。其次，媒体融合不是简单的平台相加，而是系统性的深度相融。媒体融合是一项复杂的系统工程和一个不断演进的动态过程，这个过程需要从新闻运作模式、生产方式、操作手法进行根本创新，需要从产品内容、表现形式、生产流程进行系统变革，需要从体制机制、组织结构、盈利模式进行综合转型。对于对农电视频道来说，基于基础的薄弱、受众的特殊等现实情况，只是简单地进行数字化"转场"，带来的不仅有资金和资源的浪费，还有发展时机的耽搁和话语权的旁落。最后，媒体融合不是单纯的传播形态改变，而是产业生态的建构。大数据时代产业生态系统的核心不在于掌握庞大的数据信息，而在于对这些含有意义的数据进行专业化处理。通过对新闻资讯数据的生产、采集、加工、汇总、展现、挖掘和推送，使数据产生价值，从而开辟媒体源源不断的"现金流"。对农电视媒体也需要培养对数据的加工能力，构建起全新的闭环的价值链。①

　　对农电视频道的媒体融合战略中，理念革新成为其顺利实现战略转型的重要前提。媒体的高层管理者决定着媒体整个战略发展和转型，也决定着媒介组织的结构和运作方式。作为战略转型的决策者、领导者和传播者，对农电视频道的管理者必须意识到向"全媒体"转型的战略意义，以及这一战略实施的艰巨性和复杂性，比如在实际运行中如何消除体制内与体制外的无形隔阂，对"冻结事业编制，全员转企"方案的弹性落实筛选机制欠缺、市场秩序混乱、舆情混杂等弊端的纠偏扶正等。管理者还需要将这种理念革新内化为其他管理人员和采编人员的深层意识，形成从决策者、传播者到执行者整体的理念再造，最终顺利推进对农电视频道的组织革新，进而实现媒体向"全媒体"的转型。在这个过程中，需要建立先进的用人机制，重视知识性员工在创造价值过程中的特殊贡献，完善激励机制，使其成为真正的利益共同体。

---

① 李述永：《当前媒体融合发展的实践与思考》，《中国记者》2016 年第 6 期。

第四章

个案研究:湖北垄上频道核心竞争力培育分析

　　垄上传媒集团是全国第一个以服务"三农"为主题的现代文化传媒企业集团,是农业特色鲜明、多元产业并存的综合性现代传媒集团,由湖北广播电视台和荆州市人民政府于 2012 年 5 月合作组建。湖北垄上频道则是在集团成立后由原湖北电视垄上频道和荆州垄上频道整合成立的。目前拥有 1 个对农传播与服务的全国性品牌——《垄上行》,1 个对农专业频道——湖北垄上频道,1 个特色电视购物频道——美嘉购物频道,以及下属 7 家农业特色鲜明、多元产业并存的全方位"服务三农"一体化平台。湖北垄上频道开办有《垄上行》《和事佬》《喜子来了》《寻医问药》《蓝领福利社》《游戏大咖对对碰》等一批特色鲜明的垄上品牌栏目。《垄上行》和垄上频道先后荣获中国广播影视大奖栏目大奖、新中国 60 年有影响的 60 个广播电视栏目、全国地面频道节目强中强等荣誉。早在 2009 年,《垄上行》就被纳入全省重点舆论传播工程。垄上行创新对农节目服务模式被载入《2010 年中国广播电影电视发展蓝皮书》,成为当年全国广电唯一入选的电视栏目成功个案。《垄上行》品牌成为全国媒体服务"三农"的一面旗帜。

　　这"七家企业"分别为湖北垄上行新公社"三农"服务有限公司,自 2009 年成立以来,垄上行新公社始终坚持探索中国新农村农资营销新模式,目前在大江汉平原 17 个县市区 200 多个乡镇拥有优质渠道网点 600 多个;湖北垄上行新农会信息科技有限公司,成立于 2011

年，是专门从事农业农村信息化服务、商务服务的创新性对农信息服务运营商，正全力开发集掌上垄上行、新农人社群运营、垄上大数据于一体的对农信息服务智慧云平台，通过"TV+互联网+社群+大数据"四个功能模块，为"三农"用户提供精准高效的信息服务；湖北垄上人力资源服务有限公司，是全国首家由传统媒体跨界到人力资源行业的创新型公司，成立于2014年，采用"TV+互联网+人力资源"线上线下的发展模式，主要业务涉及代理招聘、技能培训、劳务派遣、业务外包、产线外包、保险代缴、人才测评等，已对接联想、富士康、美的、格力、康师傅等80多家大型企业，服务蓝领用户超过20万人次；美嘉购物成立于2008年，是湖北长江垄上传媒集团全资子公司，主要围绕电视频道、湖北广电IPTV、外呼、美嘉型录等核心项目服务湖北市场；与阿里巴巴合作淘宝直播，利用微信商城及APP手机端等新媒体形式服务全国市场；湖北长江垄上现代农业科技有限公司，主营对农信息服务、对农生活消费服务、对农生产销售服务，致力于成为中部领先全国知名的"新三农"（农业信息服务—农品销售服务—农民消费服务）一体化服务平台运营商。

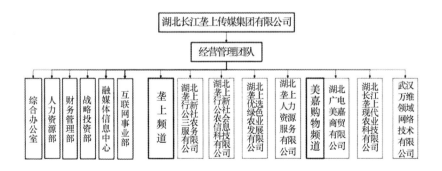

　　2014年，湖北长江垄上传媒集团依托垄上频道线上传统广告经营收入6500万元，线下创新产业经营业务创收超过4亿元。有媒体认为，打通线上线下、经营模式由传统广告拓展为"三农"产业经营的湖北广电垄上频道，已成为广电与"三农"联姻的标杆。湖北广电垄

上频道的实践充分证明，利用传统媒体的公信力以及对本土用户需求
精准把握的优势，对农电视频道在打造服务产业生态系统上大有
可为。①

第一节　湖北垄上频道的创办及其现状

湖北省荆州市地处江汉平原腹地，是国家重要优质商品粮棉油生
产基地，现有人口 640 多万人，其中农业人口 450 多万人。荆州物产
丰富，历史悠久，先后被确定为国家历史文化名城、中国优秀旅游城
市和全国优质农副产品生产基地、精细化工基地。2010 年，荆州市
GDP 达 830 多亿元，财政收入 70 多亿元。农民人均收入增加额和增幅
在全省市州中居第一位。荆州电视台始建于 1985 年，是全国首批开播
的骨干地市级电视台之一，目前拥有新闻、垄上、精彩三个播出频道，
节目信号覆盖两湖平原（湖北江汉平原、湖南洞庭湖平原）28 个县市
2500 多万人口，收视率与市场份额在所有落地频道中分别位列第一、
第二和第五，占据荆州媒体市场份额 65% 以上。

荆州电视台于 2002 年 4 月 26 日开播了对农电视栏目《垄上行》，
把镜头对准农民，以与农业生产、农民生活、农村发展密切相关的内
容，以农民喜闻乐见的形式，服务新农村建设，受到农民欢迎。早期
的《垄上行》由"王凯热线""十里八乡"和"庄稼医院"等小板块
组成，每周一期，每期 20 分钟，节目的内容和形态也非常简单，更多
的是停留在单纯的农业资讯和对农服务层面。之后几年间，《垄上行》
多次改版，时长增加到每期 30 分钟，期数扩展到每周 5 期，节目内容
也涵盖故事、服务、维权、农家乐和资讯等内容，融表现"三农"与
服务"三农"于一体。在创办的七年时间里，《垄上行》栏目共收到
两万多封观众来信、10 万多个热线电话、80 多万条观众短信，在当地

---

① 姜宇佳、曾祥敏：《从"相加"到"相融"——2016 年广播电视媒体融合发展综述》，
《电视研究》2017 年第 3 期。

农村一度创下41%的收视纪录，曾三次荣获全省十佳电视栏目称号、二次获得中国广播影视大奖。2006年度《垄上行》还荣获"中国原创电视栏目20佳"的称号，成为唯一获奖的地市级电视台栏目。2008年，湖北省广播电视局确立了"垄上行"品牌战略，要求全省各地市州电视台推广开办《垄上行》对农电视栏目。伴随着《垄上行》影响力的与日俱增，其广告附着力也从负到有，由弱到强，不断攀升。2008年，由栏目拉动的农资广告额达到1500万元，2009年突破2000万元，在全台各经营类别中占最大比重。

2009年年初，在多年开办对农节目的经验基础上，经国家广电总局批准，荆州电视台垄上频道正式开播，这是全国第一个地市级电视台对农电视频道。垄上频道开办了《垄上行》《有么子说么子》《垄上故事会》《垄上气象站》四个日播节目。《垄上行》由原来的30分钟扩展为60分钟的直播；方言栏目《有么子说么子》通过对农村新闻事件的评说，演绎农村生活；《垄上故事会》由来自乡村的故事大王担当主持人，讲述方言故事和乡风民俗；《垄上气象站》以方言预报天气，内容与众不同、服务深入贴近。除栏目外，垄上频道还策划组织了《春天垄上行》《金秋垄上行》和《垄上创富英雄》等近百场大大小小的活动。垄上频道以专业的手段，丰富的内容和贴近农民的情感，赢得了农民受众的喜爱。开播以来，每天互动短信达2000多条，热线电话300多个；收视率最高达到15%。①

垄上频道的影响力也产生了强大的广告附着力。《垄上行》第一期节目的广告收入只有2000元；节目开办的第二年，达到180万元；2004年，出现了广告大客户，一家外地化工集团一次性投放100万元；2009年垄上频道的总收入达到3160万元，2010年达到3880万元，这在中部地区地市级专业频道中是相当惊人的成绩。在"2010中国传媒投资年会"上，垄上频道和中央电视台经济频道、中央电视台《探索与发现》栏目等一起，获得广播电视类第七届中国最具投资潜

---

① 《垄上行》百度百科：https://baike.baidu.com/item/垄上行/6582780。

力媒体称号。

2012 年 5 月，湖北广播电视台和荆州市政府签署协议，共同组建湖北长江垄上传媒集团。集团成立后，将原湖北电视垄上频道和荆州垄上频道进行整合成立了新的对农电视频道湖北垄上频道，并于 8 月 28 日开播。集团设武汉、荆州两个节目制作中心，原湖北电视垄上频道是集团内容发布平台。这意味着原有的荆州电视台垄上频道获得了更大的播出平台，覆盖了更多的受众，其原有的《垄上行》《有么子说么子》《垄上故事会》《垄上情报站》等栏目将通过湖北电视垄上频道播出，其受众范围将由江汉平原的 2000 万受众扩展到湖北省 4000 万农民观众。从传媒发展角度来看，这是地市台与省级广电媒体少见的深度合作，是"一条传媒与农业、文化与科技融合发展的新途径"，也是"一条电视媒体服务三农和中国广电传媒产业化发展的新路径"。从地市台电视频道的发展来看，荆州电视台垄上频道以强大的实力获得了这次联姻的机会，其对农传播的探索与实践值得借鉴和总结。

第二节　从地域对农电视频道到区域农村社会代言人的建构

从 2001 年每周 20 分钟的对农电视栏目《垄上行》，到 2009 年每天直播 60 分钟的对农电视频道垄上频道，再到整个江汉平原极有影响力的主流媒体之一，湖北垄上频道的成功是核心竞争力的成功，体现的是以农民利益诉求为核心、通过整合各种资源和能力形成的比其他媒介组织更能保持独特竞争优势并持续有效进行对农村社会影响力生产和市场交换的整体能力。

一　扩大覆盖、创新形式、拓展受众

垄上频道开播前，荆州电视台即投入大量资金用于基础设施的投入。荆州电视台拥有的新闻台、精彩台、娱乐台三大频道均为 10 千瓦无线发射，和湖北省台的无线发射功率相同。除有效覆盖荆州地域外，

荆州周边区域如宜昌、荆门、常德、岳阳、咸宁、仙桃、天门、潜江等湘鄂28个县市大部分地区均能受到荆视信号,覆盖人口达4000万之众。同时,通过荆州有线电视宽带网,荆视信号通达8个县市、100多个乡镇60多万网户。另外,台里的摄录制作设备和发射设备属国内一流。基础设施的不断改善为垄上频道和受众拓展打下了坚实基础。

垄上频道有一个独立的信息资讯中心,被称为全台宣传的生命线。中心有十多名信息接报员,24小时接听热线电话,并把市民的热线电话进行收集、整理、分类,其中农业方面的信息交给垄上频道,其他的信息交给新闻频道。同时还接收市民拍摄的图片新闻和视频新闻,择优录用,并提供适当的报酬,一般30元至50元不等。这些保证了垄上频道能够获得最新、最快的新闻线索。"中央厨房"则是新闻后台操作系统,类似于新闻节目的策划智囊团。"中央厨房"每天上午举行一次晨会,有频道总监、副总监、制片人、主编、编辑等参加,从公众信息中心收集的信息中确定今天新闻的主要节目,做好前期策划,再分配给每个记者采访,从而保证每天的新闻都是中央厨房里"厨师"的集体智慧。中央厨房将节目分配给记者后,记者深入一线采访,采访回来由记者自己上载编辑。每天编辑好的新闻都会存在系统中,待领导审片后,可以直接进入直播播出平台。稿子按质论价,通过良好的激励机制鼓励记者出好稿件。这种模式充分动员了社会力量,集思广益,使节目采编进入良性循环轨道,也满足了受众的多方面需求。

垄上频道通过培养农民记者成为一定范围内的意见领袖,影响周围的群众,提高群众的媒介素养,从而赢得更多忠实稳定的农村受众。垄上频道推出《垄上土记者》栏目,其中的"今天我发言"板块由农民自己来讲述发生在村里的大事小事,"我拍新闻"板块则播出面向农村招募的特约农民记者拍摄的身边新闻。垄上频道不但对这些农民记者进行新闻业务培训,还开展"我最喜爱的土记者"评选活动,不定期请一些专家对意见领袖从理论上予以指导和规范,培养他们为群众服务的能力,发挥信息传播的桥梁沟通作用;在农村群众团体中提倡让意见领袖当带头人，如各种协会会长和公共事务负责人等。垄上频道通过充分肯定意见领袖在对农传播中的巨大作用，对其中的先进典型给予充分报道，进行各种形式的表彰，发挥他们的作用，有效拓展了受众。另外，垄上频道还通过每周一次的观众参观电视台活动日等来培养农民受众的忠诚度等。

垄上频道注重充分利用其他媒体优势进行交叉整合传播，开发潜在受众。以《垄上行》栏目为例，利用网络和手机媒体的互动性，开通了24小时短信平台，定期与农民现场电话连线，请农业专家解惑答疑，而且主办了以手机为载体发布的信息快报，内容涵盖了垄上经验、病虫预报、供求信息、"三农"信息、农科服务、天气预报等多方面，手机报和《垄上行》节目互为补充，为垄上频道赢得了相当多稳定而忠实的农民受众。频道也充分利用广播媒体的伴随性、平面媒体的深度性等特性，与杂志、报纸、列车电视等媒体进行合作，延伸品牌效应，目前其立体传播网络囊括了手机报、SP电信增值业务的短信打包定制以及《荆周刊》等纸媒的发售等领域，品牌效应不断扩大，受众收视也得到了有效拓展。掌上垄上行APP 2017年4月正式上线，作为湖北长江垄上传媒集团旗下移动新媒体，垄上行APP是TV+互联网惠农服务信息平台，也是网上移动政务在"三农"领域的延伸。

二　以《垄上行》栏目为核心打造农村社会公共话语平台

垄上频道现有自办节目3小时，大部分以直播为主。它以品牌栏目《垄上行》为核心，不断打造具有鲜明个性和稳定品质的对农电视栏目，增强节目竞争力和影响力，逐步构建起江汉平原农村社会公共话语平台。陆地在总结《垄上行》节目的品牌打造时，用"一个核心，四个结合"来概括其特点。他认为这一个核心就是以"农"为核心，所有节目和活动的地点和重心都围绕"农"字做文章，将频道的核心价值、节目的价值乃至从业人员的价值与农民、农业和农村紧密联系在一起。"四个结合"分别是：节目与活动结合，活动与服务结合，服务与娱乐结合，娱乐与本土结合。[①] 这"四个结合"使《垄上行》节目有了鲜明的特色，成为农民眼中的品牌节目。

垄上频道呈现以下特点：第一，贴近性。垄上频道的节目全来自发生在农村里、农民身上的事。节目的演播室是乡村风格的，采访全在田间地头进行，语言表达是纯粹乡土式的，记者编辑制片人每个月还必须定期到农家住上几天。由于每期节目都在"第一现场"采制，使节目呈现生活的"原生态"，充满泥土气息。由于与农民朋友打成一片，与他们同呼吸、共命运，了解他们的所思所想，节目极具针对性和及时性。垄上频道的节目坚持走本土化、地域化的道路，"以本土演员演出为主、以本土艺术形式为主、以表现农民生活内容为主，甚至让农民直接走上舞台，土洋结合，形式多样，生动活泼，雅俗共赏"。湖北大鼓、当阳独角戏和一些本地民歌等农民爱听好记的艺术方式都被用来宣传党的农村富民政策和计划生育国策，一些深受农民欢迎的乡土文艺节目被重新填词包装，赋予新的时代精神。他们还常常把转播车开到田间地头，现场直播诸如"手抛""机抛"等农业技术，节目融技术性、知识性和趣味性于一体，农民爱听、爱看。通过这个栏目，农民坐在家里就能学到不少新技术，不少农技很快能在江汉平原普及开来。《垄上行》栏目还向农民征集试验田，选上的试验田从种子、化肥到技术指导、秋后销售全部由《垄上行》帮忙解决。活动一经推出立即吸引了大量的农民前来报名。活动充分利用了《垄上行》栏目在农民心中的巨大影响力，只付出少量物资资源，就取得了理想的宣传效果。

第二，服务性。垄上频道的节目中，既有《王凯热线》《庄稼医院》等实用性强的科技服务节目，也有专家田间问诊的《艳子看农事》、为农民维权的《垄上110》、给农民送礼的《彭孟有礼》、解读"三农"政策的《垄上消息树》、预报天气的《垄上气象站》等子栏目，无一不是大打"服务"牌，以丰富的内容和深入的服务传达实用

---

① 陆地：《〈垄上行〉成功因素解析》，《电视研究》2007 年第 2 期。

的理念，为农民排忧解难，帮农民发家致富。在这些节目中，追求的都不是为农民做所谓的信息播报，而是通过每一条信息、每一期节目、每一次活动，为农民送去农业知识、技术，进行点对点的服务。大事小事、难事奇事，只要拨打垄上电视台24小时热线电话，记者都会做出回应，有必要时还会请上农技专家登门服务。从2009年至2017年10月，《垄上行》栏目共收到农民发来的短信近1000万条，打进热线电话超过500万个，一对一对农民解决生产生活问题20多万件。垄上频道利用《垄上行》栏目多年积累的资源，把专家顾问团、律师顾问团及经营顾问团等各种社会资源和行政资源整合在一起，运用各种手段和路径，为农民提供全方位、全天候的服务。这种服务不仅局限在荆州本土，而且延伸到江汉平原28个县市4000多万人口。

第三，创新性。《垄上行》是个农业实用科技、生产、市场等信息含量相当高的栏目，但在节目中却丝毫不缺乏收视的趣味点。《垄上行》一直在探索将实用性与趣味性巧妙结合、能给观众带来新鲜意外的收视体验的节目形态。他们要达到"两个效果"，即"一个好看，一个实用"，既要能带给观众信息，又要老百姓爱看喜欢。为了达到这"两个效果"，需要对相对枯燥的科教内容"进行娱乐化改造"，即通过戏剧化、娱乐化、故事化来完成节目形态。在农民的生活中，在新农村建设的视野里，到处都是原生态的鲜活素材：比谁会种田，比谁的西瓜甜，比谁的力气大，比谁家的婆媳关系好，还有关注农资打假、关注困境中的人、满足农家愿望等。这些看似普通的生活技能，看似不拘一格的形式，却点点滴滴地贴近农村实际，期期都能点燃农民快乐的火花。①

垄上频道的品牌打造是经由许多内容维度和传递路径而组成的。《垄上行》栏目通过主持人王凯等，加上背后的100多位专家，立起了品牌的特殊符号，受众不仅记住了"垄上行"，而且记住了为他们服务的专家。现在类似的符号正越来越多，垄上频道的品牌认知已经

---

① 王平：《从〈垄上行〉看对农电视栏目品牌的建构》，《东南传播》2008年第11期。

从主持人王凯到憨头、策巴子、唐媒婆等一批主持人,从《垄上行》到《有么子说么子》《垄上故事会》《垄上气象站》等一批栏目,从"春秋垄上行"大型活动到集中送农业科技、农用物资、通信服务、医疗卫生下乡,兼有文化娱乐、扶弱助困等功能的当代农村大集,这些品牌阵列共同构成了"垄上行"品牌的认知度,使垄上频道形成相当强的对市场资源和社会资源的集结能力,它在做好政策解读、产品品质判断、是非判断、技术解析、供求资讯、地域文化挖掘、劳动转移等多种服务时,形成了从影响当地农民对产品和价值的选择到从更深层次影响当地农民的生产与生活,建立起影响市场终端的公共话语平台,成为江汉平原农村社会的代言人。

三　从垄上品牌衍生出产业集成平台

中国城市传媒产业未来的发展面临着经营重点的转型,即从过去个别的"点"式经营重点,转型为规模经济、范围经济并重的媒介集团的"结构"型经营重点。"结构"型经营包括两个发展层次:第一层次,单一媒体的上游、中游、下游各环节的价值链的建构;第二层次,传媒集团化过程中跨地区、跨行业的拓展,以优化配置和整合媒介资源,实现价值链的产业内容、地理空间等的动态的拓展。[①] 垄上频道在持续不断进行市场营销的同时,还致力于产业链的多元化拓展。

首先,在广告营销上坚持精耕细作、顾问营销、重点服务。所谓精耕细作就是广告市场细分,顾问营销则是广告研究的理性指导,重点服务是指将工作的重点放在了优质客户上。垄上频道将农村广告市场行业进行细分,对特性相近的广告资源进行整合,实行"顾问式"营销,通过充分策划和服务,利用收视、受众、价格等标准来指导客户做最有效的投放,而不是仅靠高频次来保证效果,使频道广告经营决策更为科学合理。重点服务优质客户,目的是把最好的产品推荐给

---

① 王兰柱、吕值友等:《中国城市电视台可持续发展路径》,中国传媒大学出版社 2009 年版,第 212 页。

农民，推动当地农资市场的优胜劣汰，强强联手将农资市场逐渐规范化和品牌化，可以说是一举多得。比如成立百万富翁创富特训营，为农村经销商创业进行创富培训，这是另一种形式的重点服务和深度合作。垄上频道导入主持人代言制，即除了常规的广告经营外，还充分利用频道的主持人资源，深度服务客户，提升自身品牌，实行资源整合。如今，在广告营销方面，垄上频道早已走出单纯农资广告的局限，完成了广告结构的优化，形成汇聚家电、电动车、太阳能、汽车等诸多行业的多元化广告传播平台。

垄上频道持续不断进行着影响力营销，即整合政府、媒体、商家、受众及社会各方资源，用各种活动从各个层面提升频道影响力，如社会公益活动、各种行业活动、广告服务活动等。大型活动策划是媒体在注意经济时代提升媒介品质和影响力的重要手段，植根于栏目定位、精心策划的特别活动有利于凝聚受众的注意力，产生传播上的"手榴弹"捆绑效应，同时也是盈利模式的有效拓展。① 垄上频道的大型媒体活动《春天垄上行》和《金秋垄上行》每年两度，时间从 2003 年春天至今，参与人数从 3 万人到 10 万人，已经成为江汉平原农民的盛大节日。除了大型活动，《垄上行》的中小型活动也不间断，内容包罗万象，涉及农民生活的方方面面。比如举办明星乡镇评选，将乡镇的优势产业、知名农产品品牌进行大张旗鼓的推介，使一个个乡镇成为荆州的名片。栏目在保持高质量运作的态势下，谋求"大中小"型活动常态化，做到每月都有主题性户外活动，每季度一次中型直播。活动营销带来了"场效应"，产生了超越电视荧屏的传播效果，也带来了影响力和收视率。据统计，荆州电视台一年要举办大约 260 多场活动，其中大型活动达到 70 场左右，除少量公益活动外，大部分都取得了可观的经济效应和巨大的社会效应。

垄上频道在为客户进行品牌与产品行销的同时，也在为自己行销，打造属于频道自身的产业链。垄上频道致力于由媒体品牌衍生出农村

---

① 《中国优秀原创电视栏目宝典》，中国市场出版社 2008 年版，第 33 页。

商业流通渠道，即由垄上频道拓展为为农民服务的垄上行新公社，从而形成频道与渠道的两相结合。2009 年年初，荆州电视台与内蒙古永业商贸公司共同投资成立了湖北垄上行新农村服务有限公司，荆州台以品牌资产投入，打造了垄上行新公社连锁服务体系。在此后三个月时间里，这个体系为荆州电视台带来超过 300 万元的广告费，并在江汉平原农村建立了 400 多家连锁加盟店，光加盟费一项就高达 1800 多万元。每个加盟店都集销售店、信息站、服务站、记者联络站四大职能为一体，全面为农民提供服务，解决了农村流通市场普遍存在的信息不对称、农产品买卖难、农资供应不畅等问题。这种"沙漏"式的农村商品、技术、信息、流通的模式，可谓改变了中国农村产品流通渠道的现有格局。作为湖北长江垄上传媒集团的全资子公司，成立于 2013 年的湖北垄上优选绿色农业发展有限公司则通过与中小企业、专业合作社及种养殖大户等的深度合作，打造湖北农副产品品牌孵化器，帮助农民增收、农业增效，同时为城市人群输送真正绿色、安全的优质农副产品。① 这些拓展与衍生都是媒体传播领域的"服务体系"向农村商业市场的积极延伸，通过节目系统、频道与渠道的良好对接，不仅使媒体实现了大众传播与人际传播的有效融合，提高传播效果，还使媒体的"服务体系"突破传统的信号覆盖区域等限制，赢得更大的市场空间。

　　垄上频道还采用多种方式进行多元化经营。第一，品牌授权。"垄上行农资广场""垄上行庄稼医院"是依托《垄上行》的两个子品牌，主要为农民生产资料的安全性提供保障，并最大限度地降低农民的生产成本。"垄上行手机报"子品牌也是采取品牌授权的形式，与社会公司合作，从荆州农村扩展到整个江汉平原，有广阔的增长空间。第二，参股合作。"垄上行职业教育学校"是一个正在筹备中，以参股合作方式进行的子品牌，目标是培养有专业技能的新一代农村

---

① 王琴梅等：《传统电视媒体融合发展研究——以湖北电视台垄上频道为例》，《商》2015 年第 26 期。

人才。垄上频道还在不断寻求与农资大厂家的合作升级,如与湖北宜化的合作除了之前的宣传和品牌推广外,还预备以"垄上行"等品牌注入进行股份和股权合作。第三,控股合资。"垄上行农民剧团"是由"垄上行"科技大篷车、电影放映车、文化大篷车加剧团构成的垄上频道子品牌,通过吸纳文化、科技部门和企业入股,共同构建集科技、文化、娱乐为一体的新路径。第四,项目运营。如与石首市桃花山镇共同建立"垄上行影视文化旅游基地",不但促进了桃花山镇的旅游经济,也为垄上频道的多元化经营和产业链的建构探索出一条新路。2017 年 9 月,湖北长江垄上传媒集团还发起组建了有全国近 30 个省级强势地面频道参加的中国电视旅游联盟,这个"电视 + 旅游"的合作平台旨在通过区域电视媒体的资源整合、优势互补,实现更为强大的矩阵宣传效应,通过电视带动旅游的产业运营,为旅游各业提供宣传推广、市场营销、运营管理以及投融资等综合服务,促进媒体与政府部门、景区景点和传统旅行社的交流与合作,促进旅游产业的发展。这个联盟使地面频道跨越地域和行业完成了合作,通过产品共享、客源互通,电视媒体能够给各地旅游局和景点景区直接输送客源。联盟内的每一个频道都将是各省市旅游局、景点景区最好的活动执行机构,为旅游局提供全国宣传、落地执行和整合营销一条龙服务。这个联盟未来还将引入旅游地产投资、旅游金融、旅游保险等资本运作,整合业界权威资源,发挥传统媒体公信力,在不断推出优质旅游节目的基础上,为景区景点及线上旅游提供深度旅游规划服务和专业营销策划方案,发布权威旅游大数据,前瞻性引导市场消费,实现多维度产业运营。[①] 总之,垄上频道的产业链,基于媒体影响力,但不局限于媒体领域,而是围绕农业、农村、农民做文章,不断进入关联产业。[②]

　　垄上频道的"三农"服务模式,把传统意义上的电视频道转化成

---

　　① 《电视 + 旅游 垄上开启电视产业化运营新篇章!》,http://www.965333.cc/html/news/ji-tuandongtai/2017/0908/1930.html,2017 年 9 月 11 日。

　　② 《中国优秀原创电视栏目宝典》,中国市场出版社 2008 年版,第 642—644 页。

产业集成平台,通过提供信息产品满足"三农"的信息需求,获得在农域市场的传播力,依靠服务"三农"获得在农域市场的公信力,最终形成整合"三农"资源的消息平台。

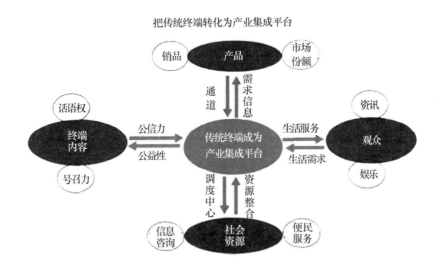

湖北垄上频道成绩的取得正是在坚持为农民服务这个核心价值的基础上,在品牌节目的生产、市场营销、产业链的建构、内部管理等几个关键环节上进行优化保持优势,形成对其他要素不断进行有机整合的机制,最终形成独特的价值链,初步建立起自己的核心竞争力。这种以农民利益诉求为核心,围绕节目生产、市场营销、产业链、内部管理等几个关键环节形成优势进而对整个频道的结构性因素起扬长避短的整合作用,并通过很强的辐射作用向外扩散,最后分布于频道市场竞争的各个方面,这正是对农电视频道核心竞争力构建的价值链层状球体模型的作用机理。

四 基于微信公众号的湖北垄上频道转型探索

移动互联网进入了微信时代后,微信公众号越来越为传统媒体所倚重,成为其开拓和抢占新媒体市场的重要平台。电视媒体的微信公众号打造也呈现活跃的态势,很多电视媒体不但有台和频道公众号,下属栏目也催生出各具特色的微信公众平台。

《打工服务社》是湖北垄上频道2013年6月10日开播的一档服务类栏目，以农民工为精准服务对象，内容包括求职招聘、技能培训、讨薪维权、情感关怀等方面。"打工服务社"微信公众号从2013年开始创办，作为服务于农民工栏目的微信公众号，"打工服务社"公众号依托母媒体，开拓出双轨并行、互为依托、贯通发展的新模式。2014年年底，"打工服务社"公众号从一千多个公众号中脱颖而出，获得腾讯大楚网评选的十大生活类微信号称号。

第一，从传统到当下，针对新生代农民工确定对象定位。中国城镇化进程近年来不断加快，党的十八届三中全会以后"三权分立"政策又加快了土地流转和集中，这些都促使越来越多的农民工涌入城市，目前跨省流动的农民工约有7666万人，而这其中有六成是新生代农民工。① 新生代农民工泛指生于20世纪80年代以后，拥有农业户籍却脱离第一产业就业的青年一代。与上一代农民工相比，新生代农民工受教育水平较高，渴望融入城市，他们向城市的流动是不可逆转的过程，但目前他们要融入城市还存在很多困难。因此，2010年中央一号文件指出，要着力解决"新生代农民工"市民化、城市化问题。长期以来对农传播主要聚焦于传统的"三农"，对象定位面向从事农业生产的农民，农民工作为社会转型期特殊的群体，往往得不到大众媒体的关注而成了"沉默的大多数"。农民工的流动对我国的工业化和城市化起到了积极的推进作用，大众媒体需要对这一群体给予关注。新生代农民工城市化的过程，首先是他们在空间上移居城市，找到工作，具备在城市生活和立足的经济基础。"打工服务社"微信公众号正是找准了这个需求，将对农传播和服务的主体转向为进城的新生代农民工求职提供帮助。

---

① 国家统计局：《2016年农民工监测调查报告》，http：//ex. cssn. cn/jjx/jjx_ bg/201704/ t20170428_ 3 503438_ 1. shtml，2017年4月28日。

（1）新生代农民工就业难原因分析

新生代农民工一部分生活在农村，对城市不了解、对不同城市大型企业的工作环境、薪资待遇、生活环境几乎一无所知，大多数凭借着老乡、亲戚朋友等传统资源求职，难以找到合适的工作。还有一部分新生代农民工本身就跟随农民工父母在城市上学成长，和城市的同龄孩子相比，他们普遍学业不精，很少接受高等教育，但又存在职业期望值高，物质和精神享受要求高，工作耐受力低等现象，导致就业难度加大。[①] 另外，劳动力市场普遍存在的职业中介机构管理混乱，企业用工不规范等现象也制约着新生代农民工的成功就业。新生代农民工工作普遍存在干不长、频跳槽，发展空间小、努力成效低等现象[②]。

一方面缺乏必要的专业技能和进入正规就业市场的本领，另一方面又存在心中过高的期望与非正规就业市场的相对落差，新生代农民工不仅需要劳动权益的保护，需要社会失业救急网络的保障，更需要有影响力有公信力的机构肩负起指导其顺利就业的功能和使命，构建符合当下新生代农民工现实情况的渠道与平台。"打工服务社"微信公众号正是找准了做好农民工的职业介绍工作这个突破口，搭建起新生代农民工和企业之间的信息对接平台，一定程度上解决了信息不对称、就业渠道窄等问题。

（2）新生代农民工继续社会化的适应与塑形需求

大多数学者认为，新生代农民工城市化是一个渐进发展的过程，基本上要经过"职业非农化—居住城市化—生活市民化—心理社会化"等几个循序渐进的转化过程。[③] 如果说成功就业满足了新生代农民工的基本需求，那么当他们结束职业选择后，则需要进入与城市居

---

① 《北京建筑业农民工阅读状况调查》，https://wenku.baidu.com/view/9c3dc0d949649b6648d747c4.html，2013 年 1 月 18 日。

② 《农民工"短工化"就业趋势研究报告》，清华大学社会学系与工众网联合发布，https://wenku.baidu.com/view/617e2c34b90d6c85ec3ac670.html，2012 年 2 月 8 日。

③ 魏学文、刘文烈:《新生代农民工城市化发展路径研究》，《齐鲁学刊》2012 年第 6 期。

民社会交往层面的适应阶段，目前少部分新生代农民工完成了居所转换这一阶段，但大多数还停留在这一步，至于生活市民化的转换由于受到上一步及城乡二元结构带来的弊病、社会资源分配的差异等其他现实与传统因素的影响，使新生代农民工在这一阶段的城市融入很不彻底。关于文化心理层面的长期塑形，包括农民工对城市的文化价值观念、生活方式在心理上获得认同、在情感上找到归宿则需要经历更长的时期。

婚恋难、夫妻两地分居、子女教育等问题正在成为新生代农民工群体中普遍存在的现象。有调查显示，新生代农民工80%处于未婚状态，但由于经济基础差，婚恋配对的"男高女低"模式，工业区内部男女比例失衡等原因，未婚新生代农民工难以找寻到合适配偶。其次，已婚农民工家庭安置困难，夫妻两地分居现象普遍。最后，由于没有所在城市户籍，新生代农民工子女教育成为一大问题。而且新生代农民工对精神、文化生活上的诉求都要远远高于老一辈农民工，都加深了农民工相关问题的复杂程度。为此在"打工服务社"微信公众号上不仅可以看到"打工服务社"的节目，在微社区里互动交友，还可以查看企业信息，报名求职帮帮团，而微信公众号正在全面升级的功能与内容则包括农民工的培训、农民工的相亲以及子女上学的问题，方方面面涵盖农民工最关心的问题。"打工服务社"微信公众号正在成为新生代农民工了解城市生活、融入城市社会的有效方式。

（3）手机成为必备工具

和上一代带有浓厚时代烙印外来务工人员不同，新生代农民工受城市消费文化和消费观念的洗礼更深刻，由此也带来生活方式的差异。调查显示，新生代农民工几乎每人一部手机已成事实，手机占有率高达98.9%。由于价格低廉、体积小易携带、上网的实时性和随意性等优势，手机成为大多数从事体力劳动、没有太多闲暇时间的新生代农民工最重要的娱乐消遣载体。另外城市的快节奏、枯燥繁重的工作和乡村生活的缓慢节奏相比，无疑会使新生代农民工产生一定的心理焦虑，手机网络带来了暂时的放松感，起到了修复和改善情绪的减压阀作用。新生代农民工比白领一族更热衷于手机上网,七成受访农民工通过这一途径获取外界信息,36% 的受访者日均手机上网时间超过 5 小时,31% 的受访者日均手机上网找工作时间超过 3 小时。①

但是新生代农民工的媒介素养,特别是信息工具的使用能力状况方面却不容乐观。从零散的研究报告中可以发现,新生代农民工上网的内容比较单一,聊天(人际交往)和打游戏、看电影、看小说(休闲娱乐)为主。其中女性农民工比较爱看生活资讯,而男性农民工对生活资讯、时事新闻、娱乐信息都比较感兴趣。但是无论男女,以职业发展为目的的网络使用所占比例都不高,当然由于受到现实的需求刺激,通过互联网来找工作的农民工比例正在呈上升趋势,《打工服务社》微信公众号以其形式丰富、互动性强、性价比高、推广方便等特点获得了新生代农民工的青睐。和城市年轻人相比,《打工服务社》这类微信公众号对于新生代农民工有着更为深刻的含义,对其的有效利用,可以开阔视野,获得新知,促进自身发展,培养人的现代意识,对新生代农民工的城市融入产生特殊的渗透力和影响力。②

第二,从受众到用户,与需求对接提供服务。新型互动式媒体的出现,使受众不再仅仅是信息的"接收者"和"选择者",而是利用信息完成自身活动的社会个体。由此,传统意义上的"受众"一词已经不再能够涵盖所有的使用者了,代表更为主动的信息选择和使用的"用户"一词更适用于描述这一概念。而"用户"这一概念意味着,所有的互联网产品必须以用户体验为基础,而且,在媒介高度竞争的环境中,满足用户的需求已经不再是赢得用户青睐的关键,更重要的是超越用户需求。"打工服务社"微信公众号正是从满足新生代农民工的基本需求出发,逐步超越并引导用户需求,构建了一个服务性和功能性非常强大的平台。

---

① 《移动互联网时代:蓝领崛起》,http://jingji.cntv.cn/2012/11/15/ARTI135297309999839 7.shtml,2012 年 11 月 15 日。

② 杨英新:《城市融入之推手:新生代农民工的网络媒介素养》,《中国劳动关系学院学报》2012 年第 2 期。

（1）求职服务满足第一需求

"打工服务社"微信公众号本身的内容构架包括每日头条一则（线下活动宣传、新闻简报、打工相关内容文章分享）、求职推荐一则（岗位推荐、招聘会日程、帮帮团日程）、打工相关内容或有趣内容分享两三则。其中的主要构成部分和阅读人数最多的为"求职推荐一则"，以 2015 年 3 月 30 日至 4 月 6 日的部分内容为例，分别为：

2015 年 3 月 30 日：下周一，集结预告（包括三个公司的招工信息，分别是武汉 TCL 空调有限公司，武汉名幸电视科技有限公司，康师傅食品有限公司）　阅读人数 913

2015 年 4 月 2 日：黄冈乡亲，家门口有好工作啦！（湖北黄冈伊利乳业有限责任公司和湖北稳健医疗黄冈有限公司的招工信息）　阅读人数 1064

2015 年 4 月 3 日：给咱用户带福利啦！（湖北东林服装有限公开发中心、湖北德鑫体育用品有限公司、湖北奥康置业有限公司的招聘信息）　阅读人数 924

从这一周的"求职推荐一则"内容来看，有如下特点：

第一，招工地点以武汉为主，但辐射到整个江汉平原，如伊利乳业黄冈公司在黄冈市，东林服装在钟祥市，这些都是湖北省不同级别的小县市区。由于沿海产业结构调整力度加大，大部分农民工想外出打工，但又不愿走得太远，因而省内就业的倾向比较突出。由此"打工服务社"微信公众号将求职招聘的重点放在省会武汉，辐射周边，省外就业则通过求职帮帮团外地劳务输送的集中活动来展开。

第二，标题生动、新颖、简洁，能够传达文章的主要信息，又符合农民工的阅读心理。打工服务社微信公众号标题制作的特点包括口语化的表达、简练直接地表达出给农民工的实惠、以实在的信息代替空洞的说教等。这些点睛之笔的标题对很多消息的传播起到了事半功倍的效果。

第三，点击富有诱惑力的标题进入页面后，呈现的是通过丰富的、色彩明快的编排设计后的具有强烈现代气息的花园式工厂，先进的生产工艺和设备、整洁干净的宿舍等。所有的界面图文并重，既有详细的内容介绍展现企业方方面面的情况，也有图片为证直观扫描企业内部环境，所有精美细致的设计都只为努力贴近对工作条件、薪资待遇、福利保障更"挑剔"的新生代农民工的求职倾向。

另外，"打工服务社"微信公众号还包括两块内容，一块是"一键求职"，有两名高级职业顾问解答农民工关于求职的各种问题，求职者可以通过拨打界面上的电话沟通，也可以使用微信电话本打免费电话交流；另一块内容是湖北普工网，这个网站的内容与"求职推荐一则"是一致的，但普工网上的企业信息更为全面和详细，不但包括求职帮帮团的集合信息，更以通俗易懂的方式和话语呈现给农民工企业和招聘概况，如武汉 TCL 空调有限公司的界面中，分别有以下小板块：企业照片、拿多少钱、干什么活、有什么要求、吃住情况，有什么福利，这些板块的标题经过了精心设计，浅白易懂接地气的话语表达一目了然，让农民工容易理解、容易接受，容易产生亲切感。

（2）情感认同满足更高层次需求

和上一代农民工普遍基于"生存理性"外出，大多聚集在建筑工地不同，新生代农民工的城市发展更多的是将其视为改变生活方式和寻求更好发展的契机。面对这群在穿着、饮食习惯、价值观念、谈吐、思维方式等方面与城市孩子接近的新生代农民工，如何使他们的精神、情感生活需求得到更好的满足、如何提高他们自身素质，是各类传播媒介需要积极思索和应对的问题。

"打工服务社"微信公众号首先建构的是情感认同，即俯下身子放下架子，做服务型媒体。公众号本身的内容除了求职信息，其他日常新闻及内容的选择主要与打工、生活、趣闻相关。考虑到新生代农民工受环境思想等因素的影响，对文化、娱乐、社会等方面的新闻关注度较少，而且一天工作下来疲惫，微信号是放松的另一个平台，所以新闻的选择面比较生活化、趣味化、实用化，当然每天都会推送大量类似"心灵鸡汤"的职场软文，对农民工在职场的行为和困境进行心理抚慰。另外，通过开展特别活动，以及内容的社交化分享、发现、评论，实现微信公众号的社交化。如春节期间面向回家过春节的农民工征集《回家旅途》系列图片，纪念日征集晒宝宝萌照活动，通过微信、QQ进行分享，在同名电视栏目中播出等，这些活动有效吸引了农民工参加，是产生"向心力"的很好互动。"打工服务社"微信公众开办一年后，即2014年过年期间粉丝量激增到2万人，而从2014年到2015年间粉丝增长了1万人左右，目前进入平稳趋势。

"打工服务社"微信公众号主要的界面设置还有一个为"俱乐部"，这个板块的设定是希望给用户们提供一个交流的平台，分享求职需求、日常工作心情或者对公众号的感想。

如用户"标哥"留言：我和老公没读什么书，想找一份工作，不知道做什么好？

"打工服务社"回复：如果您是要找工作的，请直接电话联系我们的打工服务社求职顾问17702796005（张先生）——小编小青（2015年3月30日）

用户"李勇"留言：不想打工了，想开店当老板但什么都不懂，求各位老总指路。

"打工服务社"回复：您可以咨询下创业的相关资讯，我们这边有《皇室御厨》可以学早点，自己开店当老板的，从我们打工服务社这边介绍过去，很多优惠的，你可以尝试一下——小编小青（2015年3月28日）

从以上内容可以看出，"俱乐部"微社区的服务是点对点的精准服务，根据新生代农民工的习惯，采用令人舒服愉悦的、有智力含量的方式来形成服务，将服务嵌入到他们的生活逻辑、消费逻辑、交往逻辑和发展逻辑当中，这也正是《打工服务社》公众号当下的理念和未来努力的方向。在社交媒体时代，传媒的生态格局不可逆转地发生了巨大变化，人们获取信息的途径呈现多样化形态，人们对信息的选择也更加自主，特别是更加注重选择与自身相关度高和需求度高的信息进行阅读。[①]《打工服务社》微信公众平台正是找准了当下新生代农民工最关心的问题,从就业到社保、维权、住房、卫生、文化及随迁子女教育等,展开全面服务,才赢来越来越多农民工的关注。

第三,从传播到运营,同名栏目齐头并进贯通共舞。2014年12月29日举行的湖北广播电视台2014年首届"长江杯"媒体融合产品创新大赛决赛,"打工服务社"凭借828.6万元的投资估值位列32个产品之首,夺得新产品类一等奖。"打工服务社"不是一个单纯的微信公众号,它是一个融合了同名电视栏目,整合了湖北人力资源和社会保障部门、司法部门、总工会、用工企业、垄上中国网、移动手机等相关部门和媒体的打工超级信息服务平台,正是有了与其他渠道的互相结合,才有了传播与运营的互惠共生。

(1)公众号发展主要靠同名栏目推动

《打工服务社》栏目于2013年6月10日开播,分为"信息部""培训部""维权部"三大板块,分别对应求职招聘、技能培训、讨薪维权、情感关怀等内容,同时也发布企业用工信息、分析打工热点等。从江汉平原有相当影响力的农村社会代言人,到以农民利益诉求为核心,影响市场终端的农村商业流通渠道,垄上频道的品牌和《打工服务社》栏目建立了高黏度的群众基础和内容制作优势,《打工服务社》微信公众号依托其母体强大的影响力启动,走的是一条将单纯的内容传播向内容传播带动用户服务的转变之路。

首先,粉丝发展主要依靠节目推动,用户留言时会写"社长"(即由记者组成的《打工服务社》栏目中出现的打工服务社社长)等字样,说明他们收看了电视节目而且受节目影响大。电视节目每天都会在屏幕下方推送微信号,相当一部分粉丝的增长主要靠收看节目才加入公众号。因此同名栏目在微信公众号的发展中起到很大的作用,不但为公众号提供信誉保证,也是微信号进行宣传的重要推手。其次,

① 赵亿:《从微信公众号看纸媒与新媒体的融合——以〈扬子晚报〉官方微信公众号为例》,《传媒》2014年第10期。

公众号开展活动大多和节目挂钩，纯粹依赖公众号推送的活动较少，比如求职帮帮团（报名免费送上岗）、宝马奔驰送老乡回家、送祝福抽大奖等活动，微信公众号在其中的作用往往是为活动做宣传，提供多途径报名方式，事后服务等。

（2）一站式服务与活动营销的并行

"打工服务社"微信公众号基本业务板块主要分本地劳务派遣和外地劳务代招两块，本地劳务派遣主要以武汉为据点，向整个湖北蔓延。在武汉地区是通过和武汉市劳动局合作，通过一站式服务为武汉企业免费招聘农民工。这个一站式服务主要通过"求职帮帮团"活动实现，具体内容为在同名栏目和微信公众号上登出企业招聘信息，农民工通过电话、留言等方式报名，每天12：00在武昌火车站集结，由企业派出大巴，栏目主持人、记者带队，将报名的农民工统一送到企业面试，合格的立刻上岗，目的地主要在武汉本市，也扩展到东莞、深圳等地。从找工作到上岗，求职帮帮团为农民工提供的是一站式解决的服务。当农民工在工作中遇到困难，微信号也会通过栏目的报道、公众号的推送全力帮助他们解决问题。该活动举办一年半时间里，已经成功开展150多场，帮助4000名农民工找到工作，呼叫中心965333全年接到超过20万个求职电话。

垄上频道还牵头举办了宝马奔驰送老乡回家等活动，即春节用宝马、奔驰等轿车将报名的老乡送到家门口，该活动通过节目和微信号一并推广，就产生很大反响，微信号每天都更新活动细则，让活动更加真实可信。2014年春节共有1万多名湖北农民工报名，车友会7万多名志愿者参与。栏目和公众号共同举办的活动还包括最佳雇主评选、十佳中介评选、优秀农民工评选等活动。公众号的每日精心打理，为活动提供了保障，而活动本身不但树立了行业影响，也推动着公众号的传播。

（3）微信公众号与人力资源产业的双向互动

作为经国家广电总局批准的湖北省内唯一对农传播与服务综合频道，垄上频道集团采用的是"频道+公司"模式，线上线下整合运作,即"线上"精心策划"三农"服务节目,全方位地满足"三农"需求;"线下"开发农资(农药、化肥、种子)销售、绿色农产品销售等多项业务,整合现代传媒与现代农业的优势领域,开创全新的媒体经营发展模式。与此相呼应,对"打工服务社"微信公众号来说,传统的代招、劳务派遣、劳务外包只是打工服务社的切入点和基础业务,其核心业务是基于农民工用户规模化后的增值服务,比如培训、创业、政府购买服务、金融服务等,即达成公众号与人力资源产业的双向互动,利用品牌、客户系统、导流、关联来建构经济效益与社会效益的双赢模式。公众号的内容,来自产业的服务过程和服务效果,以及服务中的典型案例。两者相互补充、发酵,共同推动公众号与产业的良性互动和良性发展。

当然,目前"打工服务社"微信公众号也还存在一定的瓶颈:首先表现在用户量的增长上,目前每日净增长 8 人左右,速度比较慢;其次公众号独立性不够,较为依赖节目,但是公众号本为同名节目的另一个公众开口平台,所以也是情理之中;最后用户互动不强,用户黏度不够。但是"打工服务社"作为一个面对有限群体精准定位的微信公众号,在短短一年多的时间内,就迅速成长为有一批稳定用户、有相当影响力的生活服务类移动媒体,无疑给正在艰难转型的传统媒体带来积极的启迪。

第三节　湖北垄上频道打造核心竞争力的启示

从一个中部地区的地市级电视频道,成长为一方区域内有相当影响力的公共话语平台,而且继续呈现快速成长的态势,这种良好的态势不能简单断定为是某一方面的因素造成的,而是以农民利益诉求为核心、不断整合各种资源和能力,进行专业定位、品牌打造、渠道延伸和内部管理的结果。

首先,传媒发展与当地经济发展一般是正相关关系。荆州市虽然是我国重要的农业商品生产基地,但是长期以来受洪涝灾害、行政区划、地市合并等的影响，其经济发展并不尽如人意。近年来随着三峡水库的兴建使荆州市摆脱了洪涝灾害的阴影，荆州与沙市合并后社会局势的相对稳定，以及新农村建设国家加大农业扶持力度的机遇，荆州市的经济发展正在进入快车道。农民消费能力的增加对信息娱乐需求、利益诉求表达、现代科学文明生活方式的引导提出了更高的要求，催生了垄上频道的发展并为其提供了巨大的潜在受众市场。

其次，利用电视媒体服务新农村，是荆州市委市政府长期以来一直大力倡导和支持的，也是市委宣传部、荆州广电确立的战略重点，是部局台"一把手工程"。自《垄上行》诞生之日起，荆州市委市政府就给予了大量关注和支持。每一年春秋两季的垄上大型活动，当地政府都会协调大量事务，给予政策支持，策动市直各部门尤其农业、科技、劳动、文化、教育、卫生、水利、民政等部门，汇聚成垄上大合唱。国家广播电影电视总局、中共湖北省委宣传部、湖北省广电局部门领导，也多次深入栏目和频道调研，进行指导，给予扶持。湖北省广电局还做出了在全省推广《垄上行》品牌的决定，要求全省90%以上的市县电视台在一年时间内开办《垄上行》栏目，可见政府对"垄上"品牌的认可与支持。这些都为湖北垄上频道的整合与迅速发展创造了有利的外部条件。

再次，依托成熟的品牌节目打造频道竞争优势。垄上频道虽然创建只有两年时间，但是其品牌栏目《垄上行》经过七年的打磨，已经在区域产生了相当大的影响，在区域受众中享有很高的声望和相当好的口碑。依托《垄上行》品牌栏目及其巨大影响力创建的垄上频道，从一诞生就有良好的受众基础、内容生产基础、客户资源优势以及经营经验优势等。垄上频道创办后，依然坚持大打《垄上行》牌，不断扩大"垄上"品牌的影响力和辐射力，使竞争优势得以持续保持。

最后，核心竞争力的形成和培育受制于具体的内部条件，包括生产方式、经营策略及技术等，但最重要的还是人的因素。垄上频道的团队成员就是最重要的核心资源，也是垄上频道获取持续竞争优势的根本。在对农电视频道诞生与崛起的早期阶段，以王凯为代表的一批有着深厚"三农"情怀和良好职业素养的"垄上人","用坚持和信仰来感知和把握中国农村的现实话语情境,用朴实和汗水来供给广袤农村最饥渴的需求和渴望,用深入骨髓的贴近来燃点农民的欢乐和希望",构建起辐射整个江汉平原农村社会的巨大影响力。在新的数字媒介生态中,当传统的新闻生产思维、媒介经营思想和组织运行方式已经不适宜当下的竞争环境时,垄上频道的管理者们迅速意识到向"全媒体"转型的战略意义,并将这种理念革新内化为其他管理人员和采编人员的深层意识,形成整体的理念再造,最终顺利推进垄上频道的"全媒体"的转型。

从一个中部地区的地市级电视频道,成长为一方区域内有相当影响力的公共话语平台,而且继续呈现快速成长的态势,实现与省级电视台的合作发展,这种良好的态势不能简单断定为是某一方面的因素造成的,而是以农民利益诉求为核心、不断整合各种技术、资源和能力,进行专业定位、受众拓展、品牌打造、产业链的拓展,成功实现了舆论导向和市场化的两相结合、公益性与经营性的互惠共生。这一启示是意味深长的:一个中部欠发达地区的对农电视频道,从地域、资金、队伍等局限上看似乎都不具备做大做强的条件,但是他们却千方百计为农民受众提供服务,牢牢把握住传媒影响力与影响力经济的命脉,构建起自己的核心竞争力。

结　　语

　　农业、农村和农民问题是关系改革开放和现代化建设全局的重大问题，中国的现代化最终要看农业和农村现代化进程。对农电视频道处于社会场域、国家权力场域和"三农"场域之间的中介地位，必然要承担起调和社会矛盾、平衡城乡落差、服务新农村建设、解决"三农"问题，实现国家发展战略的使命。因为这重大的使命，对农电视频道的发展具有重要的意义。

　　对农电视频道作为一种公益性程度很高的公共物品，有明确的公益性和宣传品属性，要致力于向农民受众提供高质量、多样性的公共服务与内容，满足他们不断增长的精神文化需求。但就当前我国对农电视频道的现实状况来看，还不能单纯地提倡公益性，还不能摆脱商品属性和对经济利益的诉求。其实在国家并不富裕的情况下，我国的频道以国家所有、媒体运营的方式实行无偿配置，这也是一种物化的投资方式，媒体有责任管理、使用好国家"投资"，使其保值、增值。假如将对农电视频道定位为单纯追求社会效益的公共电视台，由国家给予政策和资金上的扶持，固然可以使频道摆脱市场和经济压力的束缚，但是这种模式构建的对农电视频道必将因为缺乏足够的经济基础而造成自我发展能力比较差，最终影响到为"三农"服务的能力和效果。因此，对农电视频道要将公益性放在第一位，同时兼顾经营性，最重要的是如何在社会效益与经济效益的冲突中寻找一个好的平衡点，为频道的效益最大化开辟理想的出路。

核心竞争力的实质是在市场中抓机会不断施展自己的手段和智谋，实现动态的发展，它不仅仅代表竞争，更代表一种自我生长能力和生存哲学，不管竞争激烈不激烈，只要有竞争和要求可持续发展就会要求有核心竞争力。在中国社会转型、发生巨大变革的背景下，在新农村建设、城乡一体化的机遇下，对农电视频道核心竞争力的具备与培育，具有政治、经济、文化、国家层面的多方面意义。

对农电视频道核心竞争力是其创造社会效益和经济效益的整体实力，是在谋求经济利益与社会效益的过程中不断平衡、不断创新的结果，是形成社会影响力并以这种影响力来换取经济回报并生成更好的影响力的过程。因此对农电视频道的核心竞争力就是是以农民利益诉求为核心、通过整合各种资源和能力形成的比其他媒介组织更能保持独特竞争优势并持续有效进行对农村社会影响力生产和市场交换的整体能力。它首先体现在对农民受众提供的服务、发挥的作用和产生的影响之中，并在这种影响力之上实现频道经营实体地位的强化，即通过市场竞争促进自身的可持续发展和实力的增强。伴随网络新媒体的日新月异，中国传媒环境的变革也在走向深入，媒介融合成为媒介发展的趋势之一，新的媒体形式和商业模式不断涌现，对农电视媒体同样需要"全媒体"转型和数字化营销，与新媒体在内容、渠道、平台、经营、管理等方面的展开深度融合，在中国传媒业新一轮洗牌的大潮中找准自己的发展方向和路径。为此，对农电视媒体核心竞争力的培育除了要从推进产权制度改革、建立公共服务规制体系、建立完善公共服务财政制度等方面来优化外部环境入手，更要进行传媒价值链接和整合配置，以价值链上的某个或多个环节为主导，形成对其他各生产要素不断进行有机整合的机制，从而扬长避短地使自己的核心竞争力在市场上充分表现出来。

随着我国城镇化进程的加速，农民经济实力的增强、信息需求的扩大、社会交往的密集，必然促使农民对媒体的依赖性增强，对媒体的贡献率也会大大增强。率先明确树立为"三农"服务理念的对农电视频道完全有望在这一竞争中占据先机，赢得广大受众和广告商的共同青睐，获得社会效益、经济效益的双重回报。

参考文献

著作

李红艳:《乡村传播与农村发展》,中国农业大学出版社 2007 年版。

郑保卫、唐远清:《论媒介经济与传媒集团化发展论文集》,中国人民
　　大学出版社 2003 年版。

张咏华等著:《传媒巨轮如何转向》,南方日报出版社 2014 年版。

张国良:《新闻媒介与社会》,上海人民出版社 2001 年版。

钟虎妹:《我国报业组织核心竞争力研究——基于"格式塔"竞争的
　　视角》,人民出版社 2008 年版。

吴飞主编:《传媒竞争力》,中国传媒大学出版社 2005 年版。

喻国明:《传媒影响力——传媒产业本质与竞争优势》,南方日报出版
　　社 2006 年版。

刘年辉:《报业核心竞争力:理论与案例》,中国广播电视出版社 2006
　　年版。

丁和根:《传媒竞争力——中国媒体发展核心方略》,复旦大学出版社
　　2005 年版。

蒋学伟:《持续竞争优势》,复旦大学出版社 2004 年版。

陈兵:《媒介品牌论》,中国传媒大学出版社 2008 年版。

马梅:《中国农业电视传播发展研究》,中国电影出版社 2010 年版。

郑保卫主编:《冲突·融合新闻传播与社会发展》,新华出版社 2006

年版。

侯海涛：《中国电视新闻媒介生态研究》，中国传媒大学出版社 2010
　　年版。

李程骅等著：《创意与传媒》，复旦大学出版社 2007 年版。

方晓红：《农村传播学研究方法初探》，人民出版社 2008 年版。

童兵主编：《科学发展观与媒介化社会构建》，复旦大学出版社 2010
　　年版。

沈卫星、李晓枫、云德著：《受众视野中的文化多样性》，北京师范大
　　学出版社 2010 年版。

张国良：《新闻媒介与社会》，上海人民出版社 2001 年版。

戴元光：《社会转型与传播理论创新》，上海三联书店 2008 年版。

程世寿、胡继明：《新闻社会学概论》，新华出版社 1997 年版。

赵星耀：《中国西北欠发达地区报业市场化发展研究》，华中科技大学
　　出版社 2009 年版。

姚君喜：《社会转型传播学》，上海交通大学出版社 2008 年版。

邵培仁：《媒介生态学：媒介作为绿色生态的研究》，中国传媒大学出
　　版社 2008 年版。

胡正荣：《中国广播电视发展战略》，北京广播学院出版社 2003 年版。

石长顺、张建红：《公共电视》，武汉大学出版社 2007 年版。

胡正荣、李继东：《中国广播电视公共服务体系：目标与实践研究》，
　　中国广播电视出版社 2010 年版。

吴克宇著：《电视媒介经济学》，华夏出版社 2004 年版。

王兰柱、吕值友等：《中国城市电视台可持续发展路径》，中国传媒大
　　学出版社 2009 年版。

欧阳宏生主编：《电视传播核心价值论》，北京大学出版社 2010 年版。

朱春阳：《现代传媒集团成长理论与策略》，上海人民出版社 2008
　　年版。

宋红梅：《中国区域媒体发展研究》，中国传媒大学出版社 2007 年版。

徐立军、袁方主编：《电视播出季——编播创新前沿》，中国传媒大学

出版社 2007 年版。

周鸿铎主编：《牡丹江新闻传媒集团发展报告》，社会科学文献出版社
　　2006 年版。

喻国明、张小争：《传媒竞争力——产业价值链案例与模式》，华夏出
　　版社 2005 年版。

胡正荣主编：《21 世纪初我国大众传媒发展战略研究》，中国广播电视
　　出版社 2007 年版。

《中国优秀原创电视栏目宝典》，中国市场出版社 2008 年版。

郑保卫主编：《媒介产业：全球化·多样性·认同》，中国传媒大学出
　　版社 2007 年版。

陈炜：《城市广电集团发展战略》，东南大学出版社 2008 年版。

吕值友、雷喜梅主编：《城市电视媒体的战略抉择》，武汉出版社 2009
　　年版。

潘可武：《媒介经营管理的理念与实践》，中国传媒大学出版社 2010
　　年版。

孔炯：《传媒盈利模式》，中国传媒大学出版社 2010 年版。

于聚义：《电视传媒运营管理》，中国传媒大学出版社 2010 年版。

靳智伟：《电视受众市场研究》，北京师范大学出版社 2010 年版。

丁俊杰：《问题解构与战略选择：中国广电产业发展研究》，中国传媒
　　大学出版社 2009 年版。

郭宝新：《广播电视节目创新创优理论与方法》，中国传媒大学出版社
　　2008 年版。

赵小兵、周长才、魏新：《中国媒体投资：理论与案例》，复旦大学出
　　版社 2004 年版。

张海潮：《电视中国：电视媒体竞争优势》，北京广播学院出版社 2003
　　年版。

赵曙光、史宇鹏：《媒介经济学：一个急速变革行业的原理与实践》，
　　湖南人民出版社 2003 年版。

陆地：《中国电视产业的危机与转机》，中国人民大学出版社 2002

年版。

彭吉象：《机遇与挑战：电视专业化频道的营销策略》，中国广播电视出版社 2006 年版。

余丽丽：《大众传媒经济学：理论与实务》，上海交通大学出版社 2008 年版。

李岚：《电视产业价值链：理论与个案》，社会科学文献出版社 2006 年版。

黎斌：《中国电视业资本运营系统分析》，中国传媒大学出版社 2006 年版。

周玫：《企业品牌运营模式研究》，中国社会科学出版社 2008 年版。

周鸿铎等著：《传媒产业资本运营》，经济管理出版社 2003 年版。

雷跃捷：《电视新闻频道研究》，中国广播电视出版社 2003 年版。

高金萍：《西方电视传播理论评析》，中国传媒大学出版社 2008 年版。

薛留忠：《城市数字电视发展模式与竞争策略研究》，东南大学出版社 2008 年版。

黄升民、丁俊杰：《媒介经营与产业化研究》，北京广播学院出版社 1997 年版。

王建刚：《广播电视与农村发展》，中国广播电视出版社 1989 年版。

姚君喜：《甘肃大众传播与社会发展报告》，甘肃民族出版社 2005 年版。

谭英：《中国乡村传播实证研究》，社会科学文献出版社 2007 年版。

黄升民、周艳、马丽婕：《广播电视媒介产业经营新论》，复旦大学出版社 2005 年版。

李良荣：《传媒竞争力——中国媒体发展核心方略》，复旦大学出版社 2005 年版。

罗自文：《构建电视频道》，中国广播电视出版社 2007 年版。

陈立强：《电视频道的本体阐释与传播研究》，新华出版社 2007 年版。

郑保卫主编：《论传媒改革与发展》，新华出版社 2004 年版。

廖少炫：《城市电视台创新战略研究：珠三角地区媒介生态环境的实地调查》，中国传媒大学出版社 2008 年版。

吕尚彬：《中国大陆报纸转型》，上海交通大学出版社 2009 年版。

陈接峰：《城市电视媒体经营与策划》，东南大学出版社 2006 年版。

赵德全：《地面突围：中国电视省级地面频道四小龙》，中国广播电视出版社 2007 年版。

朱春阳：《传媒营销管理》，南方日报出版社 2004 年版。

吴信训等著：《现代传媒经济学》，复旦大学出版社 2005 年版。

赵化勇主编，唐世鼎、黎斌等编著：《制播体制改革与电视业发展问题研究》，中国传媒大学出版社 2005 年版。

国家广电总局发展研究中心课题组著：《中国农村广播影视》，中国广播电视出版社 2008 年版。

罗以澄、吕尚彬：《中国社会转型下的传媒环境与传媒发展》，武汉大学出版社 2010 年版。

黄升民、任鹏雁主编：《中国区域性广电媒介产业的生存与发展——透视淄博广电现象》，北京广播学院出版社 2004 年版。

邵培仁、陈兵：《媒介战略管理》，上海复旦大学出版社 2003 年版。

朱厚伦：《中国区域经济发展战略》，社会科学文献出版社 2004 年版。

赵晓春等著：《农业传播学》，中国传媒大学出版社 2005 年版。

欧阳宏生、朱天主编：《区域传播论》，四川大学出版社 2003 年版。

尹鸿、李彬主编：《全球化与大众传媒——冲突·融合·互动》，清华大学出版社 2002 年版。

周鸿铎：《传媒产业经营实务》，新华出版社 2000 年版。

陈崇山、饵秀玲：《中国传播效果透视·我国农村新闻传播现状研究》，沈阳出版社 1989 年版。

强月新、张明新：《转型社会的媒介景观》，武汉大学出版社 2007 年版。

谢咏才、李红艳：《乡村传播学》，知识产权出版社 2005 年版。

方晓红：《大众传媒与农村》，中华书局 2002 年版。

刑虹文：《电视与社会——电视社会学引论》，学林出版社 2005 年版。

李红艳：《乡村传播与农村发展》，中国农业大学出版社 2007 年版。

刘继忠、牛新权、刘玉花：《农业新闻传播》，中国传媒大学出版社
　　2006 年版。

陆学艺主编：《当代中国社会阶层研究报告》，社会科学文献出版社
　　2002 年版。

温铁军：《三农问题与世纪反思》，生活·读书·新知三联书店 2005
　　年版。

陆学艺：《"三农论"——当代中国农业、农村、农民研究》，社会科
　　学文献出版社 2002 年版。

郭建斌：《独乡电视——现代传媒与少数民族乡村日常生活》，山东人
　　民出版社 2005 年版。

［美］埃弗雷特·M. 罗杰斯著，辛欣译：《创新的扩散》，中央编译出
　　版社 2002 年版。

［美］新闻自由委员会著，展江、王征、王涛译：《一个自由而负责的
　　新闻界》，中国人民大学出版社 2004 年版。

［韩］朴振焕：《韩国新村运动：20 世纪 70 年代韩国农村现代化之
　　路》，中国农业出版社 2005 年版。

［美］阿尔弗雷德·钱德勒：《企业经营战略》，中国国际广播出版社
　　2002 年版。

［美］波特：《争优势》，陈小悦译，华夏出版社 2005 年版。

［英］苏珊·贝克尔著，李亚等译：《新型消费者营销》，中国劳动社
　　会保障出版社 2005 年版。

［美］菲利普·科特勒等：《市场营销导论》，华夏出版社 2001 年版。

［美］艾·里斯、杰克·特劳特：《定位》，中国财政经济出版社 2002
　　年版。

［美］托马斯·达文波特：《注意力经济》，中信出版社 2004 年版。

［加］文森特·莫斯可：《传播政治经济学》，华夏出版社 2000 年版。

［英］吉莉安·道尔：《理解传媒经济学》，清华大学出版社 2004

年版。

［德］哈贝马斯：《公共领域的结构转型》，学林出版社 1999 年版。

［美］约瑟夫·R. 多米尼克：《大众传播动力学》，中国人民大学出版社 2004 年版。

［加］弗朗索瓦·科尔伯特著，高福进等译：《文化产业营销与管理》，上海人民出版社 2002 年版。

［美］托马斯·鲍德温、史蒂文森·麦克沃依、查尔斯·斯坦菲尔德著，龙耘、官希明译：《大汇流整合媒介、信息与传播》，华夏出版社 2000 年版。

［加］马歇尔·麦克卢汉：《理解媒介——论人的延伸》，商务印书馆 2000 年版。

［美］凯文·莱恩·凯勒：《战略品牌管理》，中国人民大学出版社 2003 年版。

［美］唐·E. 舒尔茨：《整合行销传播》，中国物价出版社 2002 年版。

［英］奥利弗·博伊德 - 巴雷特、克里斯·纽博尔德：《媒介研究的进路》，新华出版社 2004 年版。

［美］赛弗林、坦卡德：《传播学的起源、研究和应用》，陈韵林译，福建人民出版社 1985 年版。

［美］大卫·克罗图、威廉·霍伊尼斯：《运营媒体：在商业媒体与公共利益之间》，董关鹏、金城译，清华大学出版社 2007 年版。

［英］尼古拉斯·阿伯克龙比：《电视与社会》，张永喜等译，南京大学出版社 2001 年版。

［英］大卫·麦克奎恩：《理解电视》，苗棣等译，华夏出版社 2003 年版。

［美］柯克·约翰逊：《电视与乡村社会变迁——对印度两村庄的民族志调查》，展明辉、张金玺译，展江校，中国人民大学出版社 2005 年版。

［美］韦尔伯·施拉姆等：《大众传播媒介与社会发展》，金燕宁等译，华夏出版社 1990 年版。

〔美〕J. 赫伯特·阿特休尔:《权力的媒介》,黄煌、裘志康译,华夏出版社 1989 年版。

〔美〕丹尼斯·麦奎尔:《受众分析》,中国人民大学出版社 2006 年版。

〔美〕沃尔特·迈克道尔、艾伦·巴腾:《塑造电视品牌》,中国传媒大学出版社 2006 年版。

〔美〕英克尔斯等:《从传统人到现代人——六个发展中国家的个人变化》,中国人民大学出版社 1992 年版。

〔英〕利萨·泰勒、安德鲁·威利斯:《媒介研究》,吴靖、龚佩译,北京大学出版社 2005 年版。

Lisa Taylor, Andrew Willis. Media studies: texts, institutions, and audiences, Peking University Press, 2004.

Nvaretti, G. B., Tarr. D. G. Intemational Knowledge Flows and Economic performance: A Review of the Evidence. The World Bank Economic Review, Jan., 2000.

C. K. Prqhqlqd & G. Hamel. The Core Competence of the Corporation, Harvard Business Review, May-June 1990: 79 – 91.

Jane Stokes. How to do media & cultural studies SAGE, 2003.

P. J. Tichenor, G. A. Donahue, and C. N. Olien, "Mass media flow and differential growth in knowledge", Public Opinion Quarterly, Vol. 34, No. 2, 1970.

Stephen W. Little join Theories of human communication, Seventh edition Co. Pyright 2002 by Wad sworth.

Alan B. Albarran. Management of electronic media, Peking University Press, 2004.

Runner, Cornelia, William Tally. The New Media Literacy Handbook: An Educator's Guide to Brining New Media into the Classroom. UK: Albex Publishing Corporation Nor wood, 1998.

期刊论文

彭菊华、毛震：《〈乡村发现〉12年》，《新闻界》2007年第5期。

项仲平、杜海琼：《发展中国家对农广播电视节目概况与探究》，《中国广播电视学刊》2010年第2期。

罗以澄、胡新桥：《解决中国农民阶层传播弱势问题的建议和对策》，《武汉大学学报》（人文科学版）2008年第3期。

宁建新：《我国企业核心竞争力的组合与构建》，《管理经济与管理》2001年第3期。

陆营：《试论电视频道专业化经营》，《电视研究》1999年第9期。

孙玉胜：《电视盈利模式的错位——频道专业化与付费电视》，《现代传播》2002年第2期。

袁莉：《单一广告盈利模式阻碍频道专业化发展吗？——兼谈电视广告盈利模式存在的必然性》，《现代传播》2002年第5期。

罗霆：《从美国有线电视业看专业频道的运营》，《现代传播》2002年第5期。

郭镇之：《美国公共广播电视的起源》，《新闻与传播研究》1997年第4期。

郭镇之：《欧洲公共广播电视的历史遗产与当代解释》，《国际新闻界》1998年第Z1期。

郭镇之：《90年代后期欧洲公共广播业的发展》，《国际新闻界》1999年第2期。

陈崇山：《谁为农民说话？——农村受众地位分析》，《现代传播》2003年第3期。

李烨：《试论中国农业电视节目的现状与发展》，《现代传播》2007年第2期。

黄鸣刚、边吟：《农村电视节目缺失现象的思考》，《电视研究》2004年第8期。

王玲宁、张国良：《我国农村受众媒介接触行为调查分析》，《新闻记者》2003 年第 11 期。

方晓红：《经济信息在苏南农村的传播现状抽查研究》，《新闻与传播研究》2002 年第 4 期。

杨明品、王雷：《对农电视专业频道建设的问题和对策》，《新闻战线》2007 年第 5 期。

郑保卫、唐远清：《试论新闻传媒核心竞争力的开发》，《新闻战线》2003 年第 1 期。

丁和根：《基于核心能力的传媒竞争力战略》，《新闻界》2004 年第 4 期。

钱晓文：《我国传媒打造核心竞争力的策略》，《新闻记者》2004 年第 8 期。

胡智锋：《故事，热浪的背后》，《媒介方法》2006 年第 3 期。

罗建华：《报纸竞争力与传播影响力的有效转换》，《中国记者》2002 年第 5 期。

曹鹏：《影响力经济概念的提出与媒介核心竞争力简析——在北京广播学院的学术演讲》，《杭州师范学院学报》（社会科学版）2002 年第 2 期。

王军：《如何识别和构建媒体核心竞争力》，《新闻界》2004 年第 1 期。

吴为民、陈德棉：《媒介企业核心竞争力及其培育》，《同济大学学报》（社会科学版）2005 年第 5 期。

陈崇山：《谁为农民说话？——农村受众地位分析》，《现代传播》2003 年第 3 期。

秦瑜明：《试论电视传播的非群体化趋势》，《现代传播》1996 年第 6 期。

王云：《中央电视台农业频道的收视情况和栏目特点》，《市场观察》2008 年第 5 期。

谭世平：《媒介融合环境下对农电视节目的营销模式》，《新闻爱好者》2010 年第 4 期。

夏陈安：《整合互动　品牌共赢》，《中国广播电视学刊》2008 年第

8 期。

俞虹：《当代社会阶层变迁与电视传播价值取向》，《现代传播》2002
　　年第 6 期。

谭英、赵士文：《中国农村电视节目需求探讨》，《中国农业大学学报》
　　（社会科学版）2004 年第 3 期。

杨明品、王雷：《对农电视专业频道建设的问题和对策》，《新闻战线》
　　2007 年第 5 期。

项仲平、杜海琼：《论对农电视节目存在的问题与创新对策》，《中国
　　广播电视学刊》2009 年第 10 期。

于德山：《农村电视传播与中国当代电视文化》，《中国电视》2005 年
　　第 7 期。

黄升民、丁俊杰：《中国广电媒介集团化研究》，中国物价出版社 2001
　　年第 8 期。

贺福中、田文利：《农业电视节目的现状与对策探讨》，《中国广播电
　　视学刊》2007 年第 9 期。

李升科：《权贵化取向：对农电视节目萎缩的心理症结》，《现代传播》
　　2006 年第 1 期。

李岭涛、姚远：《让农民看什么——我国对农电视市场供给状况分
　　析》，《中国广播电视学刊》2010 年第 12 期。

施玉景：《新时期电视媒体与"三农"宣传》，《新闻爱好者》2009 年
　　第 10 期。

王硕：《农村传播的边缘化现状与对策》，《传媒观察》2007 年第 7 期。

赵丽芳：《放弃与干预——对农村传播问题的思考》，《新闻大学》
　　2006 年第 2 期。

邵培仁：《传播生态规律与媒介生存策略》，《新闻界》2001 年第 5 期。

庹继光：《我国"农民电视台"的运作模式初探》，《声屏世界》2007
　　年第 2 期。

王冲：《论新农村建设中的农村文化资源开发》，《经济研究导刊》
　　2010 年第 34 期。

吕万强、王苗苗：《地市广电体制机制改革探索》，《新闻前哨》2006
　　年第 10 期。

鄙光让、向寒松：《应大力提倡受众中心论之二》，《当代传播》1999
　　年第 3 期。

强月新、张明新：《从"使用与满足论"视角看我国农村受众的电视
　　收看动机》，《现代传播》2007 年第 5 期。

李敬：《中星 9 号冲击电视格局》，《计算机世界报》2008 年第
　　23 期。

卢坤建、姚冰，《论公共政策分析中的"公共"原则——可持续发展
　　角度的透视》，《中国矿业大学学报》（社会科学版）2000 年第
　　1 期。

赵丽芳：《放弃与干预——对农村传播问题的思考》，《新闻大学》
　　2006 年第 2 期。

吴胜、李熠：《当前农业电视节目发展中的问题与对策》，《今传媒》
　　2006 年第 9 期。

牛新权：《论农村受众的媒介素养教育》，《新闻记者》2005 年第
　　5 期。

冉华、王润珏：《中国农村大众传播状况调查与分析》，《中国媒体发
　　展研究报告》2007 年。

牛光夏：《方言广播电视节目兴起原因及存在状态探析》，《齐鲁艺苑》
　　2006 年第 2 期。

吕尚彬、傅海：《中国农民媒介认知研究的主要发现与结果分析》，
　　《武汉大学学报》（人文科学版）2008 年第 5 期。

李景刚、韩效峰、杨旭、李品蕊：《电视传媒的符号特征、价值判断
　　及文化责任》，《北方传媒研究》2008 年第 4 期。

陈力丹、陈俊妮：《论传媒在"新农村建设"中的作用》，《当代传
　　播》2006 年第 3 期。

郑喜玲：《本土化深耕与特色化突围：城市电视发展的基本方略》，
　　《中国电视》2010 年第 1 期。

方晓红：《对农村受众选择电视节目倾向的研究——江苏农村受众的实证调查》，《电视研究》2003 年第 2 期。

郑西帆：《"本土化"：改变电视文化编码的意义及代价》，《现代传播》2008 年第 2 期。

胡智锋：《电视品牌的特征与创建》，《中国电视》2003 年第 9 期。

郑西帆：《"本土化"旗帜下的中国地方电视业》，《新闻大学》2006 年第 3 期。

杨光、王伟力、郑树柏：《吉林电视台乡村频道品牌提升策略分析》，《北方传媒研究》2009 年第 3 期。

汪文斌：《探讨中国电视品牌栏目的成长之路——"创新/创意/制片人2004"电视百佳栏目评述》《中国广播电视学刊》2004 年第 10 期。

关键：《从栏目到频道，再到……"垄上行"品牌未来发展之我见》，《广告人》2009 年第 11 期。

刘珊：《城市电视台区域化法则》，《广告大观·媒介版》2009 年第 10 期。

马涛：《城市电视台"区域经营"修炼五功》，《媒介》2009 年第 10 期。

张振华：《对农广播电视建言》，《中国广播电视学刊》2004 年第 5 期。

王平：《从〈垄上行〉看对农电视栏目品牌的建构》，《东南传播》2008 年第 11 期。

张建伟：《电视频道专业化的现状和发展途径》，《中国广播电视学刊》2003 年第 8 期。

贾玉祥：《频道专业化的轨迹与未来》，《中国记者》2000 年第 8 期。

赵林：《少数派报告——地面频道专业化道路的可能性样本》，《现代传播》2009 年第 5 期。

祝建华：《上海郊区农村传播网络的调查分析》，《复旦学报》（哲学社会科学版）1984 年第 6 期。

黄鸣刚：《经济因素还是文化差异——对农电视节目稀缺现象的深层思考》，《当代传播》2005 年第 2 期。

蒟涛、方晓红：《电视媒介服务三农的途径及对策》，《新闻与传播评论》2007 年第 Zl 期。

杨光、郑树柏：《对农专业电视频道的品牌化突围策略——以吉视乡村频道的实践为例》，《现代传播》2009 年第 4 期。

陆地：《〈垄上行〉成功因素解析》，《电视研究》2007 年第 2 期。

杜慧娟：《做农民的贴心人——从〈垄上行〉栏目看地级市电视台对农节目的发展》，《当代传播》2009 年第 7 期。

张君昌：《探寻农村电视的突围之路——〈垄上行〉的成功做法与启示》，《中国广播电视学刊》2007 年第 4 期。

关键：《从〈垄上行〉谈地方台优质频道及栏目的发展策略》，《声屏世界》2010 年第 12 期。

杨泽喜：《建构工具理性与价值理性契合的公共文化服务评估体系》，《中国地质大学学报》（社会科学版）2012 年第 2 期。

叶元龙：《媒体融合背景下电视媒体的困境和出路》，《新闻研究导刊》2014 年第 13 期。

陈接峰、许凌虹：《地面频道转型：在服务"三农"中获得价值提升》，《电视研究》2015 年第 2 期。

李维：《从《致富经》看涉农栏目在新媒体环境下的传播策略》，《新闻世界》2015 年第 2 期。

薛涛：《由"对农"到"涉农"：农业电视节目新转向》，《当代传播》2015 年第 1 期。

方勇涛：《电视对农节目与新媒体的融合——农视网对电视对农节目的借鉴意义》，《视听纵横》2015 年第 3 期。

杨磊、杨璐：《新媒体环境下河北农民频道的发展策略》，《新闻知识》2015 年第 4 期。

宁丽波：《台网融合时代的电视媒体转型》，《传媒》2015 年第 3 期。

张磊：《用"互联网思维"运营农村频道》，《现代视听》2014 年第

8 期。

娄晓静：《互联网思维下电视媒体发展策略浅析》，《现代视听》2015
　　年第 2 期。

刘贤政：《全媒体时代对农电视节目的创新与坚守》，《中国广播电视
　　学刊》2014 年第 11 期。

周宇豪：《传统媒体与新媒体融合的现状与困境》，《青年记者》2014
　　年第 10 期。

陈芳：《新生代农民工媒介素养对其城市融入的影响探讨》，《中国报
　　业》2012 年第 24 期。

刘恒鑫、李海礁：《用好大数据，农业节目准备好了吗》，《当代电视》
　　2015 年第 12 期。

吴霜：《新媒体语境下对农传播的策略研究》，《东南传播》2015 年第
　　2 期。

陈刚：《数字逻辑与媒体融合》，《新闻大学》2016 年第 2 期。

林勇毅、郑宇、徐卫华：《拓展传播新阵地　服务"三农"新需求》，
　　《中国广播电视学刊》2016 年第 6 期。

李述永：《当前媒体融合发展的实践与思考》，《中国记者》2016 年第
　　6 期。

刘延平：《简论地方电视台媒体融合策略》，《当代电视》2017 年第
　　5 期。

周茂川：《网络直播，传统媒体的"逆袭之战"》，《传媒观察》2017
　　年第 8 期。

陈仲侨：《主流媒体如何分享网络直播蛋糕》，《中国报业》2017 年第
　　3 期。

谭天：《网络直播：主流媒体该怎么打好这一仗》，《人民论坛》2017
　　年第 1 期。

陈毓：《对农电视节目融媒体运作初探》，《视听纵横》2017 年第
　　4 期。

张春湘：《地方对农电视节目的发展策略探析》，《视听》2017 年第

5 期。

程明、战令琦：《传统媒体的"解构"与新媒体的"解读"》，《今传媒》2017 年第 2 期。

谢新洲：《我国媒体融合的困境与出路》，《新闻与写作》2017 年第 1 期。

漆亚林：《逻辑·理念·模式：媒体融合的中国道路》，《中国报业》2017 年第 7 期。

张秀聪：《数字技术在农村广播电视无线覆盖中的应用》，《通讯世界》2017 年第 5 期。

梁媛、王娜：《媒介融合背景下电视"三农"报道的转型路径探究》，《新闻界》2016 年第 2 期。

林勇毅等：《拓展传播新阵地　服务"三农"新需求》，《中国广播电视学刊》2016 年第 6 期。

徐劲慧：《打造贴近时代的对农电视节目》，《记者摇篮》2017 年第 1 期。

张君昌、熊英：《广电媒体融合发展路径与前景探析》，《传媒》2017 年第 5 期。

郭乐天、刘旭道：《三大再造"实现"三圈融合"》，《中国报业》2017 年第 7 期。

姜宇佳、曾祥敏：《从"相加"到"相融"——2016 年广播电视媒体融合发展综述》，《电视研究》2017 年第 3 期。

学位论文

朱金玉：《全球化背景下中国电视业可持续发展研究》，博士学位论文，复旦大学，2003 年。

范宪：《企业核心竞争力理论——球论模型的新诠释》，博士学位论文，复旦大学，2003 年。

巢立明：《中国广播电视产业核心竞争力研究》，博士学位论文，复旦大学，2004 年。

陈兵：《文化与商业困境中电视品牌建构》，博士学位论文，浙江大学，2005 年。

郭建斌：《电视下乡：社会转型期大众传媒与少数民族社区——独龙江个案的民族志阐释》，博士学位论文，复旦大学，2003 年。

马池珠：《基于受众中心的农业传播体系研究》，博士学位论文，华南师范大学，2006 年。

宋祖华：《媒介品牌战略研究》，博士学位论文，复旦大学，2005 年。

冯帆：《新时期涉农电视节目的发展研究》，硕士学位论文，广西师范学院，2016 年。

期刊

《新闻与传播研究》

《新闻大学》

《现代传播》

《中国媒体发展研究报告》

《新闻与传播评论》

《中国广播电视学刊》

《电视研究》

网站

人民网：www. people. com. cn

央视国际网站：www. CCTV. com

CTR 研究网：www. CV-ens. com

中国互联网络信息中心：www. conic. net. cn

中国新闻研究中心：www. cddc. net

中华传媒网：www. media china. net

中国有线电视网：www. noninterchangeable. om

国家广电总局网站：www. chinaware. gov. cn

传媒观察：www. chuanmei. net

中国广告网：www. cnad. com

中央电视台、各省级电视台对农频道网站及湖北荆州电视台网站等